Fenna Williams und Petra K. Gungl (Hg.)

IN 18 MORDEN UM DIE WELT

Kriminelle Kurzgeschichten
von fünf Kontinenten

LEINPFAD
VERLAG

Personen und Handlungen sind frei erfunden. Ähnlichkeiten mit lebenden oder toten Personen sind rein zufällig und liegen nicht in der Absicht der Autorinnen – es sei denn, es handelt sich um einen historischen Stoff.

© Leinpfad Verlag
2021

Umschlag und Layout: Ursula S. Kosa, Ingelheim
Druck: wolf print, Ingelheim

Leinpfad Verlag, Leinpfad 5, 55218 Ingelheim,
Tel. 06132/8369, Fax: 896951
E-Mail: info@leinpfadverlag.de
www.leinpfadverlag.com

ISBN 978-3-945782-71-2

Inhalt

Am Ticketschalter

Sie können oder wollen gerade nicht auf Reisen gehen, haben aber übermächtiges Fernweh?

Dann kommen Sie mit uns auf einen abenteuerlichen Trip rund um den Globus: Fliegen wir gemeinsam auf Rabenschwingen vom Tower of London zu einer dramatischen Shakespearevorstellung im Wiener Burgtheater, mischen uns unter Schmuggler in Französisch-Guayana, erleben einen mörderischen Jahreswechsel in Rio und essen Jaleb in Neu-Delhi oder Meerschweinchen in Peru.

Denn »Wer zum Hängen geboren wurde, stirbt nicht durch Ertrinken ...«, sagte einst Jules Verne, der Autor von IN 80 TAGEN UM DIE WELT.

Von den Abenteuern dieser Reise inspiriert, sind Sie auf den kommenden Seiten 18 Morden auf der Spur – es gibt allerdings auch Überlebende! In welchen Ländern? Finden Sie es heraus! Das Ticket halten Sie bereits in Händen.

Gefördert und unterstützt von der Hessischen Kulturstiftung, dem Hessischen Ministerium für Wissenschaft und Kunst sowie den Mörderischen Schwestern e.V., lassen Sie uns gemeinsam aufbrechen und das Flair fremder Länder genießen ...

Gute Reise wünschen Ihnen im Namen aller Autorinnen
Fenna Williams & Petra K. Gungl

Grußwort der Hessischen Ministerin für Wissenschaft und Kunst *Angela Dorn*

Liebe Leserinnen, liebe Leser,
es war eine dunkle und stürmische Nacht. Die Turmuhr schlug eins, doch in Wirklichkeit war es erst Mitternacht über dem mittelenglischen Moor: Der Gärtner des Pfarrers hatte die Zeiger verstellt, um zusammen mit der vertauschten Bahnkarte sein Alibi für den Mord …
Na gut, ich überlasse es doch lieber anderen, spannende Geschichten zu Papier zu bringen. Den Autorinnen dieses Bandes zum Beispiel. Sie reisen mit 18 Morden um die Welt – in den Fußstapfen von Phileas Fogg, der bei Jules Verne 80 Tage für die Strecke hatte und seine Wette nur dank der Zeitverschiebung beim Überqueren der Datumsgrenze gewann: Es war knapp.
Knapp ist es in den Corona-Zeiten, in denen der vorliegende Band entstanden ist, auch für viele Künstlerinnen und Künstler – dessen bin ich mir sehr bewusst. Gerade die Kultur lebt von Konzerten, Theateraufführungen, Museumsbesuchen und Lesungen, vom direkten Kontakt zwischen Menschen. Deshalb ist sie so besonders verwundbar. Ich bin froh, dass die Arbeits- und Projektstipendien meines Ministeriums einen Beitrag dazu geleistet haben, dass Künstlerinnen und Künstler weiterarbeiten können.
Neben vielen anderen großartigen Werken ist daraus auch dieses Buch entstanden. Das freut mich besonders: Das Schmökern und auch das Hörbuch mit passender Musik ermöglichen es uns, dem leider in der Realität mörderischen Virus mit Geschichten zu entfliehen, die nur in der Fantasie mörderisch sind.

Viel Spaß und Spannung wünscht
Angela Dorn
Hessische Ministerin für Wissenschaft und Kunst

Grußwort der Präsidentin der Mörderischen Schwestern e.V.
Carola Christiansen

Liebe Leserinnen und Leser,
die Hessische Kulturförderung hat mit dieser Anthologie (und dem dazugehörigen Programm) ein reines »Frauenpower-Projekt« gefördert. Obwohl alle natürlich (insgeheim) auf eine Zusage gehofft hatten, waren unsere Überraschung und Begeisterung doch riesengroß. Besonders gefreut hat es mich als Präsidentin der Mörderischen Schwestern e.V., denn unser Vereinsziel ist »die Förderung der von Frauen geschriebenen Spannungsliteratur«.

Die Bereitschaft des Leinpfad Verlages, diese Anthologie trotz augenblicklich angespannter Lage zu verlegen und damit Vertrauen in unser Projekt zu beweisen, war zweifellos ein entscheidender Schritt.

Ferner freut mich die Beteiligung anderer Kulturschaffender an diesem Projekt: der Harfenistin Esther Groß, der Mezzosopranistin Stefanie Tettenborn und des Duos BIEN SÛR. Durch eine Kooperation zwischen unterschiedlichen Kulturformen stärken wir nicht nur die Kultur im Allgemeinen, sondern bringen auch uns und unser Publikum zusammen.

Dass alle an diesem Projekt Beteiligten so weit gekommen sind, liegt in erster Linie am Fleiß, der Professionalität und der Unterstützung unserer Herausgeberinnen Fenna Williams und Petra K. Gungl – dafür ein fettes Dankeschön von uns!

Vielleicht können wir gemeinsam andere Autorinnen und Autoren motivieren, in diesen herausfordernden Tagen den Mut aufzubringen, etwas auf die Beine zu stellen. Das wäre ein ganz besonderer Erfolg dieser Anthologie!

Genießen Sie nun die Geschichten und lernen Sie dabei Land und Leute auf eine völlig neue Weise kennen.
Gute Reise!

EUROPA

GROSSBRITANNIEN

ITALIEN

GRIECHENLAND

Pia O'Connell **Meister der Raben**

»Ich muss hier raus«, sagte Jess und hielt ihre bandagierte Hand schützend gegen das Sonnenlicht, das durch die historischen Butzenscheiben fiel. Mit einem Ruck setzte sie sich im Bett auf.

»Ich halte diesen Zirkus nicht mehr aus.« Demonstrativ hielt sie sich beide Ohren zu. Bauarbeiter waren seit Tagen damit beschäftigt, ein Gerüst am Weißen Turm im Tower of London hochzuziehen. Der metallene Klang ihrer Hämmer drang bis in die entlegensten Winkel und vermischte sich mit dem aufgeregten Schnattern der Schulklassen und Touristen, die sich schon in aller Frühe vor den Toren des Towers versammelt hatten.

Harry Hancock sah auf seine Frau hinunter und stellte eine dampfende Tasse Tee auf ihren Nachttisch. Er war bereits in Uniform. Der dunkelblaue Rock mit der roten Paspelierung, der roten Krone und den Buchstaben E II R auf der Brust verlieh ihm eine mittelalterlich anmutende Würde. Seine schwarzen Schuhe waren auf Hochglanz poliert.

»Wir sprechen heute Abend darüber«, sagte er beschwichtigend. »Ich muss mich jetzt um die Raben kümmern.«

»Die Raben! Die Raben! Immer nur die Raben«, beklagte sich Jess. »Hauptsache, den Raben geht es gut. Wie es mir geht, ist dir scheißegal.«

Sie rutschte im Bett nach unten und zog sich die Decke über ihren zerzausten Blondschopf. Jesses rotgetigerte Katze Riana sprang zu ihr hinauf und fauchte Harry an.

»Schatz, jetzt sei doch nicht so, das stimmt doch gar nicht.« Harry warf einen Blick auf die Uhr, setzte sich dann seufzend auf die Bettkante, schubste die Katze hinunter und gab seiner Frau einen Kuss auf die Locken, die unter der Decke hervorspitzten.

11

»Der heutige Abend gehört nur uns beiden. Du und ich, im Restaurant, bei Kerzenlicht.« Harry strich seiner Frau sanft über die Hand. »Champagner, unser Hochzeitstags-Menü«, er küsste ihre Finger, »du in deinem neuen Kleid, das dir so gut steht.«

Langsam kam Jess unter der Decke hervor, drehte sich um und sah ihren Mann mit zusammengezogenen Brauen an. »Harry Hancock, das eine sage ich dir: Wenn du nicht pünktlich um sechs Uhr hier auf der Matte stehst, dann kannst du mit deinen elenden Raben Hochzeitstag feiern.« Damit rollte sie sich zur Seite und zog sich die Decke wieder über den Kopf. »Verdammte Rabenbrut«, hörte er sie leise fluchen.

»Immerhin bin ich der verdammte Rabenmeister«, brummte Harry, ging aus dem Schlafzimmer und ließ die Tür hinter sich ins Schloss fallen. Im Flur nahm er den ballonartigen dunkelblauen Hut vom Haken und setzte ihn auf.

Seit er vor drei Jahren den Dienst nach langer aktiver Militärzeit quittiert hatte, arbeitete er im Tower von London als Yeoman Warder. Von manchen Leuten wurden er und seine Kollegen Beefeaters genannt, doch Harry Hancock bevorzugte den Titel Yeoman Warder. Vor zwei Jahren war er vom amtierenden Ravenmaster als Nachfolger auserwählt worden. Seitdem kümmerte er sich um die sieben Raben, die im Tower lebten.

Harry liebte seinen Job. Und er schätzte es, gemeinsam mit den anderen Yeoman Warders und ihren Familien im Tower zu leben. Wenn nur Jess sich besser eingewöhnt hätte. Doch seit einem Jahr lag sie ihm nun fast täglich in den Ohren damit, dass er sich eine andere Stelle suchen sollte. Harry versuchte, sie hinzuhalten, und hoffte dabei insgeheim, dass Jess sich irgendwann doch noch an das Leben im Tower gewöhnen würde. Aber sie tat es nicht. Stattdessen sprach sie immer öfter davon, dass sie sich beobachtet fühlte, und behauptete, die Raben würden sie verfolgen.

Gedankenverloren begann er, die über die Grünflächen des Towers verteilten steinernen Wasserschüsseln der Raben zu reinigen und mit frischem Wasser aufzufüllen. Dann ging er zu den Volieren, in denen die Vögel die Nacht verbrachten. Raben gehen lebenslange Partnerschaften ein und werden deshalb paarweise in ihrem Nachtquartier untergebracht. Beim Öffnen der Gitter musste er immer streng darauf achten, die Hackordnung unter den Raben zu befolgen. Corb und Cora durften als Erste jeden Morgen ihren Nachtplatz verlassen. Sie hatten ihren Stammplatz im Nordosten des Towers. Dann Gharrab und Wuya, die zum South Lawn flogen. Schließlich Kraai und Kala. Kraai und Kala waren das dominante Paar und durften deshalb immer erst als Letzte ihre Voliere verlassen. Harry achtete darauf, dass die anderen Raben unbehelligt ihr Territorium erreichen konnten und nicht unterwegs von Kraai und Kala gestellt wurden.

Harry genoss das Schauspiel am frühen Morgen, wenn der Nebel noch über der Themse hing und die Raben die Flügel ausbreiteten, einen kurzen Hüpfer machten und mit einem einzigen Flügelschlag in der Luft waren. Er schaute ihnen nach, wie sie lautlos zu ihren Stammplätzen im Tower glitten.

Harry seufzte. Wie sehr würde er dieses Morgenritual vermissen, falls Jess ihren Kopf durchsetzen würde. Schweren Herzens machte er sich auf den Weg zum Tower Green, wo Mara, der letzte seiner Raben, ihren Stammplatz ganz in der Nähe seines Hauses hatte. Sie weigerte sich, mit den anderen Raben in der Voliere zu schlafen, und mochte sich nicht einsperren lassen.

Harry verharrte kurz und blickte über die Themse zur Tower Bridge. Auch nach all der Zeit im Tower hatte er sich noch nicht sattgesehen an diesem Ausblick. Mara hatte ihn von ihrem Ausguck am Beauchamp Tower erspäht und krächzte ihm ein »Guten Morgen« zu. Zumindest redete Harry sich ein, dass sie das tat, denn sie war sein Lieblingsrabe. Störrisch wie ein Maulesel folgte sie nur ihrem eigenen Kopf. Trotzdem war sie der einzige Rabe, der mit ihm eine innige Beziehung pflegte. Die anderen Raben duldeten Harry nur. Sie ließen sich von ihm füttern, ihre Wasserschüsseln auffüllen und sich am Abend in ihren fuchssicheren Volieren einsperren. Mara aber hatte sich Harry anscheinend als ihren Lebenspartner erwählt. Wenn sie nicht gerade Touristen bestahl, Mäuse jagte oder Tauben angriff, suchte sie Harrys Nähe und verbrachte viel Zeit mit ihm, während er seinen Pflichten im Tower nachging. Wenn er es sich genau überlegte, musste er sich eingestehen, dass Mara sich Jess gegenüber tatsächlich seltsam verhielt. Fast so, als wäre sie eifersüchtig auf seine Frau. Sobald ihm Jess zu nahe kam, hackte Mara auf sie ein. Dass sie Jess den Finger gebrochen hatte, hatte er trotzdem als Unfall hingestellt. Aber wenn er es sich genau überlegte …

Auch heute kam Mara sofort angeflogen, nachdem sie Harry erspäht hatte, und begrüßte ihn mit lautem »Klock-Klock«.

»Mara, meine Schöne.« Harry hielt ihr einen mit Blut getränkten Hundekeks vor den Schnabel. Vorsichtig nahm Mara den Keks mit ihrem kräftigen, scharfen Schnabel aus Harrys Hand, hüpfte auf den Rasen und vertilgte ihn genussvoll. Dann flog sie in die Äste einer Eiche, unter der sich eine Schulklasse versammelt hatte. Die Rabendame hatte eine Schwäche für Kartoffelchips. Sie wusste aus Erfahrung, dass bei den Schulkindern meistens welche zu holen waren. Harry überließ Mara ihrem Tagwerk und machte sich daran, die Ratten, die er über Nacht im Kühlschrank der Rabenküche auftauen ließ, an die anderen Raben zu verteilen.

Harry stand im Schlafzimmer seines Hauses und mühte sich vor dem Spiegel mit seiner Krawatte ab. Er war in Hochstimmung und beglückwünschte sich, dass er überpünktlich zu Hause gewesen war. Jess war bereits fertig angezogen und sah hinreißend aus. Sie hielt die Augen gesenkt und beobachtete ihn durch ihre langen Wimpern hindurch. Harry ging auf sie zu, zog sie vom Hocker hoch und küsste sie. »Du bist wunderschön«, murmelte er und vergrub seinen Kopf in ihrer Halsbeuge. »Und du riechst so gut.« Weiter kam er nicht, weil sein Handy klingelte. »Ja«, meldete er sich knapp, um dem Anrufer zu bedeuten, dass er nicht gestört werden wollte. Die panische Stimme seines Assistenten am anderen Ende überschlug sich fast.

»Fuchsangriff«, hörte er, »zwei Vögel tot; von Mara keine Spur.« Harry wurde bleich.

»Was ist los«, fragte seine Frau.

»Ich muss noch mal weg.« Harry war schon auf dem Weg zur Haustür. »Ein Notfall!«

»Harry! Du kannst doch jetzt nicht …!«

Harry schlug die Tür hinter sich zu. Er hörte noch, wie etwas gegen die geschlossene Eichentür klirrte.

Beim Rabengehege angekommen, sah er das ganze Ausmaß der Zerstörung. Gharrab und Wuya lagen mit zerbissener Kehle blutüberströmt vor dem Gatter ihrer Behausung. Schwarze Federn stoben auf bei jedem Schritt, als Harry und sein Assistent Shay näherkamen.

»Wie zum Teufel ist der Fuchs hier hereingekommen?« Harry suchte das Gehege nach möglichen Schwachstellen ab.

»Er hat sich hier durchgequetscht«, sagte Shay und deutete auf den schmalen Spalt zwischen Wand und Schiebetür. »Ich war auf meinem Kontrollgang, als ich ihn davonlaufen sah.«

»Was ist mit Mara?« Besorgt sah Harry seinen Assistenten an.

Der zuckte die Achseln. »Sie ist nicht in ihrer Schlafbox und auch sonst habe ich sie nirgends gesehen.«

»Räum du die Sauerei hier auf, ich geh und suche Mara.«

Harry sah auf seine Armbanduhr. Er hatte eine gute halbe Stunde Zeit, um Mara zu finden. Jess würde ihn auf kleiner Flamme rösten, wenn sie an ihrem Hochzeitstag nicht wie versprochen pünktlich um zwanzig Uhr im Restaurant wären.

Harry lief so schnell er konnte zum Queen's House, wo Mara ihr Nachtquartier hatte. Der Rasen war von dem leichten, aber ausdauernden Nieselregen matschig geworden. Harry wäre beinahe ausgerutscht und der Länge nach hingeschlagen, wenn er sich nicht in letzter Sekunde an einer Straßenlaterne hätte festhalten können. Da hörte er das vertraute »Klock-Klock«, Maras Ruf nach ihm. Harry suchte mit den Augen die Gebäude ab. Die Dämmerung hatte eingesetzt, und er wetterte laut, weil er nicht daran gedacht hatte, seine Taschenlampe mitzunehmen. Maras Ruf klang gedämpft durch den Nieselregen. Harry rief ihren Namen, wartete, und als das »Klock-Klock« endlich erneut ertönte, eilte er den Lauten nach.

Vor dem White Tower blieb er stehen und lauschte. Maras Rufe schienen aus dem mit weißen Planen umhüllten Gebäude zu kommen. Die Bauarbeiter hatten das Gerüst am Turm mit einer rabensicheren Hülle umgeben. Nicht sicher genug für Mara. Offensichtlich hatte sie einen Weg hinein gefunden, kam aber nicht mehr heraus.

»Mara, du kleines Biest«, schimpfte Harry und machte sich daran, das Gerüst zu erklimmen. Der Nieselregen hatte sich zu einem satten Septemberregen ausgewachsen und Harry war inzwischen nass bis auf die Knochen. Er bewegte sich mit äußerster Vorsicht. Die Holzbretter des Gerüstes waren glitschig vom Regen. Endlich sah er Mara auf einer Querstrebe des Baugerüstes sitzen. Wenn er jetzt einen blutgetränkten Hundekeks bei sich hätte, würde Mara ihm ohne viele Umstände hinaus ins Freie folgen. So aber …

Harry versuchte, sie mit leisen Rufen anzulocken. Zu seiner Überraschung hüpfte Mara ihm entgegen und ließ sich brav auf seinem ausgestreckten Unterarm nieder. Ihre scharfen Krallen bohrten sich durch seinen Ärmel, doch er spürte es kaum, so froh war er, sie gefunden zu haben.

»Mara, meine Schöne, gleich haben wir es geschafft. Jetzt aber schnell, Jess wartet schon auf mich«, flüsterte Harry, als er mit seinem Schützling auf dem Arm die letzte Leiter hinabsteigen wollte.

Völlig überraschend breitete Mara die Flügel aus und stieß sich so kräftig von ihm ab, dass Harry das Gleichgewicht verlor, seine Hand von der nassen Strebe abrutschte und er kopfüber von der Leiter fiel. Als er wieder zu Bewusstsein kam, leuchteten die Sterne bereits über ihm am Firmament.

Am nächsten Morgen saß Jess schon am Esstisch, als Harry in die Küche kam.

»Tee?« Jess stand auf und nahm die Teekanne vom Gasring. »Toast?« Sie knallte einen Teller mit zwei gerösteten Scheiben Weißbrot vor Harry auf den Tisch. Schweigend sah sie ihm dabei zu, wie er Milch in seine Teetasse goss.

Harry räusperte sich. »Es tut mir leid wegen gestern Abend.«
Jess fiel ihm ins Wort. »Schön, dann beweis es mir! Beweise mir, dass es dir leidtut, dass ich hier den ganzen Abend lang vergeblich auf dich gewartet habe, während du einem Raben hinterhergejagt bist. An unserem zwanzigsten Hochzeitstag!« Sie legte eine Visitenkarte vor Harry auf den Tisch. »Die Firma gehört einem Bekannten. Sie suchen erfahrenes Sicherheitspersonal.«

»Aber …« Harry verstummte, als er den Namen las.

»Du kennst ihn. Er war mit dir in der Grundausbildung.«

»Wo, ich meine, wann hast du ihn getroffen?«

Jess stieg eine leichte Röte ins Gesicht. »Ich bin ihm zufällig unter dem Traitors Gate in die Arme gelaufen. Er war mit Kunden aus China da.« Angriffslustig fügte sie hinzu: »Er hat sich fast schiefgelacht, als ich ihm gesagt habe, dass du jetzt ein Beefeater bist.«

»Yeoman Warder«, verbesserte er sie mechanisch.

»Egal, du hast bis Ende des Jahres Zeit, einen neuen Job zu finden. Ich werde am ersten Januar aus dem Tower ausziehen. Mit oder ohne dich.« Jess stand auf und ging zur Tür. Riana strich um ihre Beine, als sie sagte: »Du musst dich entscheiden, Harry. Die Raben oder ich.«

Harry saß in seinem Kabuff und drehte die Visitenkarte in seiner Hand hin und her. »PVM International« stand in seriösem Blau auf hellgrauem Grund. Er holte sein Smartphone aus der Hosentasche und fing an, die Firma zu googeln. Wie befürchtet, handelte es sich um einen Fernüberwachungsdienst.

»Pro-aktives Video-Monitoring (PVM) bietet Live-, Fernüberwachungs- und Experteninterventionsdienste zum Schutz Ihrer Objekte. Durch den Einsatz führender Erkennungs- und Überwachungstechnologien erfüllt PVM International die Mission, eine angstfreie Umgebung an tausenden Standorten weltweit zu schaffen.«

Er seufzte tief. Jess hatte ihm ein Ultimatum gestellt. Entweder er verließ den Tower oder Jess verließ ihn. Er steckte das Smartphone zurück in die Hosentasche. Harry hatte genug gesehen. Er streckte die Hand nach Mara aus, die neben ihm vor sich hindöste. Die Sonne schien durch das Glas auf ihr Gefieder und ließ die rabenschwarzen Federn blau, grün und violett schillern. Sie öffnete die Augen und sah ihn neugierig an.

»Meine schöne Mara.« Er strich sanft über ihren Schnabel. »Bald wird sich ein neuer Rabenmeister um dich kümmern müssen.« Er ließ seine Hand sinken.

Mara sah ihn mit schief gelegtem Kopf an. Auffordernd pickte sie seine Finger, um weiter gestreichelt zu werden.

Ein schwerer Seufzer entrang sich seiner Brust. »Du wirst mir fehlen«, flüsterte er kaum hörbar. »Aber ich habe keine Wahl. Ich will Jess nicht verlieren.«

Harry erhob sich und trat vor seinen Unterstand. Es war Zeit für seinen Kontrollgang. Mara breitete die Flügel aus und flog zur nächsten Wasserstelle. Harry ging langsam über das Tower Green, dabei sog er den Anblick der Gebäude regelrecht in sich auf. Jede Kleinigkeit, jeden Mauervorsprung, jedes Fenster, jeden Stein, er würde den ganzen Tower fest in seinem Gedächtnis speichern. Warum sah Jess nicht, wie schön es hier war?

Er beobachtete, wie Mara das Sandwich stahl, das eine Besucherin unvorsichtigerweise neben sich auf die Bank gelegt hatte. Er sah den anderen Yeoman Warders zu, wie sie die Besucher umherführten und Geistergeschichten zum Besten gaben. Viele seiner Kollegen waren so talentiert, dass man glauben könnte, man hätte ausgebildete Schauspieler vor sich und nicht ehemalige Soldaten, die in Afghanistan und in anderen Krisengebieten weltweit im Einsatz gewesen waren. Harry war sein Beruf ebenso wichtig wie das Zusammentreffen mit Menschen aus aller Herren Länder, um ihnen Geschichten über seinen Tower of London zu erzählen. Aber das Wichtigste war für ihn, sich um ›seine‹ Raben zu kümmern.

Er zog die Visitenkarte von PVM International aus der Hosentasche und drehte sie unschlüssig zwischen den Fingern. Vor der Hinrichtungsstelle, wo Anne Boleyn von einem als Edelmann verkleideten französischen Henker mit einem einzigen Schwerthieb der Kopf abgeschlagen worden war, blieb er stehen. Maras »Klock-

Klock« war von Weitem zu hören. Harry blickte sich suchend um und wartete. Schließlich segelte sie direkt vor ihm herab und legte ihm eine tote Maus vor die Füße. Sie sah ihn mit ihren schwarzen Augen prüfend an und legte den Kopf schief.

»Du willst mich wohl aufheitern.« Harry wusste nicht, ob er lachen oder weinen sollte. Nur eines wusste er genau: Er musste versuchen, Jess umzustimmen.

Jess hievte den Wäschekorb auf die Hüfte und zwängte sich damit durch ihre schmale Küche. Alles an diesem Haus ging ihr auf die Nerven. Die engen Zimmer, die niedrigen Decken, die altertümlichen Fenster, durch die ständig ein Luftzug zu wehen schien, und die dicken Steinwände, die den Geruch der Jahrhunderte ausströmten. Jess sehnte sich so sehr nach ihrem alten Haus auf dem Land in Sussex, dass ihr der Verlust fast körperliche Schmerzen bereitete.

Vorsichtig spähte sie durch den Spalt ihrer Haustür, bevor sie diese ganz öffnete und ins Freie trat. Sie wollte den Nachbarinnen aus dem Wege gehen. Man konnte nicht jede gut gemeinte Einladung auf eine Tasse Tee ausschlagen, ohne unhöflich zu wirken. Ihre Katze Riana folgte ihr zum Wäscheplatz, setzte sich neben den Korb und begann, sich zu putzen.

Argwöhnisch hielt Jess nach den Raben Ausschau. Die verdammten Biester schienen sie zu verfolgen. Dann ging sie zurück ins Haus, um den Beutel mit den Wäscheklammern zu holen. Als sie zurückkam, erblickte sie zwei Raben, die mit ihren Schnäbeln gnadenlos auf Riana einhackten. Jess sah ein blutiges Fellknäuel, das kreischend auf sie zugeschossen kam, und die geflügelten Teufel, die laut krächzend in die Luft stiegen. Es klang, als würden sie lachen.

Als Harry zum Mittagessen nach Hause kam, fand er Jess beim Packen vor.

»Was ist denn los?«, wollte er wissen. Er spähte in die Küche in der Hoffnung, dort sein Mittagessen auf dem Herd zu sehen.

»Ich ziehe zu meiner Freundin Patsy.« Jess kam mit einem Bündel Kleider auf dem Arm aus dem Schlafzimmer. »Mir reicht es endgültig.« Sie deutete auf Riana, die in ihrem Körbchen lag und ihre Wunden leckte. »Deine Raben haben Riana angegriffen. Wenn ich nicht dazugekommen wäre, hätten sie Riana umgebracht!«

Harry sah auf die Katze. Die scharfen Schnäbel der Raben hatten tatsächlich tiefe Wunden gerissen. »Katzen pirschen sich nun mal gern an Vögel heran«, versuchte er, Jess zu beruhigen, »aber gegen die Raben haben sie keine Chance. Das sollte deine Katze langsam wissen.«

Jess fuhr herum. »Meine Katze saß brav neben dem Wäschekorb. Deine Raben haben sie ohne jeden Grund angegriffen.« Jess warf ihre Kleider über einen Sessel und hob ihre bandagierte Hand. »Genau wie damals, als dieses verrückte Rabenweibchen mir den Finger gebrochen hat, als ich dich in deinem Häuschen besucht habe.«

»War Mara bei dem Angriff auf deine Katze dabei?«

»Woher soll ich das wissen?«

»Hatte einer der Raben einen lila Fußring?« Harry versuchte, ruhig zu bleiben.

»Kann sein.«

Harry nahm sie in die Arme und strich ihr beruhigend über den Rücken. Jess versteifte sich, ließ die Umarmung dann aber zu und legte den Kopf an Harrys Brust. »Du machst das Ganze jetzt aber nicht schlimmer, als es ist, um einen Grund zu haben, von hier wegzugehen?«, fragte er leise.

Jess riss sich von ihm los. »Du hast das Mitgefühl einer Planierraupe«, schimpfte sie. »Wenn du heute Abend nach Hause kommst, bin ich weg.« Sie knallte die Tür hinter sich zu.

Harry straffte die Schultern, ging in die Küche und nahm eine Handvoll Kekse aus der Dose. Seine nächste Führung ging bald los und sein Magen knurrte. Hastig trank er ein Glas Milch, schob einen Apfel in die Hosentasche und verließ sein Haus in den Casemates. Ausgerechnet an diesem Tag war er an der Reihe, die Schulklassen herumzuführen. Mara wartete schon auf ihn und flog auf seine Schulter, auf der sie während der ganzen Führung zu sitzen pflegte. Die Kinder waren begeistert, den großen Vogel aus der Nähe sehen zu dürfen.

»Ihr könnt sie euch ansehen, aber wenn ihr eure Finger noch ein bisschen behalten wollt, dann fasst sie nicht an«, ermahnte er sie.

Mara plusterte sich auf und krächzte. Die Kinder lachten. Die Show konnte beginnen. Nach der ersten Führung flog Mara zum Wasserbecken und wusch das Gewürz von den Kartoffelchips, die sie von den Schülern bekommen hatte. Harry verabschiedete die Klasse gerade, als sein Telefon läutete. Er sah auf das Display: »Jess.«

»Harry!« Hektisches Schnaufen. »Harry, du musst mir helfen.«

»Jess! Was ist los?«

»Riana ist weggelaufen!« Jess holte tief Luft. »Patsy ist hier und wir wollten gerade meine Koffer in ihr Auto laden, als Riana aus der Haustür gelaufen ist.«

»Beruhige dich, ich komme, so schnell ich kann.«

»Harry, ich will nicht, dass sie wieder von den Raben angegriffen wird.« Jess weinte fast.

»Ist ja gut, beruhige dich. Mara ist bei mir und die anderen Raben sind auf dem Rasen vor dem White Tower.«

Harry sah zum Wasserbecken, doch Mara war verschwunden. Er fluchte leise und sagte dann: »Jess, hör mir zu. Ich suche einen Kollegen, der meine nächste Führung übernehmen kann, dann helfe ich dir, die Katze zu finden. Wir treffen uns beim Eingang Waterloo Block.«

Harry eilte zum Workshop in der Hoffnung, dort einen Kollegen zu finden, der seine Schicht übernehmen konnte, fand jedoch niemanden.

Vor dem Waterloo Block wartete Patsy. »Jess ist schon mal zur Hinrichtungsstelle losgelaufen«, sagte sie. »Du sollst nachkommen.«

»Patsy, ich habe noch niemanden gefunden, der meine nächste Tour übernehmen kann.« Harry sah auf seine Armbanduhr. »Die geht in fünf Minuten los.«

Er zog sein Smartphone aus der Hosentasche, rief die Zentrale an und bat um eine Ablösung. Der diensthabende Kollege erklärte ihm geduldig, dass er niemanden zur Verfügung habe. Harry solle mit der Führung beginnen. In der Zwischenzeit würde er sich um einen Ersatz für ihn kümmern. Sie könnten dann während der Führung wechseln, falls er jemanden fände. Was denn so dringend sei, wollte er noch wissen, doch da hatte Harry schon aufgelegt. Harry hatte keine Lust, seinem Kollegen zu erklären, dass er die Katze seiner Frau suchen musste. Auslachen mochte er sich nicht lassen.

Harry ging zum Sammelplatz und begann mit der Führung. Er war abgelenkt und ging nicht wie sonst auf die Fragen der Kinder ein. Suchend sah er sich nach Riana, der Katze, um. Voller Unbehagen bemerkte er, dass die Raben nicht an ihren Stammplätzen aufzufinden waren. »Vielleicht sind sie in ihr Vogelhaus geflogen«, dachte er und sah hinauf zum Himmel. Ein leichter Nieselregen hatte eingesetzt. Bei schlechtem Wetter zogen sich die Vögel manchmal früher in ihre Volieren zurück. Es ist wieder an der Zeit, ihnen die Flügel ein kleines bisschen zu stutzen, dachte Harry, der es als erster Rabenmeister durchgesetzt hatte, die Schwingen der Vögel so wenig wie möglich zu stutzen. Er vertrat die Ansicht, dass die Vögel im Tower bleiben sollten, weil sie sich hier wohlfühlten und weil sie artgerecht gehalten wurden, und nicht, weil ihre Flügel sie nicht hinaustrugen. Die Prophezeiung »*The Tower will crumble and the Kingdom will fall, if the ravens leave the Tower*«, also dass das britische Empire untergehen würde, sobald die Raben den Tower für immer verließen, hatte manchen seiner Vorgänger dazu bewogen, das Schicksal selbst in die Hand zu nehmen.

Sein Handy läutete. Ohne auf das Display zu sehen, nahm er ab. »Wo bleibst du, verdammt!« Jess schrie in den Hörer. »Riana ist in das Gerüst am White Tower geschlüpft. Ich kann die Raben darum herumkreisen sehen.«

»Jess, ich kann noch nicht weg. Ich bin mitten in einer Führung.«

»Dann klettere ich eben selbst hinauf«, brüllte Jess. Dann war die Leitung tot.

Die Schüler hatten sich um Harry geschart, um nur ja kein Wort zu verpassen, als er die Geschichte der zwei Boy Princes erzählte, die vom eigenen Onkel, dem künftigen König Richard III., im Bloody Tower gefangen gehalten und vermutlich dort getötet worden waren. Von seinem Standort aus konnte Harry gut zum White Tower hinüberblicken. Das Gerüst mit der weißen rabensicheren Einhausung umgab das Gebäude vollständig. Nur die golden glänzenden Wetterhähne auf den vier Türmen waren noch zu sehen. Wegen einer Intervention der Denkmalschutzbehörde hatten die Bauarbeiter die Baustelle verlassen. Der Nieselregen hatte aufgehört und die Sonne kam zaghaft hinter den Wolken hervor. Harry sah sich nach den Raben um, konnte sie aber nirgends entdecken.

Jess steigert sich da in etwas hinein, dachte er. Die verdammte Katze kann sehr gut auf sich selbst aufpassen. Er riss sich zusammen und beantwortete die Fragen der Schüler.

Jess stand an der Absperrung und rief nach Riana. Ein mobiler Bauzaun versperrte den Eingang und war mit einer schweren Eisenkette ordnungsgemäß gesichert. Wegen der weißen Plane konnte sie nicht in das Gerüst hineinsehen. Sie trat ein paar Schritte zurück und sah an der Fassade des Turmes hinauf. Dann nahm sie ihr Mobiltelefon aus der Hosentasche und schrieb eine SMS an Harry: »Bin im White Tower. Komm schnell!!!« Als sie wieder von ihrem Handy aufsah, bemerkte sie den Raben, der plötzlich vor ihr auf dem Bauzaun am Eingang des Gerüsts hockte.

Der Rabe sah sie direkt an, dann drehte er sich um, machte einen kleinen Hüpfer und flog in die Einhausung hinein. Jess wurde kreideweiß. Ihre Katze! Hektisch wählte sie Harrys Nummer, bekam aber nur die Sprachbox. Panik überrollte sie. Jess spürte, wie sich das Adrenalin vom Kopf bis in die Zehen ausbreitete, als sie gegen ihre Höhenangst ankämpfte. Sie rannte zur Absperrung, sprang hoch, klammerte sich an den Bauzaun und zog sich unter Aufbietung ihrer ganzen Kraft hoch, bis es ihr gelang, ein Bein über die Brüstung zu schwingen. Schließlich saß sie rücklings auf dem Zaun und ließ sich auf der anderen Seite zu Boden gleiten.

Sie stöhnte. Ihr Handy war ihr bei der Aktion aus der Hosentasche gefallen und lag mit zerborstenem Display auf der anderen Seite der Absperrung. Ihr geschienter Finger brannte wie Feuer.

Jess fluchte leise. »Verdammte Rabenbrut.« Dann eilte sie dem Raben hinterher. »Riana! Riana!« Jess wurde langsamer, je höher sie den White Tower erklomm. Von Riana und dem Raben fehlte jede Spur. Mit einer Hand hielt sie sich an der Absturzsicherung fest und ging langsam weiter. Hier oben blies der Wind und zerrte an der weißen Plane. Ein ständiges Knarren und Knarzen begleitete jeden ihrer Schritte.

»Riana!« Jess meinte, ein heiseres Krächzen gehört zu haben. Sie blieb stehen. »Riana!« Da war es wieder. Ein Krächzen und ein leises Wimmern. Jess beschleunigte ihren Schritt. Sie sah den Himmel und den glänzenden Wetterhahn über sich. Auf dem Wetterhahn saß der Rabe – gleich darunter, in einem Spalt am Mauervorsprung, kauerte Riana. Jess rannte die letzten paar Meter.

»Hau ab!«, rief sie und wedelte mit den Händen. »Verschwinde!« Der Rabe neigte den Kopf und sah sie mit schwarzen Augen durchdringend an. Jess erschauderte.

»Mara!« Jess sah den lila Fußring um den schwarzen Rabenfuß mit den spitzen Krallen. Ihre Katze miaute jämmerlich. Jess versuchte, sie zu erreichen, doch Riana war zu weit hinaufgeklettert. Jess breitete die Arme aus, um sie aufzufangen. Doch die Katze sprang nicht. Der Rabe hüpfte von seinem Platz am Wetterhahn auf den Mauervorsprung unter sich und ging auf die Katze zu. Die zog sich tiefer in den Spalt zurück. Jess setzte mit dem Mut der Verzweiflung einen Fuß auf die Absturzsicherung und einen Fuß gegen die Mauer. So stemmte sie sich Stück für Stück in die Höhe und erreichte endlich den Vorsprung, in dem ihre Riana sich in Sicherheit gebracht hatte. Mit ihrer gesunden Hand krallte sich Jess in die Wand, packte ihre Katze mit der anderen Hand am Genick und zog sie aus dem Versteck. Sie stand jetzt mit einem Fuß auf der obersten Stange der Absturzsicherung, mit den Fußspitzen des anderen Fußes in der Mauerfuge, klammerte sich mit den Fingern an der Mauer fest und hatte eine fauchende, panisch spuckende

Katze in der anderen Hand. Schmerzen schossen wie Blitze von ihrem verletzten Finger bis in den Ellbogen. Sie sah über die Brüstung und erstarrte. Sie konnte sich nicht mehr bewegen. Keinen Zentimeter.

Auf diesen Moment schien Mara gewartet zu haben. Sie breitete ihre Schwingen aus, umkreiste den Wetterhahn und bohrte ihre ausgestreckten scharfen Klauen mit Wucht in Jesses Gesicht. Jess schrie auf, riss die Arme hoch, um sich vor Maras Angriff zu schützen, und stürzte in die Tiefe.

Harry hatte gerade die Schulklasse verabschiedet, als Mara auf seiner Schulter landete.

»Na, meine Schöne, wo warst du denn so lange?« Er strich ihr sanft über den kräftigen Schnabel. Dann holte er die kleine Tupperdose aus seiner Hosentasche, nahm einen mit Blut getränkten Hundekeks heraus und fütterte sie damit.

»Braver Vogel«, sagte er.

ITALIEN, SÜDTIROL

Heidi Troi **Das schlechte Gewissen der Stadt**

»Zu viel des Guten ist meist von übel.« Hat schon der gute alte Tom Borg gesagt. Wer Tom Borg ist? Keine Ahnung. Ein deutscher Autor, dessen schriftstellerische Tätigkeit sich auf das Kreieren mehr oder weniger brauchbarer Zitate konzentriert hat, von denen ich mir von Zeit zu Zeit eines aus›borge‹. Zum Beispiel das hier: »Mancher blöde Hund hat mehr Charakter als sein kluges Herrchen.« Kennen tu ich die Zitate auch von einem blöden Hund. Von meinem Freund, dem Willi. Der normalerweise immer mit mir auf dieser Bank vor der kleinen evangelischen Kirche in Brixen sitzt und der verschwunden ist. Spurlos. Nicht dass er sonst nie verschwunden wäre. Der Willi hat Hummeln im Hintern. Sagt er selbst immer. Aber bisher hat er es mir immer gesagt. »Dreckskathi«, hat er zu mir gesagt, »ich bin dann mal weg. Der Süden ruft.« Oder der Norden. Oder der Berg …

Und dann war er weg und ich hab den leeren Platz neben mir verteidigt, weil ich gewusst habe, dass er dann irgendwann wieder neben mir sitzen wird. Und jetzt ist er verschwunden. Ohne dass er mir was gesagt hat. Und ich hab ein ganz komisches Gefühl. Weil er nämlich nicht der Einzige ist, der verschwunden ist. Auch die Gosch-Tina ist seit Tagen nicht mehr in der Stadt gewesen, genauso wie der Präsident wie vom Erdboden verschluckt ist. Nicht ein richtiger Präsident, sondern Gigi, der stundenlang auf dem Platz steht und wirre Reden schwingt. Manchmal kommen da richtig gute Sachen. Manchmal halt auch nicht. Und der Willi, der ist jetzt auch fort. Ohne ein Wort. Und ich hab das Gefühl, dass das alles mit diesem Platz zusammenhängt. Mit dem kleinen Platz zwischen der evangelischen Kirche und dem Sonnentor, das eigentlich nicht Sonnentor, sondern Kreuztor heißt, und der eine heiß umkämpfte Zone unter uns, dem Abschaum von Brixen, ist.

Hier betreten die Tagestouristen zu Stoßzeiten in Prozessionen die Stadt und hier verlassen sie sie wieder. Davor sammeln sie die Souvenirs wie Profisportler die Trophäen – im Brotgeschäft die ›Brixner Nussen‹, in der Tabaktrafik Kühlschrankmagneten, im Haushaltswarengeschäft Trinkflaschen mit aufgedruckten Bergsprüchen oder ›Bergluft zum Mitnehmen‹. Danach kehren sie durch das alte Stadttor in ihre eigene Wirklichkeit zurück. Wieder durch das Tor zur Stadt Brixen, wo sie das doppelte Erlebnis genossen haben. ›Das doppelte Erlebnis.‹ Das ist der Werbeslogan des Stadtmarketings und wir Bettler schauen, dass die Touristen auch wirklich das doppelte Erlebnis haben. Dass sie nämlich neben dem ganzen Prunk und Kitsch, den unsere Stadt zu bieten hat, auch ein bisschen Armut sehen, Mitleid empfinden können, ihr Gutmenschentum herauskehren. Hier heben wir uns ab, hier stechen wir ins Auge. Und das ist unsere Marketingstrategie. War unsere Marketingstrategie. Von dem ganzen Gesocks bin nämlich nur noch ich übrig. Ich, die Dreckskathi. Und ich bin wild entschlossen, herauszufinden, was mit dem Willi geschehen ist. Und mit der Gosch-Tina und mit dem Präsidenten. Aber vor allem mit dem Willi.

»Städter, die aufs Land ziehen, sind manchmal eine rechte Landplage.« Der Spruch ist auch von Tom Borg. Der gefällt mir von all seinen dummen Sprüchen am besten und ich hab ihn für Brixen ein kleines bisschen umgewandelt. »Städte, die das ganze Land anziehen, haben manchmal eine ziemliche Landplage.« Ich schmunzle in meinen dreckstarrenden Rolli und wiederhole den Satz in Gedanken. Nichts könnte besser auf die Brixner zutreffen als dieses abgekupferte Zitat von Tom Borg.

Grade eben zieht wieder so eine zweibeinige Schafsherde durch das Kreuztor. Silberfüchse in Gesundheitsschuhen und den Klamotten aus Ottos Katalog, in der rechten Hand sich an den Gehstock klammernd, in der linken Hand einen Fotoapparat. Sie nähern sich. Die Ersten bemerken mich. Ich setze meine weinselige Miene auf, strecke die Hand aus, lalle etwas von wegen »schöne blonde Maid«, obwohl jede von ihnen das letzte Mal allerhöchstens vor dreißig Jahren blond war, notiere ihre angeekelten Gesichter.

Eine von ihnen drückt mir doch einen Euro in die Hand. »Aber nicht gleich in Alkohol investieren, junge Frau«, sagt sie, Augenbrauen tadelnd hochgezogen.

»Ich sag danke, für dein Verständnis jeden Tag«, intoniere ich eine Freddy-Quinn-Schnulze, absichtlich die Töne verfehlend, nehme innerlich grinsend ihren Abscheu zur Kenntnis und lasse den Euro in meiner Manteltasche verschwinden.

Ich seufze. Kurz überlege ich, das Geld zum Trotz in Alkohol zu investieren, lasse es dann aber bleiben. Bei der Hitze schmeckt der Fusel nicht. Mein Blick fällt auf die Stadtaktivistin, die seit ein paar Tagen mit einem Schild auf dem kleinen Platz auf und ab marschiert. »Besichtigungsgebühr für Tagestouristen« steht liebevoll darauf gemalt. Darunter ein Cartoon, der Touristen wie die Sardinen unter den Laubenbögen gestapelt darstellt, jämmerlich schwitzend und mit schmerzerfüllter Grimasse. Niemand bleibt bei der Stadtaktivistin stehen, traurig spielt sie auf ihrem Handy herum. Sie tut mir irgendwie leid. »Soll ich dich fotografieren?«, frage ich. Vielleicht will sie ja ihr Insta-Profil puschen oder wie die jungen Leute das sonst noch nennen. #stadtretten oder #wenigertouris oder so.

Sie rümpft die Nase. Der verächtliche Blick legt ihre Gedanken frei: Du Pennerin hast es doch nur auf mein iPhone abgesehen und wenn nicht, krieg ich den Gestank deiner versifften Hände nie mehr runter von dem Ding. »Nein … danke«, sagt sie.

Ich zucke die Achseln. Lehne mich zurück, freue mich über die Sonnenstrahlen, die mein Gesicht streicheln. Wer nicht will, der hat schon, denke ich. Könnte auch von Tom Borg sein, der Spruch. Ist er aber nicht.

Aus dem kleinen Souvenirshop am Eck kommt die Inhaberin. Ihr Blick schweift kurz von der Stadtaktivistin zu mir und wieder zurück. Ihr Kopf schießt vor wie bei einem Falken im Sturzflug, der Körper folgt langsamer nach. Ihre Beute: die Aktivistin.

Ich greife nach meiner Wasserflasche, trinke einen Schluck und beobachte neugierig, was da passiert.

»Können Sie nicht woanders stehen?«, keift sie die Aktivistin an. Leben kommt in die junge Frau. »Ich stehe, wo ich will.«

»Ja, aber nicht hier!«

»Wie gesagt, wo ich will.«

»Zeigen Sie mir Ihre Genehmigung!« Der Kopf der Geschäftsinhaberin ruckt vor und zurück. Auf ihrem Hals haben sich rote Flecken gebildet. Andere Geschäftsleute schauen neugierig aus ihren Läden. »Die muss doch nicht immer nur uns das Geschäft vermasseln, oder?«, rechtfertigt sie sich ihren Kollegen gegenüber.

Zustimmendes Kopfnicken.

Nur die Inhaberin des Geschäfts für Haushaltswaren macht eine wegwerfende Handbewegung. »Geh, lass sie doch«, will das heißen, doch das Falkenweibchen fühlt sich von der Zustimmung der anderen beflügelt. »Also: Hopp, hopp! Weg hier! Es gibt auch noch andere Plätze in Brixen.«

Die Aktivistin verschränkt die Hände. »Aber bei keinem sonst müssen alle Tagestouristen vorbei.«

»Als ob Ihnen einer von denen seine Unterschrift auf diese lächerliche Liste setzen würde!«

Die beiden Frauen messen sich mit Blicken. Zwischen ihnen sprühen die Funken. Würde mir jetzt jemand eine Wette anbieten, ich würde auf die Geschäftsinhaberin setzen. Sie hat die unverhohlene Zustimmung der anderen Geschäftsleute. Aber die Außenseiterin gewinnt. Mit einem Wutschnauben dreht das Falkenweibchen ab und verschwindet in dem Geschäft für Souvenirs.

Die Siegerin bleibt mit einem triumphierenden Lächeln zurück. Als sie meinen Blick sieht, fragt sie: »Unterschrift?«

Ich hebe abwehrend die Hände. »Kann nicht schreiben.« Ich muss mein Image wahren. Mein abgeschlossenes Philosophiestudium geht sie nichts an. Außerdem will ich sehen, was passiert. Ich hab da nämlich einen Verdacht.

Die Aktivistin steht sich weiter die Beine in den Bauch.

Das Falkenweibchen wirft hin und wieder einen Blick durch die Scheibe ihres Schaufensters. Ich warte.

Ein junger Mann in Sandalen, der sich vor zehn Wochen das

letzte Mal die Haare gewaschen hat, schmeißt seine Unterschrift auf das Klemmbrett der Aktivistin, dann versinkt sie wieder in ihrem Smartphone.

Als ich schon aufstehen will, schwingt die Tür des Haushaltswarengeschäfts auf, die Inhaberin wirft einen Blick in die Sonne, dann schaut sie zur Aktivistin. Dann zu mir. Langsam kommt sie auf uns zu. »Mögen Sie einen Kaffee?«

Es gibt halt doch noch Menschen. Sogar hier in Brixen. Ich wehre trotzdem ab. Kaffee bei der Hitze? Muss ich nicht haben.

Doch die Aktivistin nickt dankbar und dackelt hinter der netten Frau in das Innere des Geschäfts.

»Zeigen Sie mir Ihre Genehmigung«, gellt es da in meine Ohren. Das Falkenweibchen.

Ich weiß natürlich, wo ich den Wisch habe, suche aber trotzdem umständlich in allen meinen Manteltaschen. Die Sonne brennt auf uns herunter. Ich lasse einen lauten Furz entwischen. Grinse, als das Falkenweibchen empört das Gesicht verzieht. Das doppelte Erlebnis eben.

Ein paar Silberfüchse betreten den Souvenirladen, ich suche weiter. Als sie ihn wieder verlassen, ziehe ich den Zettel heraus. Mit unschuldigem Gesicht.

»Hmpf«, macht das Falkenweibchen, als es sieht, dass meine Genehmigung in Ordnung ist. Ich habe die amtliche Erlaubnis, auf der Bank zu sitzen und das Mitleid der Menschen auf mich zu lenken. »Hmpf«, macht sie noch einmal. »Können Sie nicht woanders rumlungern?«

Ein neuer Menschenstrom lenkt mich ab. Franzosen diesmal. Sich gegenseitig überschreiend, als gehöre das Städtchen ihnen, folgen sie einer Dame, die einen roten Regenschirm hoch in die Luft reckt und es tatsächlich schafft, ihre Erklärungen über dem Klangteppich schweben zu lassen. Einer von ihnen stößt meinen Rucksack im Vorübergehen um, brummt irgendwas von einem Clochard und geht ohne ein Wort weiter. Wie schon Tom Borg gesagt hat: eine Landplage …

»Wenn die Leute Sie sehen, kaufen sie nichts mehr«, zischt sie.

Mir fallen gleich zwei Antworten ein. »Dann bleiben zumindest ein paar Euro für mich« und »Den Müll, den du verkaufst, braucht eh kein Schwein.« Ich behalte beide für mich, mache dafür ebenso gekonnt »Hmpf« wie sie und verschweige ihr, dass soeben wieder zwei Silberfüchse ihren Kramladen voller Plüschmurmeltiere, Tiroler Schürzen und Wanderstabplaketten verlassen haben und vermutlich hundert Meter weiter in den nächsten Neppladen fallen. So gesehen hat sie recht.

Sie macht erneut »Hmpf« und ich frage mich, wie lange wir diese gehmpfte Unterhaltung wohl weiterführen könnten, bevor es seltsam wird.

Da verlässt die Inhaberin des Geschäfts für Haushaltswaren den Laden und geht eiligen Schritts Richtung Innenstadt. Die Stadtaktivistin hat ihren Kaffee wohl schon intus und für heute aufgegeben. Ich verlasse meinen Posten nicht. Nicht, als die Sonne untergeht. Nicht, als die Geschäfte schließen und nicht, als die Stadt immer leerer wird und irgendwann die Straßenlaternen ein feierliches Licht auf das dunkle Pflaster werfen. Heute bleibe ich hier. Ich knete mein Bündel zurecht und bette meinen Kopf darauf. Diese Bank tut es als Schlafplatz genauso gut wie eine Bank im Park.

Mitten in der Nacht trippeln sich leise Füße in meinen Traum, Krallen wetzen übers Pflaster. Ich will mich aufsetzen, wissen, was da um mich passiert. Aber ich sehe nichts. Meine Augen sind verklebt. Erfolglos rüttle ich an meinen Fesseln. Ein gellender Schrei ertönt hoch in der Luft. Ein Sausen wie eine Peitsche, die durch die Luft fährt. Dann hacken sich Krallen in mein Fleisch.

»Verschwinde, Drecksgesindel«, höre ich die Stimme des Falkenweibchens. Dann hackt ihr Schnabel wieder in mein Fleisch. »Verschwinde.« Hack. »Verschwinde.« Hack. Prometeus' Tochter.

»Betrunken«, höre ich eine Stimme. »Stockbesoffen«, eine andere.

Plötzlich ist das Falkenweibchen weg, keine Krallen haben sich in mein Fleisch gegraben, sondern Hände. Menschenhände. Freundliche Hände von Menschen, die sich sorgen.

31

Ich richte mich auf. »Schon gut«, sage ich. »Mir geht's gut. Ich bin nicht besoffen. Nur eingeschlafen. Alles gut.«

Die Blicke, die die beiden Carabinieri wechseln, sagen, dass sie nichts gut finden. »Sie sollten hier nicht schlafen«, sagt der eine, der mich wachgerüttelt hat. Er hat ein klitzekleines Muttermal unterm linken Auge. Ein Fliegenschiss. »Haben Sie's nicht gehört?«

»Was gehört?«, frage ich.

»Dass Leute verschwinden in Brixen. Leute …« Er zögert, überwindet sich, fährt entschuldigend fort. »… wie Sie.«

»Gesindel«, sage ich, um zu signalisieren, dass ich verstanden habe. »Ich weiß. Deswegen bin ich hier.«

Sie wechseln wieder einen Blick. Die ist doch nicht ganz klar im Kopf, heißt der Blick. Sollen wir sie nicht doch besser mitnehmen aufs Revier? Vor allem der eine mit dem Muttermal zögert sichtlich.

»Es ist alles gut«, sage ich. »Glauben Sie mir. Alles gut. Und jetzt gehen Sie heim in Ihr weiches Bett. Ab hier übernehme ich.«

Am nächsten Tag ist es noch heißer als gestern. Zwischen den Mauern der mittelalterlichen Stadt staut sich die Hitze, man kann kaum atmen. Willi ist noch immer nicht aufgetaucht. Genauso wenig wie die Gosch-Tina und Gigi, der Präsident. Auch die Stadtaktivistin ist heute nicht mehr da. Ich vermute mal, dass der Grund nicht darin liegt, dass sie bereits Massen an Unterschriften hat, und überlege, ob ich ihr Verschwinden in meine Ermittlungen aufnehmen soll. Die im Übrigen bis jetzt erfolglos waren. Bis jetzt. Aber heute wird mein Tag. Ich spüre das. Auf dem kleinen Platz vor dem Kreuztor nur ich und der Straßenverkäufer der Zebrazeitung. Beide drücken wir uns in die winzigen Fleckchen Schatten. Ich auf meiner Bank vor der kleinen Kirche, er steht neben dem Schaufenster des Haushaltswarengeschäfts.

Ein Schwall deutscher Touristen, die aussehen, als wären sie die Zwillinge der gestrigen Gruppe, schlapft matt durch das Tor. Ihr Stadtführer schafft es genauso wenig, mit seinen Informationen ihre Aufmerksamkeit zu fesseln, wie der arme Kerl, der im Rahmen der mittelalterlichen Erlebnisführungen in einer Rüstung vor ihnen herumkaspert. Ihre Gesichter werden dafür wie magisch von dem kleinen Brunnen angezogen, dessen Plätschern Abkühlung verspricht, und das Restaurant dahinter ein kühles Blondes oder vielleicht einen Eisbecher, und einer nach dem anderen löst sich von der Gruppe und steuert das Restaurant an.

Eine Dame, deren weiße Haare in verführerischem Blau schillern, kauft dem Kerl von der Straßenzeitung ein Exemplar ab. Er entblößt die weißen Zähne in seinem sonst kohlrabenschwarzen Gesicht zu einem freundlichen Lächeln, wünscht einen schönen Tag und hat damit seine Deutschreserven aufgebraucht.

Ich errate mehr, als dass ich es höre, wie die Dame zu ihm sagt: »Für Ihre Kinder.«

Der Straßenverkäufer grinst weiter, sucht wieder im Schatten Zuflucht. Da schwingt die Tür des Souvenirladens auf, das Falkenweibchen schießt heraus, die Touristen mit einem Fünf-Sterne-Lächeln bedenkend. »*Via*«, sagt sie zu dem Straßenverkäufer.

Er schaut sie verständnislos an.

»*Via. Piazza Duomo.*«

Er lächelt weiter. In seinem Gesicht geht die Sonne auf. Reckt ihr den Stapel Zeitungen entgegen.

Sie wischt mit beiden Händen vor seinem Gesicht hin und her. »*No. Via!*«, wiederholt sie.

Das Lächeln verschwindet aus seinem Gesicht. Umständlich sucht er in seinen Taschen, schließlich zieht er einen zerknautschten Zettel heraus. »*Permesso*«, sagt er.

»Ist mir scheißegal, dass du die Erlaubnis hast«, zischt das Falkenweibchen, nimmt ihm aber doch den Zettel aus der Hand und studiert ihn. Die anderen Ladenbesitzer lehnen hinter ihren Türen in ihren klimatisierten Räumen und beobachten emotionslos den Kampf des Falkenweibchens. »Wozu zahlen wir hier eigentlich die Steuern, wenn die Stadtverwaltung dieses Drecksgesindel dann doch in die Stadt lässt? Was denken die sich dabei? Hä?«

Obwohl die Türen zu sind, scheinen die anderen Kaufleute zu verstehen. Zucken die Achseln.

»Feige Hunde. Allesamt«, zischt sie. Dann knüllt sie das Dokument zusammen und wirft es zu Boden.

»*No!*« Der Zeitungsverkäufer erschrickt. »*No! Permesso.*«

»Scheiß drauf, auf deinen *permesso*. Fort jetzt! Verschwinde. Via!« Ihr Zeigefinger deutet irgendwo hinter sich.

Der Straßenverkäufer schaut sie mit schreckgeweiteten Augen an. Zu einer Salzsäule erstarrt. Ich bin sicher, wenn ich näher wäre, könnte ich Tränen in seinen Augen schimmern sehen.

Eine Türglocke gibt ein leises Bimmeln von sich. Die Tür des Haushaltswarengeschäfts öffnet sich. »Probleme?«, fragt die Inhaberin.

»Ja. Schon wieder so einer. Und wenn man was sagt, ziehen sie den *permesso* heraus und man ist machtlos. Und die Touristen schauen nur, dass sie vorbeikommen an diesem Gesindel, und kaufen tun sie nix.«

Die Inhaberin des Haushaltswarengeschäfts nickt verständnisvoll. »Ich klär das«, sagt sie, nickt Richtung Souvenirladen. »Da gehen grad zwei rein bei dir.«

Das Falkenweibchen ruckt seinen Kopf nach hinten und schießt ohne ein weiteres Wort zu ihrem Geschäft. Beinahe ist mir, als könnte ich seinen hellen Schrei durch die flirrende Luft hören.

Die Kauffrau schaut den Straßenverkäufer vor ihrem Geschäft an. »*Tutto bene?*«, fragt sie mit einem aufmunternden Lächeln.

Er nickt. Verbeugt sich. Verbeugt sich noch einmal. »*Grazie.*«

»*Caffè?*«, fragt sie. »*Aria climatizzata.*«

Wieder ziehen sich die Mundwinkel des Straßenhändlers nach oben. »*Sì, caffè*«, sagt er, faltet die Hände vor der Brust und verneigt sich. Dabei klemmt er den Zeitungsstapel mit seinem Arm an den Körper. Selig lächelnd folgt er der Inhaberin in den Laden.

Den Kaffee gönne ich ihm. Mir selbst wäre so ein Gesöff auch heute viel zu heiß, aber es ist ja nicht nur ein Kaffee. Es ist eine Versöhnungsgeste und vielleicht der Beginn einer langen Freundschaft zwischen zwei verschiedenen Kulturen, einem Mann und einer Frau, einem Armen und einer … na ja … zumindest einigermaßen wohlhabenden Geschäftsfrau. Oder es ist das, was ich denke. Meine Augen heften sich auf die Ladentür. Diesmal werde ich mich nicht ablenken lassen. Ich lehne mich wieder zurück an die Wand und sinniere vor mich hin. Plötzlich spüre ich eine Hand auf meiner Schulter.

»*Posso fare una foto?*« Ein junger Mann, die langen gerasterten Haare turbanmäßig um den Kopf gewickelt. Schlabberhosen, ein Hemd, das irgendwie wirkt, als hätte er es selbst gewebt, schaut mich freundlich an, deutet auf den Fotoapparat mit dem professionell wirkenden Objektiv. »Foto?«, wiederholt er.

Ich bin mäßig begeistert. Wenn mir diese Fotografen wenigstens danach nicht immer stolz ihre Bilder präsentieren würden. Aber so darf ich im Anschluss an das Fotoshooting immer meine ganzen Falten und Runzeln bewundern. Natürlich in Schwarz-Weiß und durch irgendwelche Filter noch verstärkt. Ein verlebtes Gesicht, an dem die Kosmetikindustrie vorübergegangen ist, nicht aber Wind, Wetter und Sonne. Das ›interessant‹ ist für einen Künstler, eine Geschichte erzählt. Ich reibe Daumen gegen Zeigefinger.

Mein Gegenüber zwinkert. Nickt. »*Allora? Posso?*«

»Wenn's sein muss.« Ich setze mich in Pose und den tiefsinnigen Blick auf, den die Fotografen so mögen. ›Kalenderblick‹ nennt ihn der Willi. Er ist überzeugt, dass wir unsere Porträts in teuren Hochglanzkalendern wiederfinden würden, wenn wir so was kauften. Der ›Kalenderblick‹ ist mehr ein Gefühl als sonst was und ich brauche meine ganze Konzentration, um dieses Gefühl heraufzubeschwören. Ich kenne die Welt und ihre Abgründe, denke ich. Willi schießt mir in den Kopf, die Gosch-Tina, der Präsident … kenne ich die Welt wirklich? Die Kamera klickt und klickt. Kurz überlege ich, warum der Fotograf dieses Geräusch nicht abstellt. Kann man doch bei den heutigen Geräten. Aber wahrscheinlich braucht er das für sein Fotografen-Feeling. Dann wandern meine Gedanken wieder zu Willi – Klick – Willi – Klick – Tina – Klick – Gigi – Klick – Willi …

»*Perfetto*«, sagt da der Fotograf neben mir, drückt mir einen Zehn-Euro-Schein in die Hand. »*Perfetto. Mille grazie.*« Dann ist er weg.

Weg ist auch der Straßenverkäufer. Ist er noch im Haushaltswarengeschäft oder hat er sich einen anderen Platz gesucht? Hat das Falkenweibchen auch ihn davon überzeugt, dass er sein Geschäft woanders fortsetzt oder …? Ich male mir aus, wie er und die Stadtaktivistin einträchtig nebeneinander am Michaelstor ihre Arbeit versehen, aber ein anderes Bild schiebt sich vor mein inneres Auge. Nimmt mein ganzes Denken ein. Ich könnte mich dafür ohrfeigen, dass ich mich von diesem verdammten Fotografen habe ablenken lassen. Für lumpige zehn Euro.

Die Inhaberin des Haushaltswarengeschäfts tritt aus dem Laden, lässt ihre Augen über die Straße schweifen. Ihr Blick fällt auf mich. Lächeln. »Schon wieder so heiß heute, nicht?«

Ich nicke.

»Kaffee?«

»Nein, danke«, sage ich.

Sie zuckt die Schultern, verschwindet im vollklimatisierten Geschäft.

Ein Rütteln weckt mich aus meinen Gedanken. »Ob Sie immer genau auf dieser Bank sitzen müssen«, gellt die Stimme des Falkenweibchens in mein Ohr.

»Wieso, will sonst noch jemand hier sitzen?« Ich stelle mich blöd. Natürlich könnte ich woanders sitzen. Aber ich will nicht. Das ist mit Abstand die Bank mit der abwechslungsreichsten Aussicht – schon wegen des Falkenweibchens. Ich grinse sie an. Werde ich nun hinter ihr Geheimnis kommen? Erfahre ich, wohin der Präsident und die Gosch-Tina verschwunden sind? Und der Willi? Und der Straßenverkäufer und die Stadtaktivistin – wobei die eigentlich aus dem Rahmen fällt. Doch sie zischt nur und verschwindet in ihrem Laden. Mein Tag ist doch nicht mein Tag. Und hier auf dem Platz ist es definitiv zu heiß. Sehnsüchtig denke ich an die Bank im Herrengarten, die zu dieser Tageszeit im Schatten liegt. Das Plätschern des kleinen Brunnens in der Mitte des fürstbischöflichen Kräutergartens. Ich stehe auf. Das Falkenweibchen hatte seine Chance. Mein Verdacht ist wohl unbegründet. Ich grüße in die Richtung des Souvenirladens, nicke der Inhaberin des Haushaltswarengeschäfts zu und verlasse die Brixener Altstadt durch das Kreuztor, nur um gleich danach durch einen kleinen Durchlass in den Herrengarten einzutreten. Der Blumenladen am Eck verströmt süße Düfte, dann die Hinterfront des Haushaltswarenladens. Davor meine schattige Bank.

Am Fenster die Inhaberin, die mir milde zulächelt. »Weniger heiß hier«, sagt sie.

Ich nicke.

Sie nickt auch. Freundliche Frau. Vielleicht … Ich zögere. »Ob ich wohl mal Ihre Toilette benutzen darf?«

Sie lächelt. Fast schelmisch blitzen ihre Augen auf. »Verraten Sie's aber nicht den Tagestouristen.«

»Versprochen.«

Ich umrunde das Häuserensemble wieder und betrete den Laden, der vollgestopft ist mit Krimskrams. Teures italienisches Markengeschirr, Einzelteile als Mitbringsel, daneben stylische Bergflaschen mit Aufdrucken im Südtiroler Slang ›Berggitsch‹, ›Gipfelstürmer‹, ›Kraxelmax‹ oder die ›Bergluft zum Mitnehmen‹ – getrocknete Zirbennadeln in kleine Glasfläschchen gefüllt. Sie nutzt die Lage ihres Geschäfts. Souvenirs für gehobene Ansprüche. »Danke!«, sage ich.

»Keine Ursache«, sagt sie. »Die Toilette ist unten.« Sie stapft die Wendeltreppe nach unten in das Kellergeschoß. Noch mehr Ausstellungsstücke, teures Porzellan, Kristallgläser, Silberbesteck. Ein leichter Zirbenduft liegt in der Luft. Keine Toilette. Keine Toilette? Ich schaue fragend zu ihr hinüber. Im selben Moment, in dem ich verstehe, dass ich die ganze Zeit über aufs falsche Pferd gesetzt habe, fliegt ein Messer an mir vorbei. Beinahe kann ich ein Sirren hören. Im letzten Augenblick tauche ich hinter eine versilberte Hirschskulptur. Hinter mir klatscht das Messer zu Boden, schlittert noch ein Stückchen über die Terrakottafliesen, bevor es zum Stillstand kommt. Ich schaue hin. Wüsthof. Gute Marke. Wenn es mich nicht täuscht, ein Filetiermesser. Interessante Wahl. Der Showdown hat also begonnen. Ich hatte zwar eher die Besitzerin des Souvenirladens im Verdacht, aber jetzt bin ich zumindest einen Schritt weiter. Vorsichtig luge ich über den Hirschrücken zu ihr, tauche gerade noch rechtzeitig ab, um einem zweiten Messer – einem Ausbeinmesser diesmal – zu entgehen. Mit einem Klirren fällt es hinter mir zu Boden. Ein sattes »Tock« lenkt meinen Blick an die Wand hinter mir, wo soeben ein Kochmesser sich zwischen einem Messingteller und einer Kuckucksuhr in die Wand gebohrt hat. Messer zwei kreist auf den Terrakottastufen um sich selbst. Mein Verdacht, dass meine Freunde nicht zufällig verschwunden sind, hat sich bestätigt, aber gleichzeitig bin ich zur Zielscheibe für eine glücklicherweise noch recht unerfahrene Messerwerferin geworden. Wieder zischt ein Messer an mir vorbei. Wie komme ich da wieder raus? Verhandeln? »Frau …?« Doch sie lässt mich nicht zu Wort kommen. »Du versaust mir nicht noch einen Tag länger mein Sommergeschäft, du Pennerin!« Mit erhobenem Arm geht sie auf mich zu. Ein Fleischerbeil drohend über ihrem Kopf.

»Frau …«, unternehme ich einen weiteren Versuch.

»Du und dein Gesindel und die grüne Tussi und der schmuddelige Zebra-Bettler! Alle lungert ihr vor meinem Geschäft herum, dass kein Mensch sich mehr hereintraut. Damit ist jetzt Schluss. Du hast die Wahl: entweder gleich hier sterben – oder für mich arbeiten!«

»Arbeiten«, schlage ich unsicher vor und überlege, ob es noch zu früh ist, hinter dem Hirsch aufzutauchen oder zumindest eine weiße Fahne zu schwenken.

In dem Spiegel mit dem protzig vergoldeten Holzrahmen sehe ich, wie ihr Mund ein paarmal auf- und zuklappt. Sie wird doch keine andere Antwort erwartet haben – wer will schon sterben? Da arbeitet man doch lieber. Ob der Willi was anderes gesagt hat?

»Arbeiten?«, wiederholt sie.

»'türlich«, sage ich. »Arbeit macht frei. Oder so.«

Der Satz löst nichts aus bei ihr. Ich hätte nicht übel Lust, ihr eine Geschichtslektion zu verpassen, bremse mich aber noch rechtzeitig. Willi ist wichtiger.

Sie nickt zufrieden. »Komm hinter der Säule hervor. Da drüben. Die Tür. Öffne sie.«

Ich tue, was sie mich geheißen hat, und stehe jetzt in einem fensterlosen Kellerraum. Ein Schwall Zirbenduft empfängt mich. Beim Anblick der sechs Käfige, die an der Wand aufgereiht sind, erstarre ich für einen Moment. Darin sitzen mit stumpfsinnigen Mienen meine Freunde. Vor jedem von ihnen Körbe voller Glasfläschchen neben Haufen von Zirbennadeln. Ihre Hände führen mechanisch immer dieselbe Bewegung aus: Zirbennadeln ins Fläschchen, Fläschchen verkorken, Etikett ›Bergluft zum Mitnehmen‹ draufkleben und in der Schachtel mit der Aufschrift ›Fertig‹ ablegen. Ihr Blick geht ins Leere wie bei Zombies. Tot bei lebendigem Leib.

Eine Tür im hinteren Teil des Raums öffnet sich. Heraus schießt das Falkenweibchen. »Ah! Hast du die endlich auch so weit?«, krächzt sie.

Die Ladeninhaberin nickt. »Da drüben«, sagt sie. Weist mit dem Kinn auf eine leere Zelle. »Für dich.«

Ich gehe auf den Käfig zu, versuche, die Aufmerksamkeit meiner Freunde auf mich zu lenken, aber die heben nicht einmal den Blick. Entweder sie sind vom Zirbenduft so benebelt oder … Mein Blick fällt auf ein Fläschchen Psychopax, das auf dem Tisch in der Mitte steht. Daneben ein Wasserkrug. Auf den Arbeitstischen meiner Freunde das dazu passende Wasserglas nebst einem Stückchen Schüttelbrot. Sollte sich der Willi in den Tagen, seit ich ihn nicht mehr gesehen habe, nur von Beruhigungsmittel und Schüttelbrot ernährt haben?

Meine Gedanken arbeiten fieberhaft. Vor mir lauert das Falkenweibchen, bereit, das Vorhängeschloss zu meiner Zelle zuschnappen zu lassen, hinter mir die Inhaberin des Haushaltswarengeschäfts, das Fleischerbeil wurfbereit. Da habe ich einen Geistesblitz.

»*Money makes the world go around, the world go around …*«, intoniere ich Liza Minellis Song aus CABARET, recke die Arme hoch und tanze hüftenschwingend zu dem vielstimmigen Orchester in meinem Kopf auf die Kauffrau zu, nutze die Schockstarre, in die sie verfällt, um ihr das Messer zu entreißen, und setze es ihr an die Kehle.

»Es reicht jetzt mit der Bergluft«, sage ich. »Lass sie frei.«

Ein gellender Schrei kommt aus dem Mund des Falkenweibchens. Mit vorgerecktem Kopf schießt sie auf uns zu. Wie zufällig zeichnet das Messer einen feinen roten Strich auf den Hals der Ladeninhaberin. Sie schluckt.

»Tilda«, sagt sie – ihre Stimme klingt, als hätte sie ihre Stimmbänder mit der Parmesanreibe geraspelt. »Tilda. Nein.«

»So ist's fein«, flüstere ich liebevoll in ihr Ohr. »Schick sie raus.« Die Kauffrau nickt ihrer Kollegin zu. »Tilda?«

Der Kopf des Falkenweibchens ruckt noch ein paarmal empört vor und zurück, dann räumt sie das Feld. Zieht sich zurück durch die Tür, aus der sie gekommen ist, und leise schnappt das Schloss zu. Übrig bleibt das Klackern der Glasfläschchen, die befüllt und verkorkt in der Schachtel mit der Aufschrift ›Fertig‹ landen. Der schwere Atem der Ladenbesitzerin.

»Lass sie frei«, sage ich. Nehme die Klinge vom Hals der Kauffrau, setze sie ihr zwischen die Schulterblätter. Wie in Trance geht sie auf die Verschläge zu, öffnet die Vorhängeschlösser davor mit dem kleinen Schlüssel, den sie an einer Kette um den Hals trägt. Willi ist der Letzte, den sie befreit. Die Finger meiner Freunde befüllen weiterhin Glasfläschchen mit Zirbennadeln, verkorken sie und lassen sie klackernd in die Schachtel fallen.

»Es reicht«, wiederhole ich. Keine Reaktion. Ich packe Willi am Handgelenk, ziehe ihn hoch und aus dem Verschlag. Er bleibt wie bestellt und nicht abgeholt mitten im Raum stehen. Da versetze ich der Ladeninhaberin einen Stoß, reiße ihr den Schlüssel vom Hals und verriegle die Käfigtür.

Willis Hände greifen wie ferngesteuert nach den leeren Fläschchen, die auf dem großen Tisch in der Mitte liegen. Nachschub.

»Es reicht, Willi«, sage ich. »Es reicht mit der Bergluft.« Ich schiebe meinen Arm unter seinem durch und stütze ihn. Raus aus dem düsteren Lager, über die Überreste der Messerwerferei, vorbei am Ausstellungstisch. Im Vorübergehen reißen wir die Tischdecke mit. Das teure Geschirr mit Goldrand fällt klirrend und scheppernd zu Boden und erst das Geräusch scheint die Watte um Willis Sinne zu durchdringen. Sein Blick kriegt ein Ziel, er sieht sich um. Erkennt mich. Ein Lächeln überzieht sein Gesicht.

»Dreckskathi«, sagt er nur und dann noch einmal: »Dreckskathi«.

Dann steigen wir die Treppen nach oben, verlassen den Laden und steuern auf unsere Bank zu. Die von einem Touristenpärchen in Socken und Birkenstock besetzt ist. Ich weiß nicht, ob es mein grimmiger Gesichtsausdruck ist oder Willis Gestank, der sie schleunigst das Weite suchen lässt. Jedenfalls sind sie fort, bevor wir die Bank ganz erreicht haben.

»Du stinkst, Willi«, sage ich liebevoll.

»Dreckskathi«, sagt er. Es wird wohl noch ein Weilchen dauern, bis sich der Nebel in seinem Hirn verzogen hat. Ich ziehe mein Telefon heraus und wähle den Notruf.

Zusammen mit dem Willi sehe ich zu, wie die Carabinieri den Laden stürmen. Wie die Gosch-Tina und der Präsident auf die Straße taumeln. Auf uns zu. Sich neben uns auf der Bank niederlassen. Und da bleiben wir dann auch sitzen. Wir, das schlechte Gewissen der Stadt.

GRIECHENLAND

Ingrid Werner **Die grüne Göttin**

Apoll, in den letzten 2000 Jahren leicht gealtert, sitzt auf einem Stein und singt. Mit den zotteligen Locken und dem gebräunten, ehemals muskulösen, jetzt nur noch nackten Oberkörper könnte man ihn für einen übrig gebliebenen Hippie halten. Um ihn herum die frühsommerstrotzende Macchia, aus der Ginsterbüsche wie knallgelbe Ausrufezeichen hervorleuchten. Bienen umsummen den blühenden Salbei, weiße Schmetterlinge spielen Fangen und eine Ziegenherde zieht meckernd vorüber. Von seiner Position aus kann Apoll den Blick hinunter auf die Bucht von Gerakas genießen. Das Meer liegt satt und träge in der Sonne.

Er schlägt seine Lyra an. »Zakynthos, Du Sohn des Dardanos, Prinz von Troja …«

»Apoll, ich bitte dich, Bruder, halte ein!« Artemis, auch ihre langen Haare inzwischen ergraut, lässt sich vom Pferd gleiten. Der Köcher mit den Pfeilen und der silberne Bogen landen unsanft im Oreganobusch.

»Schwester, was hast du für eine schlechte Laune?«

»Ach.« Sie schenkt ihm einen tiefen Seufzer. »Mir ist sterbenslangweilig.«

Apoll verdreht die Augen. Diese Leier kennt er zur Genüge. »Das mit dem Sterben funktioniert aber nicht, meine Gute.« Er entlockt dem Instrument ein paar Töne. »Lass uns stattdessen singen! Zakynthos, Du …«

»Bloß nicht!« Sie hält sich die Ohren zu. »Gehen wir hinunter. Wir waren schon lange nicht mehr bei Nikos. Lass uns schauen, was die Menschen so treiben.«

»Von mir aus.« Behutsam legt er die Lyra beiseite und sieht sich nach einem Hemd um.

»Beeil dich doch!«

»*Sigá, sigá*, meine Gute, langsam, langsam. Ich komm ja schon.«

Die göttlichen Zwillinge entschweben, um sich im nächsten Augenblick in der Taverne Nikos am blaugestrichenen Holztisch wiederzufinden. Die Bougainvillea über ihnen nickt im leichten Wind und gleich hinter der niedrigen Steinmauer glitzert das Meer, glatt wie Olivenöl. Vom Strand weht der Geruch von Sonnencreme zu ihnen herüber.

An den Nebentischen ist einiges los. Die einen beenden gerade ihr Frühstück, die anderen bestellen schon den griechischen Salat und ein Glas Weißwein zum Mittagessen. Theodoros, der Kellner, läuft mit einem voll beladenen Tablett auf der Schulter an ihnen vorüber.

Apoll hebt die Hand. »Einen Frappé mit Milch, ohne Zucker, und für mich einen Elenikó, halbsüß, parakaló.«

Prompt steht das Gewünschte vor ihnen. Theodoros kann nicht aus seiner Haut. Schnelligkeit war schon immer sein Ding und Götter bedient er am liebsten. Im letzten Jahrhundert änderte er seinen Namen. Er war es leid, immer über die dummen Witze der Touristen zu lachen. Was sind schon internationale Paketdienste im Vergleich zu seinen Fähigkeiten?

Abends wird hier noch mehr los sein und die Klientel wechseln. Das Nikos ist im ganzen Ionischen Meer für seine Fischspezialitäten bekannt. Die Genießer kommen in Scharen. Per Jeep oder auch per Yacht.

Gerade legt wieder eines dieser weißen Schiffchen am Steg vor der Taverne an. Die Bootsbesatzung, in blau-weiß geringelten T-Shirts, springt an Land, um die Taue festzumachen. Auch wenn die Yacht noch so viel Reichtum ausstrahlt, interessiert das höchstens die Touristen, die Einheimischen haben sich längst daran gewöhnt.

Mit dem Strohhalm sticht Artemis im hohen Kaffeeglas zwischen den Eiswürfeln hindurch, es klackert vergnügt. Ihre Augen saugen jede Bewegung der Menschen auf, ihre Ohren sind gespitzt.

Stimmengewirr und Sprachgebabel sind für sie kein Problem. Sie liebt es, auszukundschaften, was die Sterblichen umtreibt. Liebesgeflüster, Eifersuchtsdramen, Bruderzwist, das alles erinnert sie an zu Hause und lässt sie sentimental werden. Wie lange war sie schon nicht mehr im Olymp!

Apoll hat sich zurückgelehnt und summt ein Lied. Plötzlich stößt Artemis ihm den Ellbogen in die Seite. Er schrickt auf. »Was?«

»Scht …. leise«, raunt sie ihm zu. »Schau jetzt nicht hin, aber da hinten vor der Küchentür steht so ein Ringel-Seemann und ordert bei Nikos selbst das Abendessen für seine Herrschaft.«

Apoll entspannt sich und senkt die Lider. »Das ist ja nichts Neues.«

Sie brummt. »Wenn es sich dabei aber um eine Fischsuppe aus Caretta Caretta handelt, schon.« Ihre grünen Augen funkeln erbost. »Selbst die Menschen sind inzwischen zu der Einsicht gekommen, dass die Wasserschildkröten geschützt werden müssen. Die sind nicht zum Essen da!«

Nun ist Apoll doch wach. Behutsam dreht er seinen Kopf nach hinten, um einen Blick auf die Szene zu werfen. Da piekt sie ihn mit dem Strohhalm in die Brust, er fährt herum. »Au!«

»Du sollst dich nicht umdrehen, hab ich gesagt!« Ihre Stimme ist rau vor Wut. »Wenn ich doch nur meinen Bogen dabeihätte, dann würd ich den Mann erledigen, auf der Stelle.«

Apoll schüttelt den Kopf. »Du weißt doch, dass wir keine Macht mehr über die Menschen haben. Die Funk- und Handystrahlen haben unseren Kräften den Garaus gemacht. Nur das bisschen Metamorphose und Teleportieren ist uns noch geblieben. Dein giftgetränkter Pfeil könnte ihre Haut noch nicht einmal einritzen. Vergiss es.« Er macht eine wegwerfende Handbewegung. »Sie sind selber schuld, wenn sie alles ausrotten. Auch sich selbst. Am Schluss werden nur noch wir übrig bleiben. Dann wird es sein wie zu Anbeginn der Zeit.« Verträumt schaut er aufs Meer.

Artemis hat ihm nicht richtig zugehört. Das macht sie nie, wenn er etwas erzählt, was nicht in ihrem Sinne ist. Sie beobachtet intensiv das Geschehen vor der Küchentür. Nach einer kurzen Diskussion nickt der Gastwirt und putzt sich seine Hände am weißen Geschirrtuch ab. Der Matrose schlägt ihm auf die Schulter und wendet sich mit einem Grinsen zum Gehen. Einem schmierigen, wie Artemis findet. Ihre Nase ist spitz vor lauter Ärger.

»Ich werde mit Poseidon sprechen«, sagt sie mehr zu sich selbst als zu ihrem Bruder. »Er soll sich darum kümmern, die Schildkröte ist schließlich eins seiner Geschöpfe.«

»Was soll er denn dagegen ausrichten?«

Artemis blubbert mit dem Halm Luft in den Rest ihres Frappés und spricht durch die kaum geöffneten Zahnreihen. »Die brodelnde Lava eines Vulkans unter Wasser überschüttet das Schiff und zieht es in die Tiefen, hinab zu den Seeungeheuern, die damit ihren Schabernack treiben.« Sie richtet sich auf und gestikuliert mit den Händen. »Ein Wasserbeben türmt Wellen zu haushohen Wogen und begräbt die Schänder der Natur unter sich. Das …«

»Poseidon hat dafür keine Zeit«, unterbricht sie ihr Bruder. »Hast du das vergessen? Er muss sich um die Türken kümmern.«

»Stimmt.« Sie schlägt mit der Hand auf den Tisch. »Dann mach ich das. Sag du dem Wirt, dass sich die Bestellung von diesem Seemann erledigt hat. *Adio.*« Sie schnappt sich ihre lederne Umhängetasche und eilt dem Matrosen hinterher. Im Lauf wandeln sich ihre grauen Haare zu einem schimmernden Rot und die Falten in ihrem Gesicht verschwinden. Ihre Figur muss sie nicht verjüngen, die Jagd trainiert den Körper in ausreichendem Maße, nur die Oberweite plustert sie ein wenig auf. Die langen Hosenbeine verkürzen sich zu knappen Shorts und aus den Reitstiefeln werden Flip-Flops.

»Wartet auf mich!«

Der Typ betritt bereits den Steg, als sie ihn eingeholt hat. Sie tippt ihm auf die Schulter. »Fahrt Ihr vielleicht nach Marathonisi hinüber, guter Mann?« Diese Information hat sie von seinem Gespräch mit dem Wirt aufgeschnappt.

Er schaut sie misstrauisch an. »Wer will das wissen?«

»Na, ich!« Ihre Augen werden groß und strahlen – wie sie hofft – voller Unschuld. »Ich müsste dringend nach Marathonisi. Ich habe gestern mein Portemonnaie am Strand liegen lassen und jetzt kein Geld, um mir noch mal ein Schiff zu chartern. Könntet Ihr mir helfen?« Sie klimpert mit dichtem Wimpernkranz und reckt ihm den straffen Busen entgegen. Diese Bewegung fängt sofort seinen Blick. Mit der Aufmerksamkeit in ihrem Dekolletee schiebt er die Mütze nach hinten und kratzt sich am Kopf.

»Da muss ich erst mal fragen. Warte hier.« Er schwingt sich an Deck. Bald darauf tritt ein Mann aus der Kabine. Die hellen Haare reichen ihm bis zum Kragen seines schwarzen Hemdes und die Goldkette blinkt in der Sonne. Zwar verdeckt die Ombre-Brille seine Augenpartie, trotzdem kann sie nicht verstecken, dass er die Fünfzig schon weit überschritten hat. Hinter ihm erscheint eine Frau, blondiert und mit allerlei kostspieligen Tricks auf Neunundvierzig getrimmt. Beide starren Artemis an. Die winkt und lächelt, obwohl sie die taxierenden Blicke der beiden körperlich spürt.

Das Paar berät sich – oder besser gesagt, die Frau redet auf den Mann ein und hält ihn am Ärmel fest, als er einen Schritt nach vorn machen will. Er schüttelt ihre Hand ab und geht an die Reling.

»Du willst also nach Marathonisi?«, ruft er zu Artemis hinüber.

Die nickt heftig mit dem Kopf.

»Du hast Glück. Wir brechen gerade dorthin auf. Komm an Bord.«

Artemis wirft die Arme in die Luft. »Wunderbar! Danke! Danke! Danke!« Leichtfüßig springt sie an Deck.

Der Mann reicht ihr beide Hände und grinst wie ein Haifisch. »Willkommen! Schön, dass du unser bescheidenes Boot mit deiner Anwesenheit bereicherst. Wir lieben Gäste.« Seine Frau dreht sich ohne ein Wort um und verschwindet in der Kabine. Unbeeindruckt fährt er fort: »Besonders wenn sie so charmant sind wie du.« Er neigt sich über ihre Hand.

Dieser Schmalzbacken, denkt sich Artemis. Mit dem hab ich ein leichtes Spiel.

Sie legen ab und die Yacht nimmt Kurs aufs offene Meer. Der Mann führt Artemis zur strahlend weißen Sitzgruppe und lässt Champagner kommen. Oliver heißt er, ein Selfmademan, der jetzt mit seiner Frau Olga die eingeheimsten Millionen unters Volk bringt. Diese Info scheint sein üblicher Gesprächseinstieg zu sein.

Artemis räkelt sich in den Kissen und stößt mit ihm an. »Ein prächtiges Boot habt Ihr.« Sie schaut sich um. »Und schnell. Da müssen die Sklaven sich mächtig in die Ruder hängen.«

Nach einer kurzen Stille lacht er schallend los. »Humor hast du auch!« Er schlägt sich auf die Oberschenkel. »Schön und witzig, das findet man nicht alle Tage.«

Sie lässt ihren Blick türkisgrün werden. »Seid Ihr oft in Hellas unterwegs?«

»Hellas? Hä? Ach, Griechenland. Nein, das ist das erste Mal. Bisher war es uns zu …« Er schwingt die Hand durch die Luft, um den passenden Ausdruck einzufangen. »… zu popelig.«

Artemis stockt der Atem. Oliver merkt nichts davon, fährt in schwärmerischem Ton fort. »Wir waren in der Karibik, das ist ein Wasser! Und diese kaffeebraunen Schönheiten sind auch nicht zu verachten.« Er hebt mehrmals die Augenbrauen. »Danach Kuba, Tahiti, Hawaii, die Seychellen, die Malediven und Mauritius. Du merkst, wir haben alles gesehen.«

»Und jetzt geben wir dem alten Europa eine Chance.« Olga ist hinter sie getreten, beugt sich vor und schenkt sich ebenfalls ein. Sie hat sich umgezogen. Ein hautenger Jumpsuit zeigt detailliert die Künste der Chirurgie. »Zakynthos ist unsere erste Station. Bis jetzt ist es erträglich nett.«

»Wie bitte?« Artemis verbirgt ihre Entrüstung. Aber sie möchte schon gern wissen, warum dieses Kleinod einer Insel im wunderbarsten Land der Erde nur erträglich nett sein soll.

Olga gleitet auf den Platz neben ihrem Mann und schlägt die langen Beine über. »Nun ja, das Meer ist ganz passabel. Die Strände sind so lala. Die Sprache einfach unverständlich und das Essen ungenießbar.«

Artemis steht der Mund offen. Bevor sie etwas erwidern kann, kommt ihr Oliver zuvor. »Wenn man sich nicht selbst darum kümmert, dass man etwas Ordentliches auf den Tisch bekommt.«

Ah, jetzt sind wir am Punkt, denkt Artemis und wendet sich ihm zu. »Eine Dorade zum Beispiel, sanft über dem Feuer gegrillt.« Sie küsst ihre Fingerspitzen. »Köstlich!«

Olivers Lächeln changiert ins Mitleidige. »Für die einfachen Gemüter. Sicher. Aber wir leben für das Besondere, nicht wahr, Olga?« Er prostet seiner Frau zu, dann lehnt er sich zu Artemis hinüber und sagt in vertraulichem Ton: »Heute Abend zum Beispiel gibt es Schildkrötensuppe. Das ist wahrhaft köstlich. Wenn du willst, sei unser Gast.«

»Danke.« Artemis schluckt ihre eigentliche Erwiderung hinunter. »Die Einladung nehme ich gern an. Aber … darf man Schildkröten jagen? Sind die nicht geschützt?«

»Ach was! Das geht schon in Ordnung. Vassilis hier hat das mit dem Wirt klargemacht. Für Geld bekommt man alles.« Er schwenkt die leere Flasche und ruft. »Vassilis, mehr Schampus!«

Das Paar trinkt, Artemis schüttet den Alkohol in unbeobachteten Augenblicken über Bord. Sie gönnt sich manchmal ein Glas von ihrem Artemisia-Likör, aber dieses zügellose Bechern würde nur Dionysios gefallen. Die Yacht umrundet das Kap Gerakas und biegt in die Bucht von Laganas ein. Rechts erstreckt sich ein langer Sandstrand, in der Mitte breitet sich das Dorf Laganas mit seinen bunt zusammengewürfelten Häusern aus und links lässt ein Gebirgszug die Küste steil ansteigen. Der Bucht vorgelagert liegen zwei kleine Inseln. Die größere hat die Form einer dem offenen Meer zutreibenden Schildkröte: Marathonisi. Der Steuermann drosselt die Geschwindigkeit.

»Was ist passiert? Warum werden wir langsamer? Ist das Ding kaputt?« Olga stupst Oliver an. »Mach doch was!«

Der schreit: »Vassilis, was soll das? Go on! Volle Kanne voraus!«

»Wir sind im Nationalen Meerespark«, brüllt der zurück. »Da dürfen wir nicht schneller.«

»Egal. Hau drauf!« Oliver stößt sein Glas in die Luft, dass der Champagner über den Rand schwappt.

»Das kostet Strafe.«

»Was soll's! Gib Gas! Wir sind hier nicht auf 'ner Kaffeefahrt!«

Die Yacht beschleunigt, dass die drei in die Sitze gedrückt werden. Olga jauchzt.

Artemis streckt die Hand aus und zeigt auf einen kleinen schwarzen Punkt, der aus der glatten Meeresoberfläche ragt. »Schaut, dort!«

Die anderen sehen in die angezeigte Richtung und kneifen die Augen zusammen. »Ihhh! Ist das eine Schlange?«, kreischt Olga.

»Nein.« Artemis muss gegen den Brechreiz ankämpfen, der so viel Ignoranz bei ihr auslöst. »Das ist eine Caretta Caretta, eine Wasserschildkröte, sie streckt beim Schwimmen den Kopf aus dem Meer. Ist sie nicht wunderschön?«

»Vassilis, da entlang! Fahr drüber! Dann kommt die auch in die Suppe!« Oliver winkt mit beiden Armen in Richtung der Schildkröte und die Yacht beschreibt eine Kurve.

Artemis verschlägt es die Sprache. Das Schicksal der beiden ist besiegelt. War es schon von Anfang an, aber jetzt wird sie sich die grausamste, ekelerregendste, widerwärtigste Tötungsmethode für sie ausdenken, die in den letzten Aeonen erschaffen wurde.

Wenn sie bloß ihre alte Macht hätte! Sie stöhnt. So muss sie sich wohl etwas anderes überlegen.

Die Caretta taucht unter, die Yacht schwenkt auf ihren Kurs zurück und steuert Marathonisi an.

»Wollt Ihr noch mehr Schildkröten sehen?«, fragt Artemis in neutralem Ton. »Dann müssen wir auf die Westseite der Insel, zu den Grotten.«

»Grotten? Wie cool«, kommt es von Olga, und Oliver gibt die Anweisung, die Insel zu umrunden. »Wir bringen einfach selbst ein paar Viecher mit, wer weiß, ob der Grieche das hinkriegt.« Seine Sprache ist bereits etwas verwaschen.

Sie sind an der Rückseite der Insel angekommen. Kein anderes Schiff ist hier unterwegs. Niemand schwimmt im azurblauen Meer. Im Schritttempo passieren sie den steinernen Bogen, der die Einfahrt markiert, tauchen in die Kühle der Grotte ein. Meter um Meter verschwindet der wärmende Sonnenschein. Am Anfang werfen die sanften Wellen noch glitzerblaue Spiegelungen an die

Felswände. Aber je weiter sie vordringen, desto farbloser wird die Welt. Die Augen müssen sich erst an die Düsternis gewöhnen. Alles erscheint grau in grau.

»Da sind wir«, ruft Artemis aus, schleudert die Flip-Flops von den Füßen und springt ins Wasser. »Kommt! Ich zeige euch, wo die Schildkröten ihre Nester haben.«

Oliver will, dass die Yacht hier ankert. Aber der Skipper weigert sich diesmal standhaft. Er könne seine Lizenz verlieren.

»Lass ihn doch fahren«, mischt sich Artemis in den Disput. »Er soll uns einfach in zwei Stunden wieder abholen. Wir amüsieren uns schon.« Sie zwinkert Oliver zu und hat ihn bereits überzeugt.

Olga braucht mehr Überredung. Aber die Aussicht, ihren Mann mit dieser Nymphe allein zu lassen, bringt sie am Ende doch dazu, sich in die Arme von Oliver fallen zu lassen, der sie – ganz Gentleman – ans Ufer trägt und vorsichtig auf ihren hohen Hacken abstellt. Gemeinsam sehen sie der Yacht zu, wie sie im Schneckentempo rückwärts aus der Grotte fährt. Nun sind sie allein.

Artemis klatscht in die Hände. »Dann wollen wir mal.« Sie zieht sich das T-Shirt über den Kopf, steigt aus den Shorts und steht im knappen Bikini vor ihnen. In Olivers Augen tritt ein lüsterner Glanz. Die Göttin hängt sich ihre Tasche quer über die Schulter und schaut die beiden auffordernd an. »Hab ich nicht gesagt, dass wir ein bisschen schwimmen müssen? Ihr habt ja sicherlich auch Badezeug unter euren Sachen an.«

»Schwimmen? Wohin?« Olga fröstelt und sieht wenig begeistert aus.

»Na, weiter in die Grotte hinein. Dort hinten sind die Nester. Habt Ihr schon mal Schildkröteneier geschlürft? Besser als jede Auster. Eine Speise für Götter!« Artemis spekuliert darauf, dass die zwei keine Ahnung haben. Eiablage in kühlen Grotten? Na klar.

Die beiden sehen sich unschlüssig an.

»Ihr werdet doch keine Angst haben, so weitgereist wie Ihr seid? Ein kleines Abenteuer peppt jeden Urlaub auf.« Artemis steigt in das niedrige Becken und spritzt neckisch etwas Wasser auf Oliver.

»Na, komm schon!«

Er knöpft sein Hemd auf.

»Du willst doch nicht wirklich da reinsteigen?« Olga fährt sich über die nackten Arme, um die Gänsehaut zu verjagen. »Mir ist kalt. Ich will hier weg.« Sie schaut zum Ausgang der Grotte, aber auch dahin müsste sie schwimmen, die Felsen werden steil in Richtung Meer, es gibt keinen Pfad, der aus der Grotte hinausführt.

Langsam geht Artemis rückwärts, weiter in die Grotte hinein, lockt Oliver mit schlängelnden Fingern hinter sich her. Er lässt sein Hemd fallen und steigt ebenfalls ins Wasser.

»Oliver«, schreit Olga, »bleib bei mir!« Aber ihr Gatte hört nicht, stattdessen folgt er Artemis, die mit kräftigen Bewegungen in die Dunkelheit schwimmt.

Mit einem Fluch schmeißt sich Olga ins Wasser und krault hinter ihnen her.

Nach einer Weile passieren sie eine Engstelle. Die kalten Wände lassen nur einen schmalen Durchgang und streichen den Dreien, als sie sich hindurchquetschen, mit eisigen Händen über die Haut. Dahinter eröffnet sich eine noch größere Kuppel. Weit über ihnen klafft ein Spalt im Felsen und Licht fällt wie sonnengelbe Fäden auf sie hinunter, lässt die nassen Steinwände funkeln.

Das Wasser wird seichter. Artemis gelangt als erste ans Ufer, steigt vorsichtig über den glitschigen Boden hinauf. Sie weiß, unter den grünen Algenflusen spitzen Muscheln mit scharfer Schale hervor. Die anderen wissen das nicht.

Kaum steht sie außerhalb des Wassers, schon hört sie hinter sich Schreie und Platschen. Olga kreischt, schon wieder, nur diesmal zu Recht. Der abschüssige Algenteppich verweigert ihr den Halt, lässt sie auf die Spitzen fallen und mit Händen und Knien über die Muschelkanten schaben. Mit Mühe kann Oliver sie nach oben, nach draußen schieben. Er selbst blutet aus mehreren Schnitten.

»Was zum Teufel machen wir hier?« Seine Stimme übertönt mit Leichtigkeit das hysterische Weinen seiner Frau.

»Ihr wolltet doch Schildkröten jagen. Hier gibt es die größten.« Artemis nimmt die Tasche von ihrer Schulter. »Aber lasst uns auf den Schreck erst einmal etwas trinken. Setzt Euch auf den Felsen.«

Ohne sich um den tobenden Oliver zu kümmern, holt sie eine Flasche heraus und öffnet sie. Nach einem kräftigen Schluck hält sie das Gefäß Olga an den Mund. »Hier trinkt. Danach geht es Euch gleich besser.«

»Was … was ist das?« Hicksend und mit verweinten Augen schaut Olga zu ihr auf.

»Ein Heilmittel aus Kräutern der Insel. Mein Bruder braut das für mich. Er kennt sich aus. Artemisia und anderes. Trink ruhig. Trink.«

Vorsichtig nimmt Olga einen Schluck und verzieht das Gesicht. Artemis beobachtet sie, wartet auf die gewünschte Reaktion. Und tatsächlich: Schon nach kurzer Zeit entspannen sich die Gesichtszüge der anderen. »Das ist gut. Es tut schon gar nicht mehr weh.« Sie setzt die Flasche gleich noch einmal an.

Jetzt kommt auch Oliver näher. Sein Kopf ist rot vom Schreien, Haarsträhnen kleben an seiner Stirn. Er reißt seiner Frau die Flasche aus der Hand. Mit großen Schlucken rinnt die Flüssigkeit durch seinen Hals, der Adamsapfel springt. »Ah.« Er fährt sich mit dem Handrücken über den Mund. »Das tut gut. Was ist das?« Er sucht ein Etikett. Vergebens.

Artemis lächelt ihn an. »Artemisia, auch Wermut genannt. Ein Heilmittel. Gegen alle Art von Unbill.«

Olga robbt zu ihm, packt sein nasses Hosenbein, zieht sich hoch. »Lass mir noch etwas übrig. Gib her!« Die Flasche wechselt wieder zu ihr. Sie trinkt gierig. Manches läuft daneben, ihren Hals hinunter. Sie verschmiert die Flüssigkeit über ihrer Brust, lässt sie über die zerschnittenen Handflächen rinnen. Stöhnt.

Oliver entwindet ihr die Flasche. »Das ist nicht alles für dich, du Schnepfe.« Er legt den Kopf zurück, es gluckert laut. Der Inhalt der Flasche scheint grenzenlos.

»Was ist das?« Olga schreit auf. »Da! Lauter Krabben! Sie kommen auf uns zu! Oliver, mach sie weg!«

»Wo? Ich sehe nichts.«

»Da!« Olga springt auf und trampelt mit den Füßen. »Sie sind überall! Überall!«

»Du spinnst.« Er schwenkt die Flasche. »Ich sehe nichts. Gar nichts. Das bildest du dir nur ein.« Er nimmt einen großen Schluck. Rülpst.

Olga kreischt schon wieder. Springt herum, versucht, Krabben zu zertreten, die nur sie sieht.

Artemis gleitet zurück ins Wasser. Sie ist zufrieden mit dem Lauf der Dinge. Alles entwickelt sich, wie sie es wollte. Ihre Arbeit ist getan, sie kann sich zurückziehen. In Rückenlage schwimmt sie zu der Engstelle zurück, die beiden fest im Blick. Oliver hat die Arme ausgebreitet, lallt vor sich hin und tanzt Sirtaki. Alexis Zorbas ist nichts gegen ihn. Plötzlich verharrt er. Erstarrt. Mit unsicheren Schritten fällt er zurück, bis er an die Felswand stößt. Die Flasche in der ausgestreckten Hand zittert. »Eine …eine Schild… Schildkröte. Uahhh! Riesig. Sie kommt, sie kommt auf mich zu. Sperrt ihr Maul auf. Sie will mich fressen. Was …? Hilfe! Hilfeeee!«

Artemis drückt sich durch den Spalt. Sie weiß, die beiden sind beschäftigt. Werden weiterhin beschäftigt sein. Artemisia absinthium gemischt mit ein paar Tropfen Atropa belladonna wirkt. Halluzinationen. Wahnvorstellungen. Desorientierung. Die beiden toben sich aus – und werden nie mehr ans Tageslicht finden.

Apoll hebt sein Glas Ouzo. »Auf den guten Ausgang der Geschichte. *Yamas!*«

»*Yamas!*« Artemis stößt mit ihm an. »Die beiden haben bekommen, was sie verdienten. Ein Fluch liege auf ihrer Asche.«

»Asche wird es von denen nicht geben.« Er kichert. »Die Fische werden sie fressen.«

»Oder die Caretta.« Artemis fällt in sein Lachen ein. Als sie den Wirt auf sich zukommen sieht, wird sie wieder ernst. Sie winkt ihn heran.

»Nikos, mein Freund, auf ein Wort.« Sie schenkt ihm einen Ouzo ein und reicht ihm das Glas. »Du wolltest den Reichen nicht wirklich eine Schildkrötensuppe kredenzen, oder?«

Der Wirt winkt ab. »Wo denkst du hin? Ich hatte das Kalbfleisch schon gekauft. Das Ganze mit Karkassen aufgekocht und sie hätten nie im Leben den Unterschied gemerkt. Ist ja nicht das erste Mal, dass solche Idioten das bestellen.«

Artemis reißt freudig das Glas in die Höhe. »Ein Hoch auf unsere Köche!«

»Ein Hoch auf die Caretta!«

»Ein Hoch auf Hellas!«

Die Gläser klingen.

Und vor ihnen versinkt die Sonne blutrot im Meer.

AFRIKA

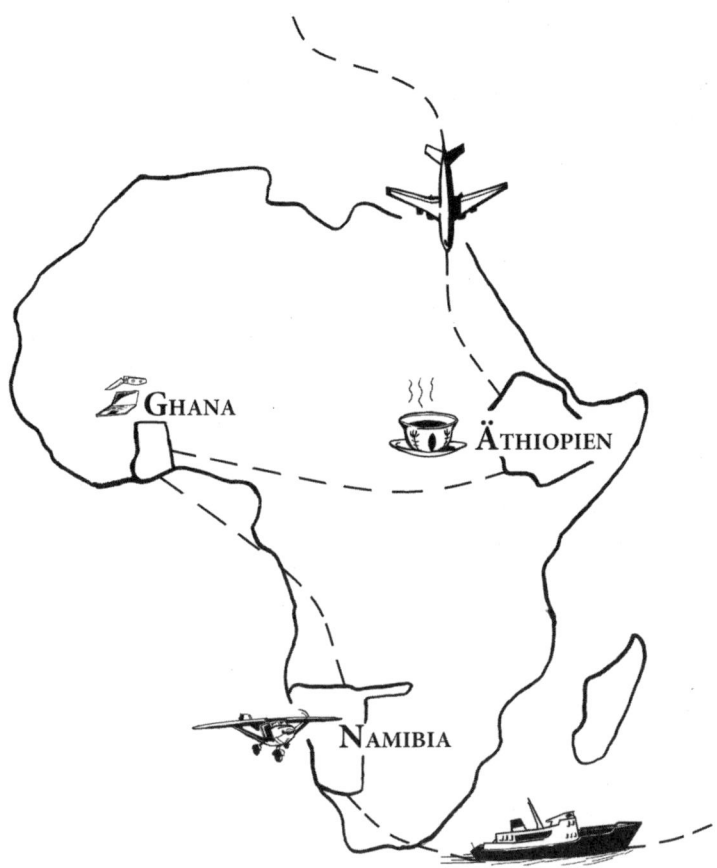

Laura Gambrinus **Wie Sokrates**

»Ich weiß, dass Sie mit meiner Vorgehensweise nicht einverstanden sind, Harsen«, werfe ich ihm über den Tisch und die Unterschriftenmappe hinweg zu.

»Nicht bedingungslos, Sir«, entgegnet er wahrheitsgemäß. »Obwohl ...«

»Obwohl mir der Erfolg recht gibt, nicht wahr?«, beende ich seinen abgebrochenen Satz und unterdrücke ein siegessicheres Grinsen, als er meinen Blick meidet und zu Boden sieht.

Peter L. Harsen ist seit Jahren mein persönlicher Assistent. Und genauso lang schon ist er mein heimlicher Kritiker. Er denkt, ich wüsste das nicht, aber er irrt. Seine Grundhaltung ist mir bewusst.

»Noch können Sie abbrechen, Sir«, sagt er leise.

Ich habe ihn trotzdem verstanden und halte in meinem Unterschriftenmarathon inne, der eine neue Stufe klinischer Untersuchungen einläuten wird. »Warum sollte ich das tun? Nennen Sie mir einen triftigen Grund, weshalb ich jetzt und hier abbrechen sollte, Harsen.«

Nur diese Unterschriften fehlen noch, dann ist wieder eine Hürde auf dem Weg zu meinem Ziel genommen. Die größte bisher.

In seinem Kopf arbeitet es, ich sehe es deutlich. Könnte ich nicht so gut die versteckten Hinweise in der Mimik meiner Mitmenschen lesen, hätte ich sicher des Öfteren falsche Entscheidungen getroffen. Auch jetzt weiß ich, was der Mensch denkt, der mir gegenübersteht.

»Es ist nicht sicher. Es gibt noch viel zu viele Unsicherheitsfaktoren ... Sir.«

Die höfliche Anrede kommt etwas verspätet und pointiert. Ich habe Geduld mit ihm, da er in den letzten Jahren trotz seiner Skepsis stets loyal und engagiert war. Sogar auf ein Privatleben hat er verzichtet, um seine Aufgabe zu erfüllen: mir und meinen Ideen, meinen Plänen zum Erfolg zu verhelfen.

Offensichtlich gegen seine eigene Überzeugung, wie sich herausstellt.

»Sie werden doch jetzt keine kalten Füße bekommen, Harsen?«, frage ich ihn und meine Stimme wird eine Nuance schärfer. Ich werde ihn beobachten müssen. Wenn sich seine Zweifel in Widerstand verwandeln und er dadurch zum Risikofaktor wird, muss ich mir für ihn eine entsprechende Lösung überlegen.

»Meine Warnungen sollen nur dazu dienen, Sie vor möglichen Problemen zu schützen.«

»Diese Absicht ehrt Sie, aber es ist nicht Ihre Aufgabe, Harsen. Und Sie glauben doch nicht, dass ich ernsthaft in Erwägung ziehen könnte, so kurz vor dem Ziel aufzugeben?«

»Nun ja, ich dachte, wegen der Folgen der letzten Versuche …«

»Ich kann nicht wegen ein paar kleiner Rückschläge alles aufs Spiel setzen, was wir bisher erreicht haben.«

»Vollkommen klar, Sir.«

»Aber?« Nach so einem Satz kommt immer eins. Das alte Spiel: Ja, aber …

»Aber diesmal könnten es mehr sein als beim ersten Mal.«

Ich lehne mich in meinem Sessel zurück. »Das Vakzin ist modifiziert worden. Die Schwächen sind eliminiert und wir werden testen, wie es wirkt. Punktum.«

»Sie sind also entschlossen, das zu Ende zu bringen.«

»Zu einem erfolgreichen, ja. Absolut.«

Nun nickt er endlich. Ein schmales Lächeln umspielt seinen Mund. »Gut. Das ist es, was Sie auszeichnet. Ich wusste, dass nichts Sie aufhalten kann.«

»So ist es. Und jetzt nehmen Sie die Unterlagen mit und gehen Sie.«

Zwei letzte Unterschriften, und mein Assistent nimmt wie angewiesen die dunkelblaue Mappe an sich, die die Zukunft von Millionen Menschen beeinflussen könnte.

Als er endlich gegangen ist, trete ich ins Freie hinaus. Die aus massivem, grauem Stein erbaute Lodge grenzt fast unmittelbar ans Wasser. Nur ein schmaler Streifen Strand trennt das Gebäude vom See, die Terrasse thront hoch darüber und bietet einen unverbaubaren Ausblick auf die Landschaft. Das ist mir wichtig, denn wenn ich für äthiopische Verhältnisse schon ein Vermögen hinblättere, um die komplette Anlage für mich allein zu haben, dann möchte ich etwas geboten bekommen.

Vor mir liegt der Langanosee, der Himmel spiegelt sich in seiner Oberfläche und verbirgt die braungelbe Farbe des Wassers unter einem schillernden Schleier aus Pink- und Blautönen. Leise rauschen die Wellen des großen Sees ans Ufer; mit einem feinen Knirschen, das fast einem Knistern ähnelt, reiben sich die Kiesel aneinander.

Nicht, dass ich romantisch wäre, aber sogar ich muss zugeben, dass diese Atmosphäre etwas Magisches hat. Es zieht süßlich-seifiger Dunst zu mir herauf – der Geruch des sodahaltigen Wassers des Sees mischt sich mit dem von unzähligen roten Blüten, die an den Sträuchern hinter der Lodge blühen.

Der Lärmpegel ist das Einzige, was mich hier stört. Vogelstimmen steigern sich zu einer wahren Kakophonie. Es tschilpt, zirpt, piept, pfeift und kreischt, als gäbe es etwas zu gewinnen. Die luxuriöse Unterkunft war eine Weile unbewohnt, in der Zwischenzeit haben Webervögel zwei Sträucher neben dem Eingang in Besitz genommen und dort ganze Trauben von Nestern gewoben. Schon gestern bei meiner Ankunft fiel mir die lärmende Bande auf, in den nächsten Tagen werde ich die Kolonie entfernen lassen. Ich brauche Ruhe.

Ansonsten mag ich diesen Flecken Erde. Er ist so ursprünglich, so echt. Nicht umsonst habe ich Äthiopien als Basis für meine Arbeit gewählt. Hier stand die Wiege der Menschheit. Die Landschaft ist beeindruckend, die Menschen sind schön und stolz. Und arm. Zu allem bereit, ohne Bedingungen.

Und ich liebe den Kaffee des Landes. Beinahe bin ich süchtig danach. Ich genieße, wie die Menschen ihn zubereiten. Und wer ihn zubereitet.

Während ich langsam die Manschettenknöpfe öffne, rekapituliere ich Harsens Bedenken. Er ist nicht der Einzige, der meinem Zeitplan kritisch gegenübersteht. Er ist nur der Einzige, der es wagt, seine Zweifel mir gegenüber zu äußern. Als ob irgendetwas oder irgendjemand mich aufhalten könnte! Wie ich es ihm gegenüber schon sagte: Nichts kann mich jetzt noch bremsen.

Dass die ersten Testversuche nicht so ausfielen, wie sich das mein Forscherteam vorgestellt hatte, war Pech. Niemand hatte mit Toten gerechnet.

Oder doch. Vielleicht. Kollateralschäden sind manchmal nicht zu vermeiden, wenn man große Ziele im Auge hat. Das Gemeinwohl steht über dem Wohl Einzelner.

Auch bin ich nach wie vor der Meinung, dass die Todesfälle nicht unserem Impfstoff anzulasten sind. Meine Fachleute halten zwar eine überschießende Immunrektion für möglich, aber ich denke, dass diese Leute entweder schon unbekannte Vorerkrankungen hatten oder schlichtweg nach den Injektionen nicht auf genügend Hygiene geachtet haben. Mit Sauberkeit ist es auf diesem Kontinent ja bekanntlich nicht weit her.

In jedem Fall: Die nächste Testreihe wird stattfinden. Ich warte nicht länger. Ohnehin haben wir schon zu viel Zeit verloren. Nicht auszudenken! Am Ende hat noch ein anderer die Nase vorn …
Meine Gedanken gehen auf Wanderschaft zu dem Tag, an dem ich mein Ziel erreiche und einen zuverlässigen und sicheren Impfstoff gegen das Dengue-Fieber auf den Markt bringe!

Ist es da vermessen, vom Nobelpreis zu träumen?

Sicher nicht!

Zuerst aber müssen die nächsten Versuche gelingen. Das können sie aber nur, wenn wir sie durchführen wie geplant. Morgen beginnt die nächste Studie mit einer großen Zahl von Probanden, die wir mit dem neuen Impfstoff behandeln und danach gezielt mit dem Fiebervirus infizieren werden. Und es wird keine oder kaum Erkrankte geben.

Das Eintreten des Butlers reißt mich aus meinen Überlegungen.
»Sir?«

»Was ist, Henry?«

»Die äthiopische Kaffeezeremonie, Sir.«

Ich hebe erstaunt die Brauen, kann mich nicht erinnern, für heute Abend eine bestellt zu haben. »Davon weiß ich nichts.«

»Soweit ich im Bilde bin, ist es eine Überraschung von Mr Harsen.«

»Die ist ihm gelungen.« Aha. Also bereut er seine Zweifel an meiner großen Leistung ja doch und will sich so bei mir entschuldigen.

»Darf ich die Dame hereinbitten?«

Einen Moment lang überlege ich, der Versuchung zu widerstehen. Eine klassische äthiopische Kaffeezeremonie dauert ihre Zeit, und ich hatte absichtlich darauf verzichtet, um früh am nächsten Morgen die ersten Impfungen persönlich zu überwachen, aber … das kann ich trotzdem tun. »Ja, lassen Sie sie ein.«

Hinter Henry tritt eine dunkelhäutige Frau durch die Tür. Auf eine derart atemberaubende Schönheit war ich nicht gefasst. Die junge Frau trägt nur ein schlichtes weißes Leinenkleid mit roter Stickerei am Oberteil. Der geflochtene Stoffgürtel betont eine schmale Taille und ansonsten feminine Formen. Ihre Haut ist wie Samt. Riesengroße dunkle Augen, tief wie der See vor meiner Tür, hohe Wangenknochen und ihre schlanke Figur lassen mir den Mund trocken werden.

Reglos steht sie vor mir und sieht mich fragend an, bis ich sie mit einer einladenden Handbewegung dazu auffordere, näherzutreten. Auf ein kurzes Kommando von ihr eilen vier Knaben zu einer Stelle in der Mitte der weitläufigen Terrasse, die sie offensichtlich als Platz für die Zeremonie erkoren hat.

Während die Jungen einen Teppich ausbreiten, Tischchen und Hocker darauf positionieren, einen kleinen Kohleofen davor, in dem es bereits hellrot glüht, sowie einen irdenen Wasserkrug und einen großen Korb, den sie neben dem Hocker abstellen, betrachten die Frau und ich schweigend die Vorbereitungen. Dann verschwinden die Kinder so schnell, wie sie gekommen sind.

»Sie können gehen und Feierabend machen, Henry«, weise ich

meinen Butler an, der unauffällig, aber präsent in der Nähe der Terrassentür steht.

»Sind Sie sicher?« Er klingt pikiert.

Normalerweise bleibt er in meiner Nähe, bis ich mich zur Ruhe begebe. Aber heute Abend möchte ich ungestört sein. Ich habe selten genug ein paar Momente nur für mich. »Absolut sicher«, antworte ich, ohne die Augen von meiner Besucherin zu lassen.

»Aber Sir …«

Ein kurzer, scharfer Blick in seine Richtung, und er gibt nach.

»Dann wünsche ich Ihnen einen angenehmen Abend, Sir.«

»Danke, Henry. Ihnen auch.« Endlich verlässt er die Terrasse.

Zurück bleibt sie. Eine kaffeebraune Göttin, die sich mit einer angedeuteten Verbeugung zu mir wendet und mir einen unergründlichen Blick schenkt.

Ob sie weiß, wer ich bin?

»Wie heißt du?«

»Ayana.«

Sie versteht also meine Sprache. Zumindest rudimentär. Das ist gut und erleichtert eine mögliche Planung des Abends über den Kaffee hinaus.

»Schön. Ich bin I.C.E. Stone von Stone Medical Enterprises.«

Sie nickt würdevoll. »Ich weiß.«

Ich setze mich ihrem Platz gegenüber. »Bitte, Ayana. Fang an.«

Ein zurückhaltendes Lächeln belohnt mich. Meine Entscheidung, sie hereinzulassen, bereue ich nicht. Allein ihr Anblick ist köstlich, was bedeuten da schon ein paar fehlende Stunden Schlaf?

Mit eleganten Bewegungen setzt sie sich ebenfalls, öffnet den Korb und entnimmt ihm die nötigen Utensilien, die sie um den Kohlebehälter herum aufreiht: eine Jabana, die traditionelle Kaffeekanne aus Ton mit langem schlankem Hals; einige kleine, bunte Kaffeetassen ohne Henkel, dazu ein Gefäß mit Zucker. Dann die flache Metallschale, deren geschwärzte Oberfläche von den vielen Zeremonien erzählt, die sie schon auf glühenden Kohlen hinter sich gebracht hat, und zwei Stoffsäckchen. In dem einen sind die grünen, frisch geernteten Kaffeebohnen und im anderen befindet sich Weihrauch. Die leichte Wolke des charakteristischen Dufts, die sie mitgebracht hat, verrät, dass sie die Zeremonie damit begleiten wird, um ihr noch mehr Bedeutung zu verleihen.

Ayana stellt die Metallschale auf den Kohlebehälter und breitet, als sie heiß genug ist, die grünen Kaffeebohnen darauf aus, um sie zu rösten. Es erfordert sowohl Aufmerksamkeit als auch Konzentration und ein gutes Auge, um die Bohnen nicht verbrennen zu lassen. Selbstvergessen wendet Ayana sie immer wieder mit einem kurzen hölzernen Stock, verteilt sie neu, schiebt sie von einer Seite der Schale auf die andere. Nebenbei entnimmt sie mit einer kleinen Zange dem Behältnis ein paar Kohlestücke, legt sie in eine kleine Tonschale und gibt einige Körner Weihrauch hinzu. Langsam erfüllt der schwere Geruch die Luft und vermischt sich mit dem allmählich stärker werdenden Aroma der Kaffeebohnen, die sich mehr und mehr zuerst ins Dunkelbraune, dann ins Schwarze färben.

Fasziniert beobachte ich die Frau, ihre sparsamen und doch fließenden Bewegungen, die eine Eleganz aufweisen, wie sie eine westliche Frau selbst in mehreren Leben nicht erlernen könnte. Das dicke, gelockte Haar, das meine Fantasie anregt und das ich später durch meine Finger gleiten lassen möchte. Die samtweiche Bräune ihrer Haut, die selbst an Kaffee erinnert und die ich mit meinen Händen und all meinen Sinnen spüren möchte.

Ich liebe diesen Hautton. Nach jeder Rückkehr aus diesem Land wundere ich mich aufs Neue, wie bleich meine Mitmenschen in Europa doch sind.

Die Bohnen haben die richtige Röstungsstufe erreicht. Ayana schüttet sie mit geübten Handbewegungen von der Schale in einen Mörser und stellt den Krug aufs Feuer, um das Wasser für den Kaffee zu erhitzen, während sie die Bohnen zerkleinert.

Stets hatte diese Prozedur etwas Meditatives für mich. Mit Ayana aber ist dieses Gefühl besonders intensiv und ich starre fasziniert auf ihre feingliedrigen Hände, mit denen sie den Stößel festhält und rhythmisch im Mörser auf und nieder bewegt.

Ich wäre kein Mann, käme ich bei diesem Anblick nicht auf

Gedanken. In meiner Hose regt es sich. Ich genieße meine aufsteigende Lust nur für ein paar Momente, dann konzentriere ich mich wieder auf die Zeremonie.

Noch ist es zu früh für mehr.

Mit gleichmäßigen Stößen zermahlt Ayana die Kaffeebohnen, bis sie die nötige Feinheit erreicht haben und zu dem Pulver geworden sind, aus dem sie bald das aromatische schwarze Getränk brauen wird.

Nach einer Zeit, die endlos und zu kurz zugleich ist, überprüft sie kritisch den Inhalt ihres Mörsers und befindet ihn für geeignet, denn sie zieht sich die Jabana heran, schüttet das Pulver auf ein Blatt Papier, das sie zu einem Röhrchen zusammendreht und damit den Kaffee wie mit einem Trichter in die schmale Öffnung des Kannenhalses befördert.

Wie schon so oft registriere ich, mit welch einfachen Dingen diese Menschen ihren Alltag und dessen Verrichtungen bewältigen müssen, und bewundere ihre Findigkeit. Auch mich bewegt dieser Geist, auch ich möchte Dinge erfinden und mit ihnen Probleme des alltäglichen Lebens lösen, um dieses besser und gesünder zu machen. Nur dass ich keinen Papiertrichter, sondern Injektionsnadeln benutze. Dafür ernte ich jede Menge Kritik, doch was soll daran verwerflich sein, Menschen wie Ayana ein lebenswerteres Dasein zu schenken?

Endlich. Bedächtig gießt Ayana das kochende Wasser in die Jabana und stellt diese auf das Gefäß mit den Kohlen. Mir entgeht keine ihrer anmutigen Bewegungen. Immer wieder sehe ich von ihren Händen auf und suche ihren Blick, den sie mir nur sporadisch zuwendet. Sie ist schüchtern und zurückhaltend. Jetzt gefällt mir das. Später, wenn sie unter mir liegt, wird sie das hoffentlich nicht mehr sein.

Mehrmals schwenkt sie die Kanne, dann stellt sie sie auf einen mit bunten Stickereien verzierten Stoffring, ein wenig schräg nach vorn geneigt, damit sich das Pulver darin vom Kaffee trennen und auf dem Grund absetzen kann. Gleich werde ich diesen einzigartigen Kaffee schlürfen. Ich spüre schon fast den aromatisch-bitteren Geschmack am Gaumen und schlucke.

Fragend hebt sie die Zuckerdose hoch, doch ich schüttle verneinend den Kopf. Ich will mir nicht den reinen Geschmack durch Süße trüben. Unsere Blicke begegnen sich und als ich in ihren Augen ein stummes Versprechen lese, kann ich ein Lächeln kaum unterdrücken.

Dieser Abend wird ein denkwürdiges Ende haben. Das wird süß genug sein.

Ayana löst ihren Blick von meinem und wendet sich der Jabana zu, die sie hochnimmt und nach vorn kippt. Es ist so weit. Ein dunkler, fast ölig anmutender Strahl pechschwarzer Flüssigkeit strömt aus dem langen dünnen Schnabel und schießt zielgenau in eins der kleinen Tässchen. Der Kaffee wirft kleine Bläschen, die sofort zerplatzen und verschwenderisch ihr Aroma freisetzen.

Aus mehr als zehn Zoll Höhe dieses kleine Behältnis zu treffen, ist ein echtes Kunststück. Ayana schenkt nur eine Tasse ein. Sie selbst wird selbstverständlich nichts davon trinken. Die Kaffeezubereitung wird für andere zelebriert, nicht für denjenigen, der sie ausführt.

Nun erhebt sie sich mit der ihr eigenen Grazie, kommt zu mir herüber und überreicht mir das Tässchen mit einer angedeuteten respektvollen Verbeugung.

»*Arbol*, Sir«, sagt sie mit sanfter, aber rauchiger Stimme – die Bezeichnung für den ersten Aufguss.

»*Ameseginalew*«, antworte ich und banne ihren Blick, als sie sich wieder aufrichtet. »Danke.«

»*Minim ajdel.* Bitte.«

Irre ich mich oder errötet sie? Ich schenke ihr ein Lächeln, das sie zaghaft erwidert, dann widme ich mich endlich meinem Kaffee und inhaliere mit geschlossenen Augen das Aroma.

Einzigartig.

Der erste Schluck überwältigt mich.

Der Kaffee ist stark und bitter und er hat eine Ahnung von

Zimt. Es sind die Bohnen. Eine besondere Sorte, die diesen Hauch von Gewürz schon in sich trägt.

Mit geschlossenen Augen trinke ich langsam und in kleinen Schlucken meine Tasse leer.

Aus meinem Genuss erwacht, starre ich auf den verbliebenen Kaffeesatz in meiner Tasse, sehe dann hoch und begegne Ayanas Augen, die mit einem unergründlichen Ausdruck auf meinem Gesicht ruhen. Sie sitzt wieder auf ihrem Hocker hinter dem Kohlenofen und dem Tablett mit all den weiteren Tassen und sieht mich schweigend an.

Spürt Ayana die Spannung zwischen uns beiden? Weiß sie, was kommen wird? Sie ist sicher nicht so unschuldig, wie sie sich den Anschein gibt. Falls doch, werde ich das ändern.

Auffordernd strecke ich die Hand aus, um mir nachschenken zu lassen. Mit einem feinen Lächeln ignoriert sie meine Geste und befüllt eine weitere frische Tasse, die sie mir bringt.

Ich leere auch diese Schluck für Schluck. Allerdings lasse ich mir mit dieser Tasse etwas mehr Zeit als mit der vorherigen und nehme dann eine dritte.

Während der gesamten Zeit ruhen Ayanas Augen auf mir. Ich kann in ihnen nicht lesen und auch ihre Miene ist unbeweglich.

Es wird langsam Zeit, das Abendprogramm zu starten. Ich versuche ein Gespräch in Gang zu bringen. »Woher kommst du, Ayana?«

»Aus Addis Abeba. Ich lebe aber hier in der Nähe.«

Ihre Aussprache ist gut, sie scheint keine Verständigungsprobleme zu haben. Das ist vielversprechend.

Vom See her zieht kühle Luft hoch zu uns auf die Terrasse und umspielt meine Füße. Meine Zehen werden kalt. Ein wenig werde ich noch mit ihr plaudern, dann verlagern wir weitere Aktivitäten besser ins Innere der Lodge. Die Nächte hier können frisch werden.

»Hast du Familie?«

Sie antwortet nicht sofort, sondern presst die Lippen aufeinander. »Ich hatte Geschwister«, sagt sie dann. Ihr Gesicht verschließt sich und ich frage nicht weiter. Sie sagt ebenfalls nichts mehr und die Unterhaltung erstirbt. Schließlich hebt sie die Jabana ein viertes

Mal, doch ich lehne ab. Mehr Koffein braucht es nicht, ich werde munter genug sein, wenn wir in den Nahkampf gehen.

Gedankenverloren reibe ich mir über die Schienbeine, um sie zu wärmen. Die Haut unter dem Stoff meiner Hose fühlt sich kalt an. Wir sollten langsam hineingehen.

»Sie machen also Medizin«, stellt sie fest, als ich gerade einen entsprechenden Vorschlag machen will.

»Ja, das tue ich, Ayana«, bestätige ich. »Ich erfinde neue Medikamente, damit es Menschen wie dir und deinen Geschwistern und vielleicht einmal deinen Kindern gesundheitlich besser geht als jetzt und ihr nicht dieses scheußliche Fieber bekommt, an dem so viele sterben.«

Ich spreche langsam und verwende schlichte Worte, denn obwohl ihre Aussprache sicher klingt, weiß ich nicht, wie viel sie von dem versteht, was ich sage. Außerdem habe ich plötzlich ein Brennen am Gaumen und im Rachen, das mir das Sprechen etwas erschwert. War der Kaffee zu heiß?

»Und an Ihrer Medizin stirbt niemand?«

Die Frage macht mich stutzig. »Was meinst du damit?«

Ayana richtet sich auf. Die Ausdruckslosigkeit auf ihrem Gesicht schwindet und macht einer gequälten Miene Platz. Urplötzlich fühlt es sich an, als würde mir ein völlig anderer Mensch gegenübersitzen.

»Sie sind ein Mörder.«

»Was?« Verständnislos starre ich sie an.

Meine Zehen sind inzwischen taub geworden. Die Nachtkühle wird langsam unangenehm – auch meine Finger werden kalt und diese Kälte zieht bis zur Schulter hoch. Das Tässchen entgleitet meiner Hand und zerschellt auf dem Boden der Veranda.

Was ist hier los? Irgendetwas stimmt nicht mit mir, ich bin nie so ungeschickt. Bekomme ich einen Infarkt? Würde sich das nicht anders ankündigen als mit gefühllosen Beinen und Fingern?

»Ich sagte, Sie sind ein Mörder. Sie haben Ihre fragwürdigen Impfstoffe an den Menschen meines Volkes ausprobiert und dabei in Kauf genommen, dass Unschuldige sterben.«

Wie gewählt sie sich plötzlich ausdrückt! Höre ich richtig oder bilde ich mir das nur ein?

»Alles, was ich tue, geschieht im Namen der Wissenschaft und zum Wohle der Menschheit«, bringe ich hervor, doch es klingt merkwürdig unsicher. Ich hatte keinen Alkohol heute Abend – warum ist meine Zunge so schwer?

Und woher nimmt diese Frau ihre Anschuldigungen? Die Kollateralschäden wurden streng geheim gehalten!

»Wer sind Sie«, würge ich hervor.

Dass hier etwas nicht stimmt, geht mir spätestens auf, als in diesem Moment Peter L. Harsen auf der Terrasse erscheint. Er sollte längst meilenweit entfernt in seinem eigenen Quartier sein. Was will er hier?

»Glauben Sie eigentlich selbst, was Sie da sagen, Sir? – Nein, Sie brauchen nicht darauf zu antworten, aber ich werde Ihnen erzählen, wer Ayana ist.«

»Sie kennen sich? Woher? Was geht hier vor?«

Harsen kommt näher und lehnt sich lässig ans Rückenteil eines Loungesessels schräg vor mir, verschränkt die Arme vor der Brust und überkreuzt die Knöchel. So leger hat er sich nie zuvor gezeigt. Aber ich kenne durchaus Mittel und Wege, diesem offensichtlichen Mangel an Respekt mir gegenüber wieder auf die Sprünge zu helfen.

Ich sollte mich ein wenig bewegen, um die Steifheit zu vertreiben. Allerdings überfordert mich schon der bloße Gedanke ans Aufstehen. Mühsam schlage ich ein Bein über das andere und lasse mich schwer an meine Rückenlehne sinken. »Dann schießen Sie mal los.«

»Viel gibt es dazu nicht zu sagen, aber das Wenige reicht. Ayanas Familie ist ein Opfer Ihrer skrupellosen Geschäftspolitik, Sir. Sie hat bei einer der Testreihen unseres Unternehmens zwei ihrer drei Geschwister verloren.«

Ah – daher weht der Wind.

»Das ist sehr bedauerlich«, sage ich und lege Mitgefühl in meine Stimme.

»Sie hätten vor dem Hintergrund der ungeklärten Todesfälle im

Zusammenhang mit unserem Impfstoff die nächste Teststufe absagen müssen.«

Groll steigt in mir auf. Und eine Welle der Übelkeit, die ich mühsam hinunterwürge. »Absagen? Es geht hier um Größeres als ein paar Menschenleben.«

»Ja, und zwar um Geld. Sehr viel Geld, nicht wahr?«

»Werden Sie mal nicht unverschämt, Harsen. Davon profitieren auch Sie.« Ich möchte aufspringen und ihm an die Kehle gehen, aber … mein Körper gehorcht mir nicht.

»Ich werde von meinem Geld versuchen, etwas Wiedergutmachung zu leisten an den Menschen, die für Sie nur namenlose Nummern in einer Statistik sind«, kontert mein persönlicher Assistent.

Ich möchte spöttisch loslachen, aber mir fehlt die Kraft dazu. Es fühlt sich an, als würde ich immer tiefer in die Kissen meines Loungesessels einsinken. Zugleich legt sich ein Gewicht auf meine Brust, das von Minute zu Minute an Intensität gewinnt und mir das Atmen erschwert.

Ein schrecklicher Verdacht keimt in mir auf. »Was … habt ihr mir gegeben … wie habt ihr es gemacht?«

Harsen kommt näher und geht vor mir in die Hocke. Sein Blick ist kalt. »Schierling«, sagt er. »Er war in der Kanne.«

Sokrates wurde mit Schierling hingerichtet, schießt es durch mein hellwaches Gehirn. Schierling ist absolut tödlich.

Plötzlich wird mir klar, warum mir so kalt ist. Warum ich meine Arme und Beine nicht mehr bewegen kann.

»Ihr habt mich … vergiftet?« Zumindest will ich das sagen, aber aus meinem Mund dringt nur schwer verständliches Gebrabbel ohne Sinn und Inhalt. Erneut steigt massive Übelkeit in mir hoch.

»Sie dachten wohl, nur weil Sie kein Gewissen haben, hätte in Ihrem Umkreis sonst auch niemand eins, nicht wahr?« Mühsam drehe ich den Kopf und sehe von Harsen zu Ayana. Sie hat sich erhoben und steht hochaufgerichtet und kerzengerade mit tödlichem Hass im Blick vor mir. »Ein fataler Irrtum. Peter hat seins entdeckt, als ich um meine Geschwister weinte. Wer aber wird um Sie weinen?«

Ich konnte stets in den Gesichtern der Menschen lesen wie in einem offenen Buch. Dachte ich. Aber Ayana und Harsen haben mich erfolgreich getäuscht.

Meine Lider werden schwer, mein Atem rasselt. Panik breitet sich in derselben Geschwindigkeit in mir aus wie das Gift.

Und wenn ich ihnen Geld anbiete im Tausch für mein Leben? Aber nein, das Gift ist schon zu lange in mir. Vielleicht, wenn ich mich rechtzeitig übergeben hätte … Hier sind wir fernab jeglicher medizinischer Infrastruktur. Bis ein Arzt hier wäre …

Ich will nicht sterben! Doch noch nicht jetzt, will ich schreien, aber kein Laut kommt mehr aus meiner Kehle.

»Sie hatten heute Abend Ihre Chance, Sir.« Wieder diese Betonung. Als würde er das Wort am liebsten ausspucken. »Ohne Ihre Unterschrift auf diesem Beschluss hätten Sie den Abend überlebt.«

»Sie werden keine unschuldigen Leben mehr auf Ihre schwarze Seele laden.« Ayana klingt so kalt, wie sich mein Körper anfühlt.

Aber die Impfungen. Mein Lebenswerk – meine Aufgabe!

Mir wird klar, dass die Unterlagen mit meiner Unterschrift ihr Ziel nie erreichen werden. Die beiden werden alles vernichten, was ich geschaffen habe.

»Es war so verdammt einfach, an Sie heranzukommen. Ein bisschen Kaffee und ein hübsches Gesicht waren genug«, resümiert Harsen voller Verachtung. Seine Stimme entfernt sich immer weiter, während ich spüre, wie meine Lunge ihren Dienst versagt. Was für ein Gefühl! Als wäre ich unter Wasser. Dabei ist alles um mich herum voller lebensrettendem Sauerstoff. Nur nicht mehr für mich.

Das Schlimmste ist – alles war umsonst.

Es wird keine weiteren Versuche geben. Keinen Impfstoff gegen das Dengue-Fieber.

Keinen Nobelpreis.

Mit diesem Gedanken versinke ich endgültig in einem dunklen Loch ohne Boden.

GHANA

Carola Christiansen **Ghana in schwarz-weiß**

Mein Abenteuer stand unmittelbar bevor. Ich musste es zugeben, ich war aufgeregt. Nach neunundzwanzig Jahren in meiner weißen Heimat sollte ich zum ersten Mal in mein Geburtsland zurückkehren. Die ersten zwei Jahre meines Lebens hatte ich angeblich dort verbracht, ich erinnerte mich nur nicht daran.

Meine Eltern waren Weiße und die einzigen Eltern, die ich kannte. Mit ihrer Liebe und Fürsorge hatten sie Hamburg zu meinem Zuhause gemacht. Jetzt aber, wo ich Dres heiraten würde, erschien es mir wichtig, vorher auch Ghana zu erleben. Obwohl ich dort keine Menschenseele kannte. Aus diesem Grund hatte ich mich gründlich vorbereitet. Sowohl auf die altmodische Weise, durch nächtelanges Wälzen von Reiseführern und dem kläglichen Versuch, die Sprachen Ghanas wenigstens ansatzweise zu lernen, als auch auf zeitgemäßere Art. Die Flüge zum Beispiel hatte ich natürlich im Internet gebucht. Hamburg-Amsterdam-Accra und retour. Außerdem hatte ich unzählige Anfragen nach Gleichgesinnten ins Internet geschickt.

Mein Verlobter reagierte zunehmend genervt auf die vielen Stunden, die ich dadurch auf Facebook verbrachte. Er fand, unsere ›Ghana-Expedition‹ sollte uns allein gehören. Irgendwie hatte er ja recht, aber ich war wie besessen. Heimlich machte ich weiter …

Akwaba – Herzlich Willkommen!

Das schwarze Loch in der Wand spuckte zahllose, in Folie geschweißte, mit braunem Tape verklebte Koffer auf das Gepäckband. Dazwischen Pappkartons, die beinahe auseinanderfielen. Dres und ich schnappten unsere Rucksäcke vom Band und gingen durch den Zoll zum Ausgang.

Draußen blieb uns die Luft weg – es war, als würden wir durch heißes Gelee laufen. Innerhalb von Sekunden war ich klitschnass. Ich wischte mir Schweiß aus den Augen und starrte auf das Gedränge vor der Ankunftshalle. Die Lautstärke war ohrenbetäubend. Ich wusste, dass dieser Landstrich am Meer auch als ›Goldküste‹ bekannt war, daher hatten in meiner Phantasie Goldpartikel in der Sonne geflirrt. Die Realität war anders.

Während Dres aufdringliche Männer abwimmelte, die uns klimatisierte Supertaxis in alle Winkel der Hauptstadt anboten, blieb ich stehen und atmete tief ein. Unzählige Gerüche waberten durch die Hitze. Der stärkste Geruch war erdig, erinnerte an Ton. Ich schloss die Augen und glaubte, noch nie etwas Vergleichbares in der Nase gehabt zu haben. In dem Moment wurde ein weiteres Paar durch die automatische Tür ins Freie befördert. Ich hatte sie heimlich beobachtet, seitdem sie in Amsterdam zugestiegen waren. Das lag zum Teil an unseren augenscheinlichen Gemeinsamkeiten – aber nicht nur …

Dres und ich haben es sicher leichter, sind gewissermaßen konventioneller in unserem Anderssein: schwarze Frau, weißer Mann. Männer haben sich schließlich schon immer genommen, was sie wollten … Dieses andere Paar – sie weiß, er schwarz – bediente höchstens ein Klischee, von dem ein Großteil weißer Männer zähneknirschend überzeugt war. Ich lachte leise.

»Hallo, wollt ihr hier auch Verwandte besuchen?«

Die Stimme des Mannes riss mich aus meinen Gedanken.

»Wie kommst du denn darauf?« Mein Verlobter Andreas grinste breit. »Ich bin Dres, der Käsekuchen, das ist meine zukünftige Ehefrau Abi. Auf Erkundungstour nach Kumasi.«

Die hellhäutige Schönheit mit den langen blonden Haaren und den noch längeren Beinen stellte sich als Valeska Fischer vor, ihr Freund als Kobina Manu Akuamoah, abgekürzt Kobi. Er nannte seine Freundin Lessi, womit sie offenbar nicht glücklich war, denn bei der Erwähnung ihres Spitznamens zuckte sie zusammen. Gut, auch mir war sofort der flauschige Collie aus einer antiquierten Fernsehserie eingefallen.

»Du bist Ashanti?«, fragte ich. Ich ignorierte sie und bezog mich nur auf seinen Namen. Der legte nicht nur Kobis Zugehörigkeit zu der größten Ethnie Ghanas nahe, sondern auch, dass er an einem Dienstag geboren war. Dank meiner Recherche wusste ich, dass die Ashanti, oder Akan People, ihre Kinder häufig nach dem Wochentag ihrer Geburt benannten. Kobina war Dienstag. Wohingegen Manu der Zweitgeborene bedeutete, aber ich wollte nicht gleich angeben …

Lessi musterte mich aus eisblauen Augen, während er nickte.

»Treffer! Und du?«

»Ebenso!«

Dres hatte wie üblich kein Gespür für unterschwellige Stimmungen, jedenfalls schnappte er sich Kobi und schob mit ihm los. Verstehe einer die Männer! Auf einmal schien er sich über den Zuwachs unserer Zweier-Gruppe zu freuen. Mir blieb nichts übrig, als mit Lessi zu folgen. Ich strich nervös über meinen für die Reise extra kurzen Afro. Die Haare konnten etwas Pflege vertragen. Sie fühlten sich an wie Draht. Ich schielte auf die schimmernde Pracht, die zu einem lockeren Knoten auf Lessis Kopf zusammengedreht war. Ich musste geseufzt haben, jedenfalls warf sie mir einen seltsamen Blick zu. Ich legte den Kopf in den Nacken und betrachtete die Wolkenbänke, die sich am Himmel auftürmten. »Sieht nach Unwetter aus«, murmelte ich, während ich mich in Lessis Fahrwasser durch die Menge drängte und versuchte, Dres nicht aus den Augen zu verlieren. Sein Ziel schien ein Parkplatz mit modernen Reisebussen zu sein.

»Finger weg von Kobi!«, zischte Lessi mir statt einer Antwort zu und beschleunigte die Schritte. Verblüfft starrte ich ihr hinterher. Während ich ihr langsam folgte, überlegte ich, ob ich wirklich klug gehandelt hatte, hoffentlich ging meine digitale Kontaktaufnahme nicht gerade nach hinten los …

»Da seid ihr ja«, schnitt Dres' Stimme in meine Gedanken. Die Männer standen vor einem klapprigen Bus und sahen uns entgegen. Meine Stimmung sank tiefer – kein komfortabler Reisebus für uns.

Vom Atlantik zog ein kräftiger Wind auf. Eine Ahnung von Meer hing in der Luft, vermischte sich mit dem Erdigen. Und noch etwas schwang darin, etwas, das würzig, irgendwie exotisch roch. Mein Wind, dachte ich, meine Heimat. Oder? Fühlte es sich wirklich so an? Ich war im Zweifel. Eigentlich sehnte ich mich in diesem Augenblick nach Hamburg zurück. Nach dem Geruch des Windes, der von der Elbe kam. Energisch schüttelte ich die Gedanken ab. Ich war doch auf der Suche nach meinen Wurzeln. Aber in Wahrheit hatte ich Angst, dass diese Reise am Ende gar nichts bringen würde.

Nachforschungen nach meiner Ursprungsfamilie waren im Sande verlaufen. Das war zwar nicht verwunderlich, tat aber trotzdem weh.

Mir fielen zwei Typen auf, die vor dem Terminal an einem Geländewagen lehnten. Irgendetwas an den beiden verursachte mir ein ungutes Gefühl. Vielleicht war es das Gesicht des einen Mannes, das mehrfach mit scharfen Klingen in Berührung gekommen zu sein schien.

Als der Himmel sich auftat und einen Wolkenbruch auf uns herabschüttete, vergaß ich es wieder. Das Wasser war herrlich, eine Erfrischung, gleichzeitig entlud sich jedoch ein Gewitter direkt über uns. Die beiden Typen sprangen in ihren Geländewagen, Lessi und ich hetzten die letzten Meter zu unserem Bus. Kurz darauf, nass und unter der Klimaanlage fröstelnd, den Kopf an die Scheibe gelehnt, erinnerte ich mich wieder: Einer der beiden Kerle hatte ein Messer in der Hand gehabt. Mir war es zunächst nicht weiter aufgefallen, doch jetzt sah ich vor mir, wie der Typ mit den Narben im Gesicht mit einem ziemlich großen Klappmesser spielte. Zumindest Dres und Lessi schienen nichts davon bemerkt zu haben, auf jeden Fall wirkten die beiden nicht beunruhigt. Bei Kobi war ich mir nicht so sicher.

Ich musterte die übrigen Mitreisenden. Der Bus war voll. Einige hellhäutige Touristen, ausschließlich Männer, eher Richtung Rucksack als Reisegruppe oder gar Resort, hauptsächlich aber Einheimische, teilweise in traditionellen Gewändern. Der Geräuschpegel war gewaltig. Hinter uns saßen Kobi und Lessi. Sie hatten die Köpfe zusammengesteckt und flüsterten miteinander. Dres suchte auf seinem Handy nach Empfang. In diesem Zustand war er nicht ansprechbar. Nur unwesentlich von Stoßdämpfern abgefedert, holperten wir über die Straße. Ich lehnte mich zurück und legte den Kopf an das rissige Polster. Mir fielen die Augen zu. Just in dem Augenblick, in dem ich sanft ins Land der Träume hinüberglitt, ging ein Ruck durch den betagten Reisebus. Wir wurden gegen die Vordersitze geworfen. Unter uns rumpelte es und der Bus schwankte bedrohlich. Ich sah nach vorn zum Fahrer. Von hinten konnte ich seinen Gesichtsausdruck zwar nicht erkennen, aber er schien sich verzweifelt ans Lenkrad zu klammern.

Dres kniff mich in die Seite. »Wird doch aufregender, als wir dachten …« Ich hob eine Augenbraue. Das konnte ich gut, damit brachte ich ihn regelmäßig zur Weißglut. Diesmal sah er darüber hinweg.

»Was nun? Motorschaden?«, rief er. »Oder haben wir einen Elefanten überfahren?«

Der Fahrer reagierte nicht. Er war zu beschäftigt damit, den Koloss zum Stehen zu bringen, ohne ihn auf die Seite zu kippen. Er fluchte auf Pidgin English.

Ich blendete Dres aus und konzentrierte mich auf die Wortflut des Fahrers. Ghana war eine Herausforderung auf diesem Gebiet. Es gab zahlreiche Sprachen und nun, in der Praxis, konnte ich selbst das einfachste Pidgin English kaum verstehen. Verdammt!

Der eisige Luftstrom aus der Klimaanlage war versiegt. Ich konnte mir ein erleichtertes Seufzen nicht verkneifen. Aber Dres runzelte die Stirn. »Verdammte Hitze«, murrte er.

Waren die Regenwolken eben noch scheinbar auf dem Rückzug gewesen, so kamen sie nun wohlgefüllt zurück. Eine wahre Sintflut ergoss sich über Bus und Landschaft. Ein Blick aus dem Fenster, und man meinte, wir wären bereits unter Wasser. Blitze zuckten dazu und Donner schepperte.

»Scheiße«, schrie Kobi. »Sind wir in irgendeinem gottverdammten Teich gelandet?«

Ich musterte ihn. Waren wir Ashanti nicht ein Kriegervolk? Was winselte er also? Es war nichts Schlimmes passiert. Wir würden auf irgendeine Pannenhilfe warten. So etwas gab es bestimmt auch hier. Im schlimmsten Fall könnten wir einfach zurück nach Accra laufen. Auch kein Ding. Er schien das anders zu sehen und zeterte weiter. Vielleicht hatte er Angst vor Gewitter. Dres und ich sahen uns an und grinsten. Zum Glück funktionierte diese stille Übereinkunft noch. Ich griff nach seiner Hand. Er lächelte, aber irgendwie abwesend, wie mir schien. Ich folgte seinem Blick und machte eine Punktlandung in Lessis blaue Augen.

Nach dem Ausfall der Klimaanlage bildete sich Kondenswasser an den Scheiben. Die Luft war zum Schneiden. Muffig, schwül, die vielen atmenden Menschen entzogen ihr Sauerstoff und füllten sie stattdessen mit Gerüchen nach Knoblauch und schwitzenden Körpern.

Plötzlich tauchte ein Schatten neben dem Bus auf. Fast gleichzeitig knallte ein Donnerschlag wie ein Schuss. Das Regenwasser lief immer noch eimerweise die Scheiben herunter und so dauerte es einige Sekunden, bis ich die massige Form neben uns als Geländewagen identifiziert hatte. Sofort fielen mir die beiden Typen von vorhin ein. Die Gesichter der anderen klebten mittlerweile ebenfalls an den Fenstern. Dres hatte sich zu mir herübergebeugt, sein Atem war dicht an meinem Ohr.

»Die wollen wahrscheinlich helfen.« Überzeugt klang Kobi nicht, er schien vielmehr beruhigend auf Lessi einzureden. Sie wirkte verschreckt, wie eine gefangene Antilope. Plötzlich tat sie mir leid. Die Tür des Fahrzeugs neben uns öffnete sich, eine Gestalt sprang heraus. Unser Chauffeur spielte mit der Zündung und die antiquierten Wischerarme erwachten wieder zum Leben. Außer einem wenig vertrauenerweckenden Quietschen war nur das Rauschen des Regens zu hören. Unser Fahrer stützte sich auf das Lenkrad und beobachtete, was draußen vor sich ging. Als die Gestalt am Bus stand, legte er einen Hebel um, die Bustür öffnete sich mit lautem Zischen. Dres und ich saßen direkt an der Tür, die hereinströmende Luft traf uns wie ein nasser Lappen.

Der Mann stieg in den Bus. Lässig lehnte er sich an den Handlauf im Eingang und sprach mit dem Busfahrer. Dabei tropfte er von Kopf bis Fuß. Seine Kleidung dampfte und die vorderen Scheiben beschlugen. Der Geruch nach nassen Klamotten stieg mir in die Nase. Er wandte den Blick vom Busfahrer ab und sah in den Bus hinein. Seine Augen blieben an mir hängen. »Hi Sweetheart, wo kommst du denn her?« Diese Frage hatte ich zwar schon so manches Mal gehört, aber hier, von einem Schwarzen, hätte ich sie nicht erwartet. »Wieso … woher …«

»Woher ich weiß, dass du nicht von hier bist?« Sein Lachen klang rau. »Baby, dass du uns verlassen hast, sieht doch jeder!« Sein Blick wanderte zu Dres. »Aber offenbar hat es sich ja gelohnt für dich!«

Ich schluckte. Bevor ich zu einer Antwort bereit war, sprach er schon wieder mit unserem Fahrer. Dres musterte ihn aus zusammengekniffenen Augen. Leise sagte ich: »Bleib cool, Dres!«

Er atmete geräuschvoll aus und murmelte: »Idiot!«

Der Wolkenbruch hörte auf, wie er gekommen war, und unser Fahrer verließ mit dem Fremden den Bus. Vermutlich wollten sie sich den Schaden aus der Nähe ansehen. Irgendwo hatten wir den George-Walker-Bush-Highway verlassen, die Hauptstraße nach Kumasi. Den Grund dafür kannten nur die Götter – und unser Busfahrer. Jedenfalls waren wir auf unwegsamerem Gelände weitergefahren. Unsere Panne schien die Quittung dafür zu sein. Es war einsam und mittlerweile stockdunkel. Von hinten schob sich Kobis Kopf über die Rückenlehne. »He, Leute. Komische Sache, oder? Wir müssten jetzt im Achimota Forest sein. Ich frage mich, warum wir überhaupt von der Hauptstraße abgefahren sind.«

»Dieser Holperweg hat mich auch gewundert«, erwiderte Dres.

»Außerdem, was wollte der Typ von Abi?« Kobis Blick wanderte von Dres zu mir.

Mein Zukünftiger zog mich an sich. »Schau sie dir an – er ist jedenfalls nicht der erste, der sie anmacht!«

Ich runzelte die Stirn und wand mich aus seinem Griff. Das

Herumreiten auf meinem Aussehen war mir unangenehm. Während ich mich umdrehte und dabei versuchte, ihren Blicken auszuweichen, blieb mir für einen Moment die Luft weg. Meine Augen hatten Lessi gestreift, die neben Kobi auf dem Gangplatz saß. Ihr schönes Gesicht war zu einer hasserfüllten Grimasse verzerrt. Ich vergaß meine Frage nach dem Achimota Forest.

Unser Fahrer hatte sich wieder in den Bus gehievt. Bisher hatte er nicht mit Englischkenntnissen geglänzt. Er wischte sich den Schweiß von der Stirn und sprach mit einem dunkelhäutigen Mitreisenden in Landestracht. Der Gang war mittlerweile von Oberkörpern verstopft, die sich zwischen den Sitzen nach vorn reckten. Unmutsbekundungen wurden laut. Der Mann im rot-gelb gemusterten Kaftan brach das Gespräch mit dem Busfahrer ab und schaute uns alle an. Er breitete die Arme aus wie ein afrikanischer Prediger. »Wir haben einen Motorschaden«, sagte er in perfektem Englisch. Danach wiederholte er es wohl noch einmal in Ga, der Sprache der Accra Region. Wir sackten in unsere Sitze zurück. Wie sollte es jetzt weitergehen? Wie viel Zeit würden wir hier verbringen müssen? Ich bemerkte, dass Lessi wütend auf Kobi einzureden schien. Dadurch verpasste ich den nächsten Satz und wandte mich an Dres: »Was hat er gesagt?«

Dres sah mich seltsam an. Der Mann sprach inzwischen weiter, aber irgendetwas war faul.

»Komm schon, so schlimm kann es nicht sein!« Mein Versuch, aufmunternd zu klingen, kam bestenfalls halbherzig rüber.

Dres holte Luft. »Die Typen im Geländewagen, die wollen zu einer Werkstatt fahren.«

Ich nickte ungeduldig, auffordernd.

»Sie haben zwei Plätze frei.«

Ich nickte wieder, wartete, bis es mir plötzlich dämmerte.

»Nein«, flüsterte ich.

»Doch! Valeska«, er zeigte mit dem Kopf auf die aufgebrachte Blondine hinter uns, »will unbedingt mitfahren. Sie haben also angeboten, die beiden weiblichen Touristen schon mal mitzunehmen. Das kommt natürlich überhaupt nicht infrage!«

Das fand ich allerdings auch! Die Aussicht, hier auf unbestimmte Zeit vor sich hin zu schimmeln, war zwar nicht erhebend, aber der Gedanke, die unheimlichen Fremden zu begleiten, war weitaus weniger verlockend. Dazu noch in Begleitung dieses blonden Gifts. Ich wandte mich um und unterbrach Lessis Tirade. »Bist du verrückt? Wieso willst du mit den Typen mitfahren?«

»Ich will hier raus! Der Busfahrer kennt die doch. Und wenn ich hier noch lange warten muss, drehe ich durch!«

Kobi versuchte, sie zu besänftigen, aber sie wurde immer hysterischer.

»Dann fahren du und Kobi halt mit«, schlug ich vor und drehte mich zurück. Im Bus war inzwischen ein heftiger Streit entbrannt. Offenbar wollte jeder diesen Schrotthaufen so schnell wie möglich verlassen. Die Stimme des Fremden donnerte durch den Tumult. Sie wollten endlich losfahren, und waren die beiden Frauen jetzt dabei oder nicht? Ich verschränkte die Arme vor der Brust, von mir aus konnten sie Leine ziehen. Aber so einfach war es leider nicht. Kobi drückte von hinten meine Schulter. »Bitte.«

Lessi zischte ihm etwas zu. Ich sah meinem Käsekuchen tief in die Augen. Der schüttelte stumm den Kopf. Mein Blick wanderte nach hinten zu Lessi, die sich bereits halb erhoben hatte. Ich seufzte.

Lessi und ich stiegen aus und gingen zum Geländewagen hinüber. »Macht ordentlich Dampf bei der Werkstatt, damit die schnell Hilfe schicken«, rief Kobi uns hinterher. Seine Stimme klang schrill. Ich musterte Lessi verstohlen von der Seite. Sie sah trotzig aus, gleichzeitig aber so unglücklich, wie ich mich fühlte. Die Frage, warum sie unbedingt mitfahren wollte, empfand ich als nicht hinreichend geklärt. Die anderen hatten sich überzeugen lassen – Kavaliere natürlich, klar, dass sie uns vorfahren ließen. Der Busfahrer schien den Mann außerdem zu kennen. Alles bestens also. Sollte man meinen.

Der Fahrer des Geländewagens murmelte ein knappes »Hello.« Er war pechschwarz und trug ein bunt gemustertes Batakari, ein

Oberteil aus Ghanas nördlichster Region. Lessi und ich setzten uns auf die Rückbank. Der Mann mit dem Klappmesser sprang auf den Beifahrersitz. Schon nach wenigen Kilometern bemerkte ich, dass etwas nicht stimmte. »Das ist nicht die Straße nach Accra«, rief ich. Auf meinen inneren Kompass konnte ich mich verlassen, mein Vater sagte immer, ich hätte einen Orientierungssinn wie eine Brieftaube. Lessi sah mich an. Ihr Gesicht ein einziges Fragezeichen. Zum ersten Mal erkannte ich keine Feindseligkeit darin. »Wir fahren in die entgegengesetzte Richtung«, raunte ich ihr zu.

»Scheiße«, sagte sie.

Ich mochte es, wenn Menschen ihr Klischee hinter sich ließen. Doch gleich darauf fragte sie: »Was hast du mit Kobi?«

Ich rollte mit den Augen.

»Ihr habt gemailt. Ich habe deinen Namen gesehen. Meinst du, ich wüsste nicht, dass du in deinem Blog nach Ashantis gesucht hast? Und dann hast du dich an Kobi rangemacht – dein Verlobter ist dir wohl zu langweilig!«

Bevor ich antworten konnte, drehte Narbengesicht sich zu uns um und wedelte mit zwei schwarzen Stoffbeuteln.

»Aufsetzen!«, befahl er.

»Was soll das?«, fragte Lessi. Er beugte sich kommentarlos über die Lehne und knallte ihr eine. Fassungslos presste sie eine Hand auf ihre Wange. Mindestens ebenso fassungslos starrte ich ihn an.

»Klappe halten!« Nicht nur sein Ton, auch sein Englisch war ruppig.

Wir zogen die schwarzen Säcke über den Kopf. Ein letzter Blick durch die Seitenscheibe offenbarte tropischen Regenwald. Hoch über uns schwankten die Kronen der Bäume. Dass sie grün waren, konnte man nur erahnen. Mit einem Ruck zog ich den Sack ganz nach unten. Es wurde schwarz. Der Geruch war streng. Mir blieb für einen Moment die Luft weg. Ich hörte auch Lessi nach Sauerstoff schnappen und tastete nach ihrer Hand.

Die Männer unterhielten sich. In mir machte sich Panik breit. Ich war kurz davor, zu hyperventilieren. Ruhig atmen, sagte ich mir und schloss trotz Dunkelheit die Augen. Ich konzentrierte mich auf die beiden Stimmen. Welche Sprache war das? Der Übersetzungstrakt meines Hirnlappens glühte. Der stinkende Sack kratzte auf meiner Haut. Schweiß rann mir über das Gesicht. Was meine Phantasie aus den minimalen, mehr oder weniger erahnten Bruchstücken der Unterhaltung zusammenreimte, war nicht erbaulich. Während ich über unser Schicksal brütete, bockte der Geländewagen wie eine mittelalterliche Kutsche.

»Handys«, brüllte Narbengesicht vom Beifahrersitz. Widerstrebend reichte ich mein Mobiltelefon in die Richtung seiner Stimme. Eine Chance weniger. Kurz darauf stoppte der Wagen.

»Was soll der Unsinn? Wo sind wir?« Lessi glaubte offenbar immer noch an einen absurden Scherz. Vielleicht hoffte sie es auch einfach. »Überleg mal« wisperte ich ihr zu. »Wofür war die ursprüngliche Goldküste bekannt?«

»Gold?«, kam es gedämpft aus ihrem Sack zurück.

»Menschenhandel!«, entgegnete ich, wohl wissend, damit letzte zarte Hoffnungen zu zerstören. Ich hörte sie erneut nach Luft schnappen. »Schnauze!«, bellte die bekannte Stimme von vorn. Ich lauschte angestrengt. Den Geräuschen nach zerlegten die Typen gerade unsere Handys.

Ich hatte nicht viel von ihrem Gespräch mitbekommen, nur den Namen irgendeines Scheichs. Für mich hatte es wie Haussa geklungen, das würde auch zum Batakari des Fahrers passen. Haussa wurde vorwiegend im Norden gesprochen. Leider war es die Sprache, mit der ich am allerwenigsten vertraut war. Der Kerl, der uns zum Auto gebracht hatte, schien ein Telefonat zu führen. Danach setzte der Geländewagen sich erneut in Bewegung. Wir wendeten. Ich war mir sicher, dass wir nun wieder Richtung Accra fuhren. Ein kurzes Auflachen von vorn. »Ihr könnt die Säcke abnehmen!«

Das war kein gutes Zeichen. Es war offenbar nicht mehr wichtig, ob wir wussten, wo es hinging. Dass wir die Männer gesehen hatten, war ohnehin klar. Ich zog den Sack von meinem Kopf und sah Lessi zögernd dasselbe tun. Sie sah ziemlich derangiert aus. Verwischte Wimperntusche, die Haare wie ein weihnachtlicher Strohstern um den Kopf.

Jetzt kamen die ersten Ausläufer von Accra in Sicht. Für einen Sekundenbruchteil blitzte Hoffnung in mir auf. Waren wir etwa doch auf dem Weg in eine Werkstatt? Nur wollte mir leider keine plausible Erklärung für das Verhalten der Typen einfallen. Wir passierten Prestigehochhäuser, ein Luxuseinkaufszentrum für Wohlhabende und Touristen.

Fieberhaft überlegte ich, wie ich Passanten auf uns aufmerksam machen könnte. Der Beifahrer sah mich im Rückspiegel an, als könnte er meine Gedanken lesen. Ohne mich aus den Augen zu lassen, öffnete er das Handschuhfach und holte eine Pistole heraus. Beinahe gelangweilt richtete er die Waffe auf Lessi.

Die Straße wurde enger, verwandelte sich in einen unbefestigten Weg, kaum mehr als ein Pfad. Reihenweise baufällige Häuser auf beiden Seiten, der Verfall nahm zu, je weiter wir fuhren. Bis es schließlich nur noch Bretterverschläge und Behausungen aus Pappkarton zu geben schien. Nur hie und da, selten zwar und völlig surreal inmitten dieser Bruchbuden, ein echtes Haus aus Stein. Ich schluckte. Wir befanden uns in Nima. Einem sehr speziellen Viertel von Accra, wie ich gelesen hatte. Malerische, überfüllte Märkte, aber auch unvorstellbare Armut und Brutstätte von Verbrechen, die niemals geahndet wurden. Aus irgendeinem Grund liebten die Bewohner jedoch ihren Stadtteil und stellten sich Modernisierungsmaßnahmen vehement entgegen. Hier würde uns niemals jemand finden! Hier hielt man die Schnauze und schwieg. Nur wer im entscheidenden Moment wegsah, hatte eine Chance, zu überleben. Abwässer flossen durch flache Gräben zwischen den Hütten, Fäulnisgeruch hing in der Luft. Die Straße war von Furchen durchzogen und matschig vom Schlick der Abwasserkanäle.

Plötzlich, mitten in diesen maroden Fassaden, eine akkurat hochgezogene, mannshohe Mauer. Um den oberen Teil sehen zu können, musste ich den Kopf in den Nacken legen. Auf der Mauer glitzerten rasiermesserscharfe Glasscherben im Licht von Überwachungslampen. Der Wagen rumpelte und ich zog den Kopf vom Fenster zurück. Wir mussten ein ganzes Stück an der Mauer entlangfahren, bevor der Eingang in Sicht kam. Das schwere Metalltor schwang auf, unser Wagen wurde langsamer und mein Herz pochte bis zum Hals. Hinter dieser Mauer erwartete uns mit Sicherheit nichts Gutes. Ich schielte zu Lessi hinüber. Sie war leichenblass. Sekundenlang glaubte ich jedoch, auch etwas Erwartungsvolles, Lauerndes auf ihrem Gesicht bemerkt zu haben.

Die Zufahrt wand sich hin zu einer Albtraumversion des Taj Mahal. Der Architekt musste es im Drogenrausch geplant haben.

Die Gesichter unserer Entführer waren ausdruckslos. Die Typen wirkten höchstens eine Spur nervöser. Fast direkt vor einer kunstvoll ziselierten Holztür kam der Wagen zum Stehen.

»Raus!«, bellte der Typ auf dem Beifahrersitz. Der Fahrer hatte außer dem anfänglichen »Hello« noch kein Wort mit uns gewechselt. Wir kletterten aus dem Wagen. Mit einem ungeduldigen Schwenk der Waffe verlieh Narbengesicht seiner Aufforderung Nachdruck. Vor uns schwang die Tür auf. Ein arabisch gekleideter Mann stand im Eingang. Unsere Entführer riefen ihm etwas zu, es klang arabisch, aber vermutlich war es Haussa. Leider verstand ich mal wieder nichts.

Die Tür schloss sich hinter uns. Auf den düsteren Vorraum folgte ein Innenhof, erhellt von unzähligen Fackeln. Der betäubende Duft von Jasmin klebte in der Luft, ich fühlte mich in Tausendundeine Nacht versetzt. Im flackernden Licht schwebten hauchdünne Rauchfäden. Sie verströmten einen aufdringlich süßlichen Geruch. Kein Zweifel – jemand kiffte hier. Paradoxerweise ernüchterte mich der Gedanke. Im Nebel aus Marihuanaschwaden und rußenden Fackeln machte ich zwei kalte Augen aus, die uns beobachteten. Ein hagerer Kerl in einem schwarzen Anzug. Die Haare unter einem Turban verborgen. »Ich freue mich, Sie kennenzulernen!«

Sein Akzent war stark, sein Englisch eine Herausforderung, aber es war die höfliche Floskel, die mir fast die Sprache verschlug. Ich räusperte mich, Frechheit siegt, hieß es doch …

»Eine persönliche Einladung hätte nicht geschadet …«

Keine Antwort. Ich kniff die Augen zusammen und betrachtete ihn genauer, was nicht einfach war, denn der Schein der Fackeln verzerrte sein Gesicht. Lessi starrte unser Gegenüber fasziniert an. Von ihrer Seite erwartete ich keine Hilfe.

»Verraten Sie uns einfach, warum Sie uns herbringen ließen. Dann lachen wir gemeinsam darüber und danach geht jeder seiner Wege.«

Statt einer Antwort brüllte er jetzt unseren Beifahrer an. Der gab mir einen Stoß in den Rücken. Unfreiwillig stolperte ich in die Richtung des Fremden. Meine Nackenhaare sträubten sich.

»Ich habe lange auf eine wie Sie warten müssen!«

Hatte ich mich verhört? Nein! Schwer verständlich, aber das war eindeutig Deutsch gewesen!

»Verzeihung?«

»Sehen Sie, ich habe in meiner Jugend in Heidelberg studiert. Man kann wohl sagen, dass ich dort ein Stück weit in die europäische Kultur eingeführt wurde. Jedenfalls lernte ich in dieser Zeit das Vergnügen schätzen, mich mit einer gebildeten deutschen Frau zu unterhalten.« Er warf einen abschätzigen Blick auf Lessi. »Ich habe viele Frauen. Meistens langweilen sie mich. Ich suche das Besondere. Eine Frau, die nicht nur schön und zivilisiert ist und deutsch mit mir sprechen kann – sie muss auch Ashanti sein! Die ultimative Verschmelzung der Kulturen! Das ist mein Wunsch!«

Der Kerl hatte eindeutig nicht alle Latten am Zaun! Er wollte gar nicht die wunderschöne Blondine – er wollte mich!

Lessi entgleiste das Gesicht, gleichzeitig breitete sich jedoch ein Hoffnungsschimmer auf ihren Alabasterzügen aus. In diesem Moment hasste ich sie dafür. Heiser erwiderte ich: »Dann haben Sie bestimmt auch gelernt, dass so ein kultivierter Austausch nur freiwillig stattfinden kann? Unter Zwang läuft da gar nichts!«

Er hob amüsiert die Augenbrauen. »Im Gegenteil, früher oder später bekomme ich immer, was ich will! Was bedeuten schon die Launen einer Frau?« Plötzlich brach er in meckerndes Gelächter aus und sang: »Glücklich ist, wer vergisst, was doch nicht zu ändern ist.«

Warum wachte ich nicht auf? Das konnte nur ein schlechter Traum sein: In einem Palast, irgendwo in den Slums von Accra, summte ein schwarzer Spinner verstaubte Operettentexte.

»Eine kurze Zeit ohne Kontakt zur Außenwelt, eine winzige Bedrohung von Familienangehörigen, vielleicht ein Finger der kleinen Schwester – bisher ist jede Frau gefügig geworden. Ungehorsam geziemt sich eben nicht für eine Frau – übrigens auch nicht für eine Tochter!« Bei dem Wort ›Tochter‹ zuckte Lessi zusammen. Gerade wollte ich sie darauf ansprechen, da schnipste er seinen Joint nachlässig auf den Boden. Sofort eilte der Araber herbei und sammelte die Kippe auf.

»Na toll«, murmelte ich. In diesem Augenblick verflüchtigten sich für einen Moment alle anderen Gedanken, vor allem sämtliche Zweifel, die ich je an meinem Verlobten gehabt hatte. Doch wo war der Kerl, jetzt, wo ich ihn brauchte? Hätte er mich nicht energischer davon abhalten müssen, zu diesen dubiosen Typen ins Auto zu steigen? Unser zweifelhafter Gastgeber sprach gerade mit ihnen. Der Tonfall ihrer Konversation kam mir feindselig vor. Ich wusste allerdings, dass dieser Eindruck täuschen konnte. Viele afrikanische Unterhaltungen klangen aufgeregt und wurden im hohen Dezibelbereich geführt. Trotzdem waren sie meist nur ein freundlicher Austausch.

Lessi starrte auf ihre Füße. Ich versuchte vergeblich, ihre Aufmerksamkeit zu erringen, als zwei Turbanträger die Bühne betraten. Sie hielten Maschinengewehre scheinbar locker auf den Boden gerichtet. Munitionsgürtel kreuzten sich vor ihrer Brust. Irgendetwas spitzte sich zu. Das schienen auch die Typen aus dem Geländewagen zu finden. Sie bewegten sich rückwärts Richtung Eingang. Nur eine leichte Handbewegung des kulturzivilisierten Heidelbergabsolventen, und die Salve aus einem Maschinengewehr ließ beide Typen zuckend zusammenbrechen. Ich keuchte und mir wurde flau. Ging unser Gastgeber so mit lästigen Zeugen um? Lessi übergab sich ohne Warnung direkt vor meine Füße. Ich nahm sie in den Arm, auch um mich selbst zu beruhigen. Gleich darauf brach endgültig die Hölle los. Hatten wir eben noch bei ENTFÜHRUNG AUS DEM SERAIL mitgespielt, landeten wir jetzt in MISSION IMPOSSIBLE.

Schwarz gekleidete Männer seilten sich über die Mauer des Innenhofs ab, das Tor erzitterte unter einer Explosion. Weitere

Männer stürmten herein. Ihre Maschinengewehre spien Feuer. Die Turbanträger wurden niedergemäht, Lessi riss mich zu Boden. Sie schien sich gefangen zu haben, ihre hellen Augen funkelten. Als der Auftraggeber unserer gemeuchelten Entführer langsam die Hände hob, löste sie sich unsanft von mir und stand auf. Mit offenem Mund sah ich, wie Lessi auf einen der Schwarzgekleideten zuging. Ich rappelte mich hoch, versuchte, sie festzuhalten, aber es war zu spät. Der Mann hatte sie bereits bemerkt und sagte etwas in einer Sprache, die ich für Russisch hielt. Meine Verblüffung grenzte an Schock, als sie in derselben Sprache antwortete. Der Albtraum ging weiter, wie in Zeitlupe drehte sie sich zu mir um. »Das ist allein deine Schuld! Hoffentlich bist du jetzt zufrieden!«

Meine Schuld? Die ganze Welt stand Kopf. Nichts war, wie es schien. Da traf mich etwas am Kopf und alles wurde schwarz.

Als ich aufwachte, sah ich in die vertrauten Augen meines Verlobten. Mein Schädel brummte. Ich seufzte. Vielleicht war das Ganze nur ein Traum gewesen? Dagegen sprach sein besorgter Gesichtsausdruck. Ich riss mich zusammen. »Nun sag schon, was ist passiert?«

Er nahm meine Hände und hielt sie fest. »Ein Querschläger hat dich am Kopf getroffen. Zum Glück hat er dich nur gestreift! Der Rest ist einfach unglaublich! Stell dir vor, der Nachname deiner Freundin ist eigentlich Belowa, nicht Fischer!«

»Sie ist nicht meine Freundin«, protestierte ich schwach. Ich löste meine Hände und ertastete einen Verband um meinen Kopf.

»Wie auch immer … Ihr Vater war jedenfalls gegen ihre Verbindung zu Kobi, deshalb hat er sie überwachen lassen. Der Typ ist so ein russischer Oligarch, keiner, mit dem man sich anlegt. Seine Männer haben Lessi mitgenommen, Kobi ist außer sich. Aber wenigstens habe ich dich wieder, wenn auch leicht lädiert!« Er grinste. Ich musste ihm zustimmen. Der Rest konnte warten. Genau wie die Aussage vor der ghanaischen Polizei. Ich hörte Dres wie durch Watte weitersprechen: »… er damit meint?«

Wahrscheinlich sah er an meinem Gesichtsausdruck, dass ich

mich vorübergehend ausgeklinkt hatte. Er wiederholte: »Kobi spricht immerzu von einem Blog und Leuten, die sich bei ihm gemeldet haben. Und dass er dumm und naiv war und zu viel geplappert hat. Hast du eine Ahnung, wovon er redet?« Er fuhr damit fort, dass laut Polizei ein Haufen Toter, ein lang gesuchter, wie ein Paket verschnürter Menschenhändler und eine Truppe Söldner, die wie Phantome in der Nacht verschwunden waren, noch einer Erklärung bedurften.

Aber nicht von mir! Ich schwieg, selbst als wenig später zwei ernst dreinblickende Polizisten erschienen. Sie redeten ebenfalls nicht viel, aber das Wenige reichte – nachdem sie weg waren, wurde mir klar, wie viel Glück ich gehabt hatte. Kobi war im Netz an die falschen Leute geraten, genauer gesagt: an Papa Belowas Spione, die auf der Suche nach Lessi natürlich auch im Internet unterwegs gewesen waren. Daraufhin hatte ihr Vater wahrscheinlich seinen operettenfesten ghanaischen Kumpel um einen Gefallen gebeten. Mit mir als Bonus. Der Heidelberger war wohl zu gierig geworden und wurde zur Strafe hübsch verpackt der Justiz überlassen. Wobei auch er noch von Glück reden konnte, im Gegensatz zu seinen eigenen Handlangern. Geschäftsbeziehungen in diesen Kreisen waren anscheinend mit einem gewissen Risiko verbunden, manchmal wurden sie sogar mit Blut besiegelt. Man überlegte sich besser vorher, mit wem man sich einließ …

Am nächsten Tag konnte ich das Krankenhaus verlassen. Dres und ich waren mit dem am Boden zerstörten Kobi in einem modernen Hotel in der Nähe des Flughafens einquartiert worden. Lessi blieb verschwunden. Schlimmer noch, in den nächsten Tagen erhielten wir wiederholt Besuch von den beiden Polizisten. Sie behaupteten plötzlich überaus nachdrücklich, dass wir uns Lessis Anwesenheit nur eingebildet hatten. So eine Art kollektives ›Mein-Freund-Harvey‹- oder ›Donnie Darko‹-Syndrom. Angeblich war sie niemals eingereist und hatte auch keinen Platz in unserem Bus gebucht. Von einem russischen Oligarchen wollte keiner gehört haben, wir täten im Übrigen besser daran, dieses Märchen schleunigst zu vergessen …

Erstaunlich, wie die Psyche eines Menschen funktioniert! Irgendwann war ich mir selbst nicht sicher, ob es Lessi wirklich gegeben hatte oder nicht. Aber eigentlich war es mir auch egal – ich wollte nach Hause und jegliche Erinnerung an Kobi und Lessi aus meinem Kopf verbannen. Nur ein Gedanke ließ sich einfach nicht vertreiben, er folgte mir bis nach Hamburg und raubte mir den Schlaf: Konnte meine Internet-Suche nach ›Ashanti-Heimkehrern‹, genauer gesagt, der Blog, den ich dafür eingerichtet hatte, Auslöser für die Ereignisse gewesen sein? In dem Fall träfe mich tatsächlich eine Schuld. Hatte ich also blind vor Eifer die Risiken des Internets unterschätzt?

Diese Frage verfolgte mich länger, als mir lieb war.

Thea Lehmann **Dem Himmel so fern**

Betty trat vor die Tür des Farmhauses und ließ ihren Blick über Stall und Scheune gegenüber wandern. Die Farbe blätterte ab. Überall. Fast alles wirkt kleiner, wenn man erwachsen wird, dachte sie. Das Haus, in dem man aufgewachsen ist, die Schule, die man besuchte, die erste Stadt, die man gesehen hat. Sobald man die magischen Jahre der Kindheit hinter sich hat, wirken sie schäbig und klein, obwohl sie damals die Paläste der eigenen Träume waren. Nur der Himmel wird immer größer. Jedenfalls hier, in der nördlichen Kalahari.

Mit zusammengekniffenen Augen blinzelte Betty in das unerbittliche Blau des Firmaments. Tagsüber war es so groß und weit wie die Sehnsucht der ganzen Welt. Nachts wurde ihr schwindlig, wenn sie nach oben sah, weil sich die Millionen Sterne immer schneller von ihr wegbewegten. Oder bewegte sie sich weg von den Sternen? Jedenfalls war das Gefühl beängstigend.

Sie stand mit der Kaffeetasse in der Hand auf der Veranda ihres Hauses und tastete nach dem Schlüssel, der an einem Lederband um ihren Hals hing.

Jetzt, am frühen Morgen im August, war es noch so kalt, dass sie ihre gesteppte Jacke trug und sich die Finger an der Tasse wärmte. Im Südosten zogen ein paar weiße Wolken auf. Betty seufzte. Diese Wolken waren hinterlistige Lügner, machten falsche Versprechen auf Wasser für den durstigen Boden, auf Blumen, die blühen, und Gras, das üppig sprießt. Sie wischte sich eine blonde Strähne aus der Stirn. Es wird nicht regnen, dachte sie, aber die Rinder werden unruhig, wenn sie die Wolken sehen, weil sie das Nass so dringend herbeisehnen.

Nach dem letzten Schluck Kaffee ging sie zurück ins Haus. In der Küche spülte sie das Frühstücksgeschirr und rief durch die offene Tür ins Wohnzimmer: »Rudi, ich fahre hinaus zu den Rindern und sehe nach dem Rechten. Bis zum Nachmittag bin ich zurück. Im Kühlschrank ist noch Eintopf von gestern Abend.«

Wie immer bekam sie keine Antwort. Sie packte sich ein Lunchpaket und genügend Getränke in die Kühlbox und stellte sie auf die Terrasse. Die Hühner hatte sie schon gefüttert, aber der Gemüsegarten musste noch versorgt werden. Betty pumpte das kostbare Wasser herauf, goss das Gras für die Hühner, das Gemüsebeet und den Jacaranda-Baum, unter dem ein Picknicktisch mit vier Stühlen stand. Morgen würde sie kleine, grüne Squash-Kürbisse ernten und zum Mittagessen zubereiten. Der Garten war umzäunt und dank des Tiefbrunnens die einzige Oase im Umkreis von fünfzig Kilometern. Hier wuchs nicht nur das Gemüse für ihren täglichen Bedarf, hier lagen auch die Familiengräber. Die vier Hügel erhoben sich abseits von den Gemüsebeeten. Bepflanzt mit Blumen, umsäumt von Gras mussten sie vor hungrigen Ziegen, Antilopen oder Springböcken und vor Aasfressern geschützt werden. Wasser auf die Gräber ihrer Großeltern und Eltern zu verteilen, empfand Betty nicht als Verschwendung. Ihr Großvater Karl Krüger hatte den Brunnen graben lassen und deshalb alles Recht der Welt, ein Blumenbeet statt eines staubigen Hügels als letzte Ruhestätte zu haben. Genauso wie ihre Großmutter, ihre Mutter und ihr Vater, deren Namen auf den Marmorblöcken eingemeißelt waren. Sie zupfte eine verblühte Kap-Margerite aus dem immer noch üppig blühenden Busch auf dem Familiengrab und weidete ihre Augen an dem Grün der Blätter und dem Weiß-Violett der Blüten. Die Kap-Margeriten waren ihre Lieblingsblumen. Sie hatte sie nach dem Tod ihres Vaters gepflanzt. Zuvor stand ein Roseneibisch auf dem Grab, aber so lange sie sich erinnern konnte, sah der Strauch krank und mickrig aus. Die Kap-Margeriten dagegen waren genügsam und ließen sich nicht unterkriegen, weder von der Sonnenglut im Januar noch von der nächtlichen Kälte im August. Rudi hatte sie für verrückt erklärt, Blumen zu pflanzen, aber Betty hatte ihren Willen durchgesetzt. Genau an dieser Stelle wollte sie einst auch begraben werden, im Schoß ihrer Vorfahren. Das Grab für die Hunde goss sie nicht. Den Hunden war es egal, ob auf ihrer letzten Ruhestätte Blumen wuchsen. Es lag ganz am Rand der Oase und wurde von einem aufrechtstehenden Brett bewacht. Das Holz war von der Sonne so ausgelaugt, dass es silbern schimmerte und die ersten Namen von Großvaters Hütehunden kaum noch zu entziffern waren. Sie kannte sie trotzdem: Hasso, Rick, Rex. Danach kam Prinz, und es blieb bei Prinz. Großmutter hatte entschieden, dass fortan jeder Hund den Namen Prinz trug, und deshalb standen auch nur vier Namen auf dem Brett, obwohl inzwischen acht Rhodesian Ridgebacks hier lagen: mutige Hütehunde, die nicht mal vor Löwen Angst hatten. Das war praktisch und gab ihr die Illusion, dass Prinz ewig lebte, nicht nur die zehn bis zwölf Jahre, die ein Hundeleben dauert.

Betty wandte sich um. Es wurde Zeit. Die Sonne wärmte ihr das Gesicht und goss blutrote Farbe hinter ihre geschlossenen Lider. Sie verriegelte das Gatter zum Garten sorgfältig und holte, was sie für die Fahrt hinaus zur Herde brauchte. Als erstes stemmte sie den Kanister mit Diesel auf die Ladefläche des Pickups, dazu die Kühltasche mit Sandwiches und Limonade und den Verbandskasten. Ohne Notversorgung fuhr man nicht in den Busch, das hatten ihr der Vater und Großvater so oft gepredigt, dass sie nicht mehr darüber nachdachte. Draußen gab es Pumas, Schakale, sogar Geparden, denen wollte sie nicht ohne Waffe begegnen. Sie schulterte die Jagdflinte und sah sich um. »Prinz!«

Der Rhodesian Ridgeback kam in kraftvollen Sprüngen um die Ecke des Stallgebäudes gerannt und landete mit einem Satz auf dem Beifahrersitz neben Betty. Mit einem letzten Blick auf das Haus startete sie den Motor. Betty ließ Rudi nicht gern allein im Haus, aber er würde schon zurechtkommen. So schnell es ging, lenkte sie den Pickup auf der schnurgeraden Piste nach Osten. Gelber Staub blähte sich wie eine Windhose hinter ihr und ließ die Landschaft verschwimmen. Auch vorn fanden ihre Augen nichts, an dem sie sich festhalten konnten. Nur endlose Weite mit Tupfern aus einzeln stehenden Akazien.

Kurz vor ihrem Schulabschlussball hatte Colin sie in der viersitzigen Cessna seines Vaters mitgenommen. Colin war der große Bruder ihrer Freundin Mary und sie war unsterblich in ihn verliebt gewesen. Aus dem Cockpit sah sie damals, dass das Land für Vögel wie ein vergittertes Fenster aussah. Ein Gitter, auf dem ab und an eine grüne Fliege saß. Die große Teerstraße war der Balken in der Mitte, von dem die Sandpisten-Streben im rechten Winkel links und rechts zu den Farmen und in die Gitterstruktur der Weidezäune führten. Um die Farmhäuser war es dank der Brunnen grün, da wuchsen wie bei ihr Kürbisse und Gemüse, Gras und Bäume. Von dort oben, dem Himmel so nah, hatte sie auch zwei Autos entdeckt und fasziniert beobachtet, wie lange die Staubfahne eines Wagens in der Luft hing. Sie hatte sich gefragt, wer wohl im Auto saß.

Zwei Monate nach diesem Flug hatte Colin sie nicht mehr angesehen und Betty hatte schließlich Rudi geheiratet. Sie beugte sich über das Lenkrad und spähte durch die Frontscheibe nach oben, aber der Himmel war leer, es gab kein Flugzeug, noch nicht einmal einen Vogel. Niemand sah sie und fragte sich, wer sie war.

Die Sandpiste vor ihr senkte sich nach einer Weile ganz leicht nach unten und der Zaun tauchte auf. Sie fuhr im Schritttempo weiter und prüfte, ob er unversehrt war. Endlich schob sich in der Ferne das Windrad in ihr Blickfeld, dann das Wasserloch der Kraals, die vier riesigen, umzäunten Weideflächen. Ihre Rinder standen nahe am Wasser, reckten die Hälse und muhten, als sie näherkam. Betty fand es schön, so begrüßt zu werden. Prinz freute sich jeden Morgen, wenn sie in die Küche kam. Rudi freute sich schon lange nicht mehr, sie zu sehen. Dabei war sie erst neunundvierzig und hässlich war sie auch nicht.

Bettys Mutter war in den Sechzigern eine Schönheit gewesen und viele der Farmerssöhne versuchten, sie für sich zu gewinnen. Ein bisschen von Mams Glanz war auf sie abgefärbt. Die blauen Augen, das dichte blonde Haar, die schlanke Figur. Aber für Colin war das nicht genug gewesen.

Obwohl Bettys Vater nur diese 5000 Hektar trockenes Land in der nordöstlichen Kalahari besaß, waren ihre Eltern glücklich gewesen und Betty mit ihnen, bis zu dem Moment, an dem Rudi begonnen hatte, zu viel zu trinken, und für nichts mehr Geld im Haus war. Als ihr Vater starb, hatte Rudi das »Regiment übernommen«, wie er es nannte. Ihre Mutter hatte das nur sechs Monate überlebt. Seit fünf Jahren war sie nun allein mit Rudi und Prinz.

Betty ließ den Wagen am Gatter stehen und fand bestätigt, was sie schon geahnt hatte: Die Rinder waren unruhig. Aber sie schauten nicht nur zu den Wolken, sondern standen schützend im Kreis um ein Muttertier und ein liegendes Kalb. Sie schulterte das Gewehr und pfiff Prinz zu sich. Mit langsamen Schritten ging sie auf die Herde zu, den Hund dicht neben sich. Dann befahl sie ihm, sich hinzusetzen, und näherte sich dem Kalb. Ein Blick genügte ihr, um zu sehen, dass sein rechtes Vorderbein kurz über dem Huf verletzt war. Wahrscheinlich war es in eines der vielen Erdlöcher der Erdhörnchen getreten und gestolpert. Rudi hätte es kurzerhand erschossen und zu Biltong verarbeitet. Gut, dass er nicht hier war. Die Vorstellung, dieses junge Lebewesen auszuweiden, in Stücke zu schneiden, zu trocknen und wie Chips zu essen, war ihr zuwider. Ihr Leben lang würde sie nichts Größeres als ein Huhn schlachten.
Der kleine Bulle war eines der späten April-Kälber, ein hübscher kleiner Kerl mit langen Hängeohren und seidigem Fell. Betty ging noch einen Schritt näher. Die Kuh kam drohend auf sie zu, ließ sie dann aber doch zum Kalb. Der Unfall musste schon vor Stunden passiert sein. Das Kälbchen war erschöpft und durstig und rief nicht mehr nach seiner Mutter, die hilflos danebenstand und immer wieder versuchte, es mit kleinen Stupsern zum Aufstehen zu ermuntern. Betty gab dem kleinen Kerl Wasser zu trinken und sah sich sein Bein an. Zum Glück war es kein offener Bruch. Dann hätte sie es schweren Herzens doch erschießen müssen. So aber schiente sie das Bein und wickelte einen festen Verband um den Lauf. Mit aller Kraft zog sie das Kalb danach hoch und zwang es, auf den drei gesunden Läufen zu stehen. Sie ging ein paar Schritte zurück zu Prinz und sah zu, wie sich die Kuh an ihr Kalb drängte und es zum Trinken aufforderte. Das Muttertier würde sich in den

nächsten Tagen ein anderes Kalb suchen müssen, um sich von seinem prallen Euter zu befreien, denn der Kleine konnte nicht hier draußen in der Wildnis bleiben. Betty musste ihn zur Farm mitnehmen und in den Stall zu den beiden Milchkühen bringen. Hier draußen hatte das Kalb keine Chance, die Nacht zu überleben. Die Rinder zogen lange Strecken über die kargen Weiden und heute wollte sie die Herde hinüber in den nächsten Kamp führen. Mit dem verletzten Lauf würde der Kleine unweigerlich zurückbleiben, die Schakale und Geier anlocken und am Ende von einem Puma gefressen werden. Betty holte einen Strick aus dem Auto und legte ihn sanft um den Hals des Kalbs, das noch immer gierig an den Zitzen seiner Mutter zerrte. Als es satt war und einige Schritte von der Kuh weghumpelte, pfiff Betty nach Prinz. Der verstand sofort, was seine Aufgabe war. Er drängte die Kühe weg vom Kalb, das sie mit einem beruhigenden Singsang auf den Lippen und viel Kraft zum Weidezaun zerrte. Sie band das Tier fest und ging zum Gatter. Sofort rannten ihr die Rinder hinterher. Als sie es öffnete, stürmten sie am Wasserloch vorbei den trockenen Grasbüscheln der Nachbarweide entgegen. Die Tiere waren mager, wie immer zu dieser Jahreszeit, aber sobald im Oktober die kleine Regenzeit begann, konnten sie sich wieder fett fressen. So war es immer gewesen. Wie schon ihr Großvater züchtete Betty die hellen Brahmanrinder, zähe Burschen mit hängenden Ohren und fast weißem Fell. Während das Kalb nach seiner Mutter rief und am Strick zerrte, zögerte die Kuh noch ein wenig, tauchte dann aber in der Herde unter. Betty verlor sie aus den Augen. Das war in Ordnung. Ab jetzt kümmerte sie sich um das Kalb. Tiere waren oft viel klüger als Menschen, die immer ihren eigenen Kopf durchsetzen wollten, protestierten, andere quälten, sich schlecht benahmen. Als alle Rinder durch das Gatter hinüber auf die neue Weide gelaufen waren, schloss Betty das Tor. Jetzt gab es kein Zurück mehr. Sie überprüfte die Pumpe und war froh, dass alles funktionierte. Das Windrad trieb die Wasserpumpe an und beförderte das Nass aus der Tiefe der Erde hinauf. Betty betrachtete die Spuren ihrer Stiefel im Schlamm zwischen all den Klauenabdrücken und fragte sich, wie lange sie wohl zu sehen sein würden. Dann wandte sie sich energisch um und ging zum verletzten Kalb. Sie beschloss es Bert zu nennen und redete ihm beim Näherkommen gut zu. »Komm mit, Bert. Ich sorge für dich und passe auf, dass es dir gut geht. Du wirst sehen, wir werden gut miteinander auskommen.«

Das Kalb muhte, ließ sich aber widerwillig zum Pickup führen. Sie schlang dem kleinen Bullen das Band um den Bauch, klinkte den Karabiner der Seilwinde in die beiden Ösen und zog ihn langsam hinauf auf die Pritsche. Betty zurrte ihn fest, damit er nicht auf die Idee kam, aufzustehen. Um Bert ruhig zu halten, stülpte sie ihm zusätzlich ihre Jacke über den Kopf. Prinz sprang währenddessen aufgeregt um den Wagen herum, als würde er sich freuen, auf der Farm neue Gesellschaft zu haben. Mit dem Kalb als Passagier musste Betty langsam fahren, über eine Stunde war sie unterwegs, bis sie das grüne Wellblechdach ihrer Farm aufleuchten sah. Dahinter erhob sich der einzige Hügel weit und breit, Krügers Kuppe. Ein Monolith aus der Urzeit der Erde, den Gott versehentlich in die Kalahari geworfen haben musste. Bettys Großvater hatte den Felsklotz auf der Suche nach Diamanten durchlöchert wie ein Schuppentier einen Termitenhügel, aber gefunden hatte er nichts.

Betty parkte den Pickup vor dem Stall und rief laut Richtung Haus: »Bin wieder da!«

Mit der Seilwinde ließ sie das Kalb sanft vom Wagen gleiten, bis es auf seinen drei gesunden Beinen stehen konnte. Noch mit der Jacke über dem Kopf führte sie es hinter das Gatter. Dort standen die zwei Milchkühe mit ihren Kälbern und beäugten den Neuankömmling argwöhnisch.

»He, seid nett zu ihm, er hat ein gebrochenes Bein!«, ermahnte sie ihre beiden Brahmanen. Sie stand eine Weile am Zaum und beobachtete, wie Bert jämmerlich klagend in der Ecke stand, während ihn die beiden Kühe und ihre Kälber auf Abstand hielten. Wahrscheinlich hatte Bert jetzt nicht nur ein angebrochenes Bein, sondern auch ein gebrochenes Herz, weil sie ihn von seiner Mutter getrennt hatte. Aber wenn man überleben wollte, durfte man nicht zimperlich sein. Betty riss sich los und ging zum Haus.

»Rudi?« Sie bekam keine Antwort.

Als sie die Tür öffnete, prallte sie kurz zurück. Der Geruch war widerlich. Was trieb Rudi bloß, wenn sie unterwegs war? Betty fuhr sich kurz mit den Händen über das Gesicht und hatte das Gefühl, den Boden unter den Füßen zu verlieren. Aber sie hatte sich schnell wieder im Griff.

Sie vergewisserte sich, dass im Haus alles in Ordnung war, und sah nach Rudi. Zunächst zögerlich, dann immer ausführlicher berichtete sie ihm von der Rettung des Kalbes. Abends versorgte sie nochmals die Rinder, gewöhnte den kleinen Neuzugang mühsam an die Ersatzmilch und scheuchte die Hühner und die Ziegen in den Stall. Im Dunkeln war sie nicht mehr gern draußen.

Danach wärmte sie sich den Eintopf vom Vortag auf und setzte sich mit Rudi zu ihrer Lieblingssendung vor den Fernseher. Bei der Quiz-Sendung zum Mitraten war sie wie immer besser als Rudi. Früher hatte ihn das zornig gemacht, manchmal hatte er sie dann aus Wut geschlagen, aber heute erhob er nicht mehr die Hand gegen sie. Mit breitem Lächeln sammelte sie Punkte um Punkte und jubelte am Ende: »Gewonnen! Ich habe gewonnen!«

Am nächsten Morgen sah sie zuerst nach Bert. Sie flößte ihm mit der Ersatzmilch ein Antibiotikum ein und sah zufrieden zu, wie er humpelnd den beiden Kühen mit ihren Kälbern auf die staubige Weide folgte. Bert würde durchkommen. Dann erledigte sie voller Vorfreude alles, was an diesem Dienstag getan werden musste: Wäsche waschen, Haus putzen, Kürbisse ernten, Essen kochen, den Tisch im Garten unter dem Jacaranda-Baum decken. Als in der Nachmittagssonne endlich die Staubwolke am Horizont auftauchte, war Betty zappelig wie ein kleines Kind.

Der ehemals weiße Kastenwagen mit dem roten NamPost-Emblem parkte mitten auf dem Hof und sie sah, dass Nelson hinter dem Steuer saß. Betty lief winkend auf das Postauto zu.

»Hallo, Betty!«, rief der Fahrer aus dem Fenster, noch bevor er den Motor ausgeschaltet hatte. Er stieg aus und schaute sich vorsichtig um, schielte nach den Männerhosen auf der Wäscheleine.

»Ist Rudi da?«

Betty schüttelte den Kopf und deutete mit der Hand in Richtung Karls Kuppe. »Er ist draußen.«

Nelson und Betty machten einen Schritt aufeinander zu und Nelson schlang seine Arme um sie. Betty drückte den kleinen Mann dankbar an sich. Seine Vorfahren waren schon vor Urzeiten als Nomaden durch die Kalahari gestreift. Er war ein Buschmann, klein, drahtig, mit einem Gesicht wie ein schrumpeliger Apfel, obwohl er zwanzig Jahre jünger war als sie. Nach der Umarmung sah er ihr ins Gesicht. »Keine blauen Flecke?« Betty schüttelte den Kopf. »Benimmt er sich anständig?«

»Ja, Nelson. In letzter Zeit kann ich nicht klagen.« Sie führte ihn zum Tisch im Garten, bewirtete ihn mit selbstgemachter Limonade, einem Festessen aus Squash-Kürbissen, Mealie-Pap, Oshiwambo-Hühnchen und viel Sauce, so wie Nelson es liebte. Während er die Hühnerfüße abnagte, führte er sie als Dank für das Mahl in die Farmhäuser, die er auf seiner langen Postrunde besuchte. Er berichtete von den Millers und ihrem Neugeborenem, den Hoverbeks, die sich einen neuen Pickup gekauft hatten, Sanet Schlesinger, deren Fritteuse explodiert war, und Friedrich Zipfs Gicht, die immer schlimmer wurde. Betty sog die Geschichten auf wie die trockene Erde den Regen. Sie nahm sich vor, nächsten Sonntag in die Kirche zu fahren, um die anderen Farmer zu treffen. Rudi wollte sie nie auf der Teerstraße fahren lassen, er sagte immer, sie sei eine lausige Autofahrerin, aber sie würde es machen, schwor sie sich.

Nelsons Stimme plätscherte in der für ihn typischen Mischung aus Deutsch, Afrikaans und Oshivambo dahin und Betty konnte nicht genug davon bekommen. Mit Nelson unter dem Baum zu sitzen, machte sie froh. Der Buschmann hatte sie schon ganz anders erlebt. Ausführlich berichtete er ihr von seinen drei Töchtern und seiner Frau. Dann wechselte er das Thema. »Hast du gehört, dass die Polizei schon wieder nach einem verschwundenen Landarbeiter sucht?« Betty schüttelte den Kopf. »Ein Trunkenbold aus Botswana. Sein Auto steht in Swakopmund, aber von ihm selbst fehlt jede Spur. Das ist der dritte in diesem Jahr.« Nelson schnipste mit der Hand. »Einfach so weg! Tolle Geschichte, oder?«

Betty winkte ab. Was gingen sie schon Landstreicher an? »Bis hierher wird er es ohne Wagen kaum schaffen, da mache ich mir keine Sorgen«, sagte sie. Damit war das Thema erledigt.

Nelson berichtet ihr noch von seinen fünf Cousins, die gerade ein Bushman-Erlebniszentrum für Touristen planten. Aber schließlich wurde es Zeit. Er stand auf und holte ihre Briefe aus dem Wagen. Es waren nur drei: einer von der Meatco Company, ein Werbeschreiben von Toyota und ein Brief von Louise aus Kapstadt. Sie riss ihn auf und hielt eine vorgedruckte Geburtstagskarte in der Hand.

Happy Birthday, Mum! Liebe Grüße von Louise, Anthony, Meg und Martin.

Mehr stand da nicht. Betty ließ die Karte sinken. Ihre gute Laune war schlagartig verflogen. Stimmt, sie hatte nächsten Freitag Geburtstag. Nelson nahm ihr die Post aus der Hand, legte sie auf die Veranda und schnupperte. »Betty, hier riecht es wie im Schlachthof. Hat dein Hund wieder Erdhörnchen gejagt und versteckt?«

Betty schrak auf. »Jetzt, wo du es sagst, rieche ich es auch. Prinz hat bestimmt wieder eins unter der Veranda liegen lassen. Ich schaue nachher gleich nach.« Sie war plötzlich nervös und konnte es kaum erwarten, dass Nelson fuhr. Obwohl er das Haus nie betrat, seit Rudi ihn damals angegriffen hatte.

Nelson ging zurück zum Auto, startete den Motor. »Kopf hoch Betty, es scheint momentan doch ganz gut zu laufen. Wenn du Hilfe brauchst, ruf an. Du weißt, dass ich dich nicht im Stich lasse! Richte ihm aus, ich schicke nächstes Mal die Polizei, wenn er dir wieder was tut.«

Betty tätschelte seine braune Hand, die aus dem Autofenster hing. »Danke Nelson! Wenn ich dich nicht hätte!« Sie winkte ihm zum Abschied und sah zu, wie sich die Staubfahne langsam auf die schnurgerade Sandpiste legte.

Dann drehte sie sich ruckartig um und ging ins Haus. Sie wischte sich den Schweiß von der Stirn und betrachtete ihre zitternden Hände.

»Ich werde es Rudi ausrichten«, murmelte sie und fasste sich an die Brust, um nach dem Schlüssel zu tasten. Es stank wirklich erbärmlich. Sie hatte wieder zu lange gewartet. »Es wird Zeit, Rudi, du musst raus!«

Sieben Tage waren einfach zu viel, das sah sie ein, aber es war schwer, sich von ihm zu trennen. Rudi saß zusammengekrümmt und mit gefesselten Händen und Beinen auf einer Plastikplane.

Sie fuhr den Pickup ganz nahe an die Veranda, schleifte Rudi auf der Plastikplane durchs Wohnzimmer und hinaus vor die Tür. Jetzt kam der schwierigste Teil. Aber Rudi hatte ja schon vor Jahren die Seilwinde am Pickup montiert und sie konnte inzwischen gut damit umgehen. Sie hatte in den letzten zwei Jahren so viel dazugelernt, dass es genügte, wenn er einfach nur da war. Betty legte ein Brett als Rampe von der Veranda zur Ladefläche und zog ihn hinüber. Sein Geruch verursachte ihr Brechreiz. Sie nahm sich vor, beim nächsten Mal höchstens fünf Tage zu warten.

»Prinz!« Der Hund sprang auf und setzte sich erwartungsvoll auf den Beifahrersitz. Betty holte die Sackkarre aus dem Stall, die Seile, die Petroleumlampe, dann fuhr sie zu Krügers Kuppe, die inzwischen einen dunkelroten Schattenhalbmond auf die Steppe warf.

Der Abraum von Großvaters Bergwerksarbeit lag am Fuß des Hügels, kantige Marmorbrocken, in denen Schlangen hausten. Sie zerrte Rudi vom Pickup auf die Karre und spannte Prinz vor das Vehikel. Er zog, Betty schob, und gemeinsam schafften sie es, das in Planen gehüllte Paket, das einmal Rudi gewesen war, nach oben zum Stolleneingang zu befördern. Schwer atmend von der Anstrengung holte Betty den Schlüssel aus ihrem Ausschnitt und hob das Band über den Kopf. Es gab nur diesen einen Schlüssel und den besaß sie. Dieser Stollen war ihr Geheimnis. Alle anderen, die davon wussten, waren längst tot. Sie war die Einzige, die Zugang zur Hölle hatte.

Betty drehte den Schlüssel im Schloss und stemmte die schwere Tür auf. Von drinnen strömte muffig-warme Luft nach oben. Mit Prinz' Hilfe schob sie die Karre hinein. Bevor sie die Tür hinter sich zuzog, zündete sie die Petroleumlampe an. Der Qualm der

Lampe machte die übrigen Gerüche erträglicher. Prinz klemmte den Schwanz ein und wollte wieder raus, aber sie befahl ihm, weiterzugehen. Er stemmte sich gegen das Gewicht der Karre und zog sie vorwärts auf dem grob gehauenen Steinboden. Etwa zehn Meter weiter öffnete sich der enge Stollen ein wenig und ein weiterer zweigte nach rechts ab. Betty befreite Prinz vom Geschirr und ließ ihn zurückweichen, während sie die Karre mit Rudi an die Wand bugsierte. Sie kippte sie an, Rudi rutschte herunter und landete mit einem scharrenden Geräusch neben dem anderen Rudi.

Betty musterte die Reihe. Ihr Ehemann hatte sich inzwischen in eine trockene Mumie verwandelt. In seinen Augenhöhlen waren keine Augen mehr, die sie hasserfüllt ansehen konnten, seine Hände waren zusammengekrümmt und würden sie nie wieder schlagen. Sein Mund stand offen, aber er würde sie nie wieder beschimpfen. Die drei Männer daneben befanden sich in unterschiedlichen Stadien der Verwesung. Der zweite Rudi hatte sich schnell als genauso übler Trunkenbold wie ihr Ehemann erwiesen, sie hatte ihn bei einer Viehauktion in Windhoek aufgelesen. Der dritte Rudi hatte ihr sogar eine Woche lang auf der Farm die Zäune geflickt und das Bett gewärmt, bis er wieder abhauen wollte. Den hatte sie in Blomfontein in einer Kneipe kennengelernt. Der vierte Rudi, den sie gerade abgeladen hatte, war von Beginn an renitent gewesen. Sie hatte ihn nicht einmal von den Fesseln befreit und da er sie übel beschimpft hatte, musste er auch vom ersten Tag an mit dem Knebel leben. Aber zugehört hatte er ihr dann doch. Und er war da gewesen. Das war das Wichtigste, dass jemand da war, dass sie nicht ganz allein war in dieser unendlichen Leere, dass ein Mensch bei ihr war. Eine Weile würde sie es wieder aushalten. Wenn Nelson jede Woche kam und nicht wieder krank wurde wie vor einem Monat, dann konnte sie es ziemlich lang aushalten. Aber irgendwann würde sie wieder losfahren, ihr bestes Kleid anziehen und sich einen Rudi aufgabeln. Ihn vor den Fernseher setzen, ihm ein Essen hinstellen, das letztendlich Prinz fraß, und ihn dann, wenn er tot war, auf die Plane im Kinderzimmer setzen, damit er immer noch da war, auch wenn er tot war.

Sie verließ die Gruft und sperrte die Tür sorgfältig ab. Im Westen versank die Sonne gerade in einem See aus Blut. Prinz sprang um sie herum und wedelte mit dem Schwanz. »Jetzt sind wir wieder allein«, sagte sie.

ASIEN–VORDERER ORIENT

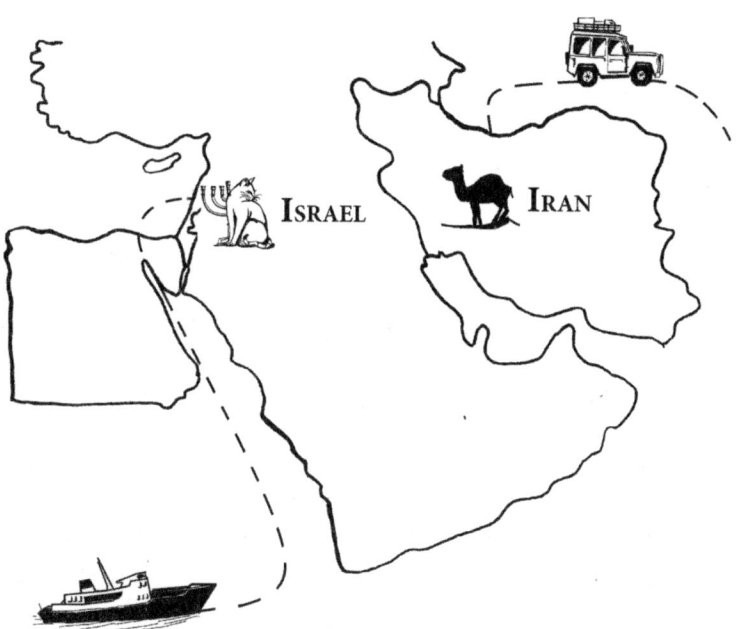

ISRAEL

IRAN

ISRAEL

Regina Schleheck **Reisewarnung? Für die Katz!**

18.9.2019

Mir den Döpfner aufs Auge zu drücken!

Wahrscheinlich wollte die Kruse ihm kurz vor der Pensionierung noch was Gutes tun. Oder ihn einfach für vierzehn Tage in die Pampa schicken. Nur dass ich jetzt die Arschkarte habe. Und meine 10A. Alle Kollegen hätten immer drei Kreuze geschlagen, wenn der Kelch an ihnen vorüberging, hat Claudia gekichert, als ich aus dem Schulleitungsbüro kam. Ausgerechnet jetzt, ausgerechnet mir die Tour zu vermiesen, auf die ich vier Jahre hingearbeitet hab. Vorzeigeprojekt für das Marianum. Und meine Bewährungsprobe. Nachdem Ulf sich das Bein gebrochen hatte, war klar, dass kurzfristig eine andere männliche Begleitperson hermusste. Und natürlich stand der Döpfner als Religionslehrer ganz oben auf der Liste. Verfügbar, willig – und ein Schmankerl, das sie ihm zum Abschied mitgeben wollten.

Was hätte ich auch einwenden können? Ich bin die, die sich bewähren muss. Die fünfzehn Jahre Freistellung ausgeschöpft hat, weil Kinder nun mal eine Bezugsperson brauchen. Als Ole vor zwei Jahren achtzehn wurde und mein Mann sich in dem Segment ›gerade volljährig‹ neu orientiert und dem eigenen Sohn die Freundin ausgespannt hatte, war ich derart dankbar, dass die mich am Marianum zurückgenommen hatten, dass ich mir alles habe bieten lassen, was man mit einer Berufsanfängerin nie gemacht hätte. Logisch. Die Berufsanfängerin sah man mir nicht an. Einarbeitungszeit, Schonfrist – Fehlanzeige. Stattdessen erstaunte Blicke, Kopfschütteln und Tuscheln hinter vorgehaltener Hand, wenn ich Fragen stellte. Ulf – na ja, und vielleicht noch Claudia – waren die Einzigen, die mir gelegentlich unter die Arme griffen. Die

Kruse hatte mich gleich beim Vorstellungsgespräch in die Mangel genommen: Was ich beizutragen hätte zum Schulleben? Welche Ideen, Projekte, Visionen ich denn so mitbrächte, um die Schule voranzubringen? Ich war so überrascht von der Frage, dass ich gar nicht sagen kann, wie ich auf ›Israelfahrten‹ kam. Wohl, weil es das Einzige war, was mich in meiner Schulzeit vorangebracht hatte. Mehr noch: das Highlight meines Lebens. Okay, lange danach dachte ich, meine Familie hätte das getoppt. Aber wenn die Kinder flügge werden und der Mann anderweitig rumvögelt, hat Familie als Sinngebung ausgedient.

›Gesagt, getan‹ hieß in dem Fall, vier Schuljahre lang recherchieren, telefonieren, Anträge formulieren. Und abwarten.

Immerhin hatte Frau Dr. Kruse es sofort auf ihre Agenda gepackt. Galt es doch, das Goethe-Gymnasium auszustechen, das eine Partnerschaft mit einer Schule in Nicaragua pflegt, was die lokale Presse jährlich hymnisch feiert.

»Ein Beinbruch ist kein Halsbruch«, hatte Ulf gesagt. »Nächstes Jahr ist der Döpfner weg vom Fenster, und ich bin dabei. Ich freu mich drauf!«

Vielleicht ist es ja auch der Frust, dass Ulf nicht mitfährt … na, Schwamm drüber. Ich werde Ruben sehen. In zwei Wochen geht's los. Ich freu mir ein Loch in den Bauch.

2.10.2019

Der Wahnsinn. Airport Ben Gurion! Die Boeing war sicher gelandet. Ich hatte tausend Schmetterlinge im Bauch. Vor der Klasse galt es natürlich klaren Kopf zu bewahren, zumal Berdan, Umut und Ilayda schon in Frankfurt erwartungsgemäß rausgefischt und stundenlang gefilzt worden waren. Ich hatte mich gründlich informiert und die Kinder so früh am Bahnhof antanzen lassen, dass wir Frankfurt drei Stunden vor Abflug erreichten. Sie gründlich instruiert, was sie sagen durften und was nicht: Dass sie auf einer Schul-Abschlussfahrt seien, in Israel niemand kannten, dass sie ihr Gepäck die ganze Zeit im Auge gehabt hätten. Sie ermahnt, dass sie, wenn man sie abtastete, nicht kreischen und schon gar nicht mit »Fick deine Mudda« reagieren durften, auch nicht, wenn sie Jacken, Schuhe oder Gürtel ausziehen mussten.

Umut war stinkesauer. »Dafür musste mein Bart weg, Frau Mau? Die behandeln mich wie ein' Gangsta.«

Ich hatte eindringlich darum gebeten. Die türkischstämmigen Jungs wirken eh älter. Umut hat schon zwei Ehrenrunden gedreht, ist tatsächlich kein Kind mehr. »Der Imam hat geschimpft. Den Schnurrbart darf man kürzen, aber nicht den Bart. Du hast gesagt, wenn ich mich rasiere, gibt es keine Probleme …«

Ich legte den Finger auf die Lippen. »Deine Stimme hört man bis in die Taqwa-Moschee!«

Der Härtetest für die Mädels: vor dem Bodyscan das Smartphone abgeben. Aber, o Wunder: Wir erreichten die El Al-Maschine pünktlich, der Flug verlief fast ohne Zwischenfälle, bis auf Marie und Shannon musste niemand kotzen. Die Stewards fingen das super auf, waren gleich mit entsprechenden Tüten zu Hand. Der Döpfner kriegte sowieso nichts mit, saß weit weg neben Mike und Mark, hatte als Erstes den Sitz nach hinten geklappt und eine Schlafmaske über die Augen gezogen.

In Tel Aviv absentierte er sich vornehm Richtung Keramik, während Berdan, Umut und Ilayda schon wieder rausgewunken wurden. »*May I accompany them? I'm their teacher*«, bat ich. Natürlich durfte ich sie nicht begleiten. Und hatte ohnehin genug damit zu tun, den Rest der Kohorte beisammenzuhalten. Wo blieb bloß Döpfner? Meine Blicke gen Airport-Sanitäranlagen fokussierten eine am Boden kniende Gestalt im karierten Sakko, die die Hände rang. Döpfner? War mein Kollege gleich nach Verlassen des Klos einem Schwächeanfall zum Opfer gefallen? Oh, nein, er schien wie weiland Papst Johannes Paul II. im Wechsel die Fliesen der Flughafenhalle zu knutschen und dem Himmel zu danken. Jessesmaria.

Als er endlich zu uns zurückgekehrt war, besprach ich mit ihm die To-dos: über das Reisebüro Kontakt zum Shuttle-Unternehmen aufnehmen und über die Verzögerung informieren, Schülern und Schülerinnen bei Geldwechsel, Getränkekauf, gewissen Örtchen und – ganz wichtig – Herstellung des Netzempfangs am Flughafen beizustehen.

Was soll ich sagen? Immerhin als Klobegleiter taugte er.

Nachdem die dringendsten Bedürfnisse gestillt, alle Schäfchen wieder zusammen waren und ich den Transfer ausfindig gemacht hatte, stellte sich heraus, dass das Gästehaus in der Nähe der Ben Yehuda Street noch nicht für den Check-in bereit war. Nach kurzer Rücksprache bat ich um einen Zwischenstopp an der Knesset, wo wir vor dem quadratischen Säulenbau ausstiegen, um uns die Beine zu vertreten. Mindestens eine halbe Stunde war zu überbrücken.

»*Maybe more*«, lächelte der Busfahrer, der sich mir als Mahmoud vorgestellt und das Hotel unterwegs angefunkt hatte. Den Jugendlichen verkaufte er Wasser- und Colafläschchen aus einer riesigen Kühltasche. Orientalische Gelassenheit oder Schlitzohrigkeit? Egal. Ich sah mich weder in der Lage noch der Verantwortung, den Kids einen Vortrag über die Geschichte des israelischen Parlaments zu halten, und wollte es mir mit ihnen auch nicht gleich am ersten Tag verderben, indem ich ihnen aus dem Reiseführer vorlas. Den Job sollten die Guides übernehmen, die ich für die nächsten vierzehn Tage über die Agentur gebucht hatte.

Die Jungs und Mädels posierten auf der Wiese vor dem Prachtbau für Fotos, suchten den Schatten in der Nähe des Betongebäudes auf, umkreisten die Menora, den siebenarmigen Leuchter vor dem Haupteingang, oder verdrückten sich in die Unsichtbarkeit, um zu rauchen. Ich nutzte die Gelegenheit, Ruben eine SMS zu schicken.

Keine Minute später simste er zurück: »Wann kann ich dich sehen?«

»Keine Ahnung, wie spät das heute wird. Melde mich.«

»Frau Mau! Frau Mau!« Samira, Hanna und Elza kamen gelaufen, jede mit einer Katze auf dem Arm. »Wie süüüüß!«

»Fallenlassen!«, schrie Döpfner irgendwo in meinem Rücken. »Wer weiß, was die für Krankheiten haben!«

Die Mädchen erschraken, taten aber nicht, wie geheißen, sondern sahen mich mit großen Augen an. Die Katzen taten es ihnen gleich. Eine schwarze, eine schwarzweiße und eine rote. Ganz jung, riesige Augen, samtweiches Fell.

»Herr Döpfner«, sagte ich. »Das sind Katzen, keine tollwütigen Füchse oder Ratten.«

Er stierte mit allen Anzeichen des Abscheus auf die Tiere. »Im apokryphen Buch Baruch steht geschrieben: Die falschen Götter erkennt ihr daran, dass sich Katzen auf ihren Häuptern niederlassen«, sagte er düster. »Jesaja verkündet, dass sie das Strafgericht Gottes einleiten. Und im dritten Buch Mose steht ausdrücklich, dass sie unrein sind. Also lasst die Finger davon!«

»Sie müssen sie nicht anfassen, lieber Kollege, wenn Ihre Bibel das verbietet«, sagte ich spitz. »In den Reiseempfehlungen des Auswärtigen Amts wird vor Katzen nicht gewarnt.«

»Vor Katzen muss immer gewarnt werden!« Döpfners Stimme legte ein paar Dezibel zu. »70 Prozent aller Katzen haben Toxoplasmose, und jeder Zweite ist davon infiziert! Ich weiß, wovon ich rede, ich hab das durchgemacht! Selbst wenn ihr gar keine Symptome habt, zeigen sich die Spätfolgen für das Gehirn im Alter. Damit ist nicht zu spaßen!«

»Die sind nicht krank! Der Typ da«, sagte Hanna und zeigte auf einen der Männer, die das Gebäude zu bewachen schienen, »hat gesagt, die Katzen hätten hier paw-li-a-men-ta-ry im-mu-ni-ty.« Sie betonte die Begriffe Silbe für Silbe, wie ich es von meinen Schülern im Englischunterricht forderte, wenn ich ihre Aussprache kontrollieren wollte.

»*Par-liamentary*«, korrigierte ich automatisch. »Du hast es wie paw, Pfote, ausgesprochen. Er hat einen Witz gemacht. Katzen haben keine parlamentarische Immunität. Das ist ein besonderer rechtlicher Schutz, den Abgeordnete genießen, aber keine Katzen.«

»Fragen Sie ihn!«, rief Samira. Die Mädels zogen mich zu dem Mann mit Uniform und Kippa, der mir freundlich erklärte, doch, auf Geheiß von Knesset-Direktor Baklash seien 30 Katzen, die sich hier angesiedelt hätten, adopted, adoptiert worden, wie er sich ausdrückte. Die drei Knesset-Cats, die die Mädels auf den Arm genommen hätten, hießen Lobby, Revision und Ethik.

Ich dachte ja erst, er wollte mich auf den Arm nehmen. Aber er zeigte mir auf dem Smartphone einen Artikel der Jerusalem Post, der es bestätigte: Die Stadt habe mit fast 250.000 streunenden Katzen die höchste Dichte im Nahen Osten, vermutlich auf der ganzen Welt. Die Briten hätten die Felidae der Art Felis catus im vergangenen Jahrhundert zur Rattenbekämpfung nach Palästina gebracht, wo sie sich seitdem ungehindert vermehrten. Vor einigen Jahren habe Landwirtschaftsminister Uri Ariel viereinhalb Millionen Dollar Regierungsgelder in eine Massensterilisierung stecken wollen. Das Vorhaben sei gescheitert, weil es gegen jüdische Religionsgesetze verstoße. Stattdessen habe die Umweltchefin des Parlaments, Tamar Bar-On, den Miezen, die sich auf dem Gelände der Knesset niedergelassen hätten, attestiert, sie stellten ein wichtiges Glied im ökologischen Gleichgewicht der Einrichtung dar, woraufhin sie markiert, geimpft und kastriert worden seien und eine offizielle Aufenthaltsgenehmigung sowie tägliches Trockenfutter erhielten.

Mahmoud hupte und die Mädels gaben nichts mehr auf Ethik, Lobby oder Revision, sondern riefen »*Bye-bye*!« und beeilten sich, zum Bus zu gelangen.

Die Aufteilung der Zimmer klappte zum Glück zügig, Schüler und Schülerinnen kamen je zu zweit unter, nur Döpfner und ich kriegten Einzelzimmer. Ganz oben im Haus, im letzten Gang. Nebeneinander. Na ja. Als die Aufzugtür sich öffnete, prallte mein Kollege fast mit dem Wäschewagen zusammen, den eine verschleierte Frau aus dem gegenüberliegenden Serviceraum rangierte.

»Gottseibeiuns!« Döpfner wich zurück, mir seinen XXL-Hartschalenkoffer vor den Knöchel rammend. »Eine Muselmanin!«, japste er.

Die Frau sagte etwas, vermutlich auf Arabisch, und gestikulierte, indem sie abwechselnd die Hände hob, als wollte sie zeigen, dass sie unbewaffnet sei, und auf das Zimmer wies, das sie offensichtlich soeben fertig gemacht hatte. Sie bewegte den Hotelwagen ein Stück zurück, und Döpfner drängelte vorbei, sein Rollobjekt gegen ihres rumpelnd, äugte in den Raum, schlug ein Kreuz auf der Schwelle und zog grußlos die Tür hinter sich ins Schloss.

Als ich ihn eine Viertelstunde vor der verabredeten Zeit, zu der wir ein benachbartes Restaurant aufsuchen wollten, an der Rezeption traf, hätte ich ihn fast nicht wiedererkannt: Zu kurzer beiger Leinenhose trug er ein Hemd aus demselben Material, über das er ein grobes Wolltuch geworfen hatte, die Füße steckten in Jesuslatschen. Fehlten nur noch Kreuz und Dornenkranz, dann hätte er auf einem Passionsspiel den Hauptdarsteller abgeben können.

»Herr Döpfner«, sagte ich. »Ist das Ihr Orient-Outfit?«

»Wir sind in der himmlischen Stadt«, entgegnete er mit so heiligem Ernst, dass mir der Spott in der Kehle steckenblieb.

Der Concierge beklagte wortreich unseren verzögerten Checkin. Das Hauspersonal sei hierzulande vollkommen unzuverlässig. Seit den Messer-Intifadas der letzten Jahre sei mit den jungen Leuten aus den palästinensischen Gebieten und Ostjerusalem nichts mehr anzufangen, erst recht, nachdem Donald Trump Jerusalem als Hauptstadt Israels anerkannt und die amerikanische Botschaft von Tel Aviv hierher verlegt habe.

Ich fragte ihn, warum er kein jüdisches Hauspersonal beschäftige, und er guckte, als käme ich von einem anderen Stern. »*Who wants to do that job?*« Wer den Job denn schon machen wollte, gab er zurück. Zumal für das Geld.

Als er darum bat, dass wir bei jedem Verlassen des Hotels die Zimmerschlüssel abgeben sollten, wurde der Döpfner böse. Auf gar keinen Fall werde er gestatten, dass irgendwer in seiner Abwesenheit sein Zimmer betrete.

Der Rezeptionist vergewisserte sich, ob er nicht wünsche, dass sein Zimmer geputzt werde.

»*No chamberkitten in my hotel room!*«, beharrte mein Kollege.

»*Chamberkitten?*« Verständnisloses Augenaufreißen.

»*Chambermaid*«, übersetzte ich. »*In Germany some people call women who clean rooms ›Kammerkätzchen‹. It's an old-fashioned and misogynistic term.*« Ja. Ein altmodischer und frauenverachtender

Begriff zum Fremdschämen. Zumal: Aus welcher Steinzeit stammte dieser Mann der Kirche, dass er kein Kammerkätzchen in sein Zimmer lassen wollte? Hatte er Angst vor den verführerischen Duftmarken eines weiblichen Wesens?

Entweder verstand Döpfner nicht, was ich sagte, oder es ging ihm sonst wo vorbei. Die 10A fand sich nach und nach ein, die Kids kicherten und tuschelten, als sie Döpfner sahen, stellten aber keine Fragen. Wie immer auf Fahrten mussten die Letzten herbeitelefoniert werden. Da wir längst Bärenhunger schoben, hielt sich niemand mit Meckern auf. Wir beeilten uns, zum Restaurant zu kommen, und alle fielen über das üppige Buffet her.

Nach dem Essen bot ich einen kleinen Spaziergang über den Zion Square an, wo sich abends halb Jerusalem trifft, die Jaffa Road entlang bis zum Jaffa Gate und dem Tower of David. Die Kids waren begeistert. Döpfner meinte, er sei zu erschöpft. Ich konnte gut auf ihn verzichten.

Unterwegs trafen wir ein gefühltes Zehntel der Jerusalemer Katzen. An jeder Hausecke riefen die Mädels »Miezmiezmiez!«, während die Jungs israelische Soldaten und Soldatinnen begafften, die bis an die Zähne bewaffnet herumspazierten, als sei es das Normalste der Welt. Wir sahen Gaukler und Musiker, darunter viele Männer mit schwarzen Anzügen, Hüten, langen Bärten und Schläfenlocken, orthodoxe Juden, die sich als Straßenkünstler ihren Lebensunterhalt zu verdienen schienen. Auf dem Weg zum Jaffa-Gate an Palmen und der Mauer um Altstadt und Tempelberg entlang begegnete uns die typische orientalische Architektur. Alles aus hellem Kalkstein, dem Jerusalem-Stein, gebaut: Häuser, Türme, Tempel, Päläste und natürlich die Klagemauer.

So viele Erinnerungen.

Ruben.

Mit sechzehn hatte ich im Rahmen eines Stipendiums Israel besucht. Eine Woche Jerusalem, zwei Wochen Rundreise. Am ersten Abend lernte ich ihn am Jaffa-Tor kennen, einen israelischen Soldaten, der uns in der Sprache seiner Eltern reden gehört hatte. Drei Jahre später besuchte er mich in Berlin, wo ich studierte – und musste wieder zurück. Jahrzehnte schrieben wir uns Briefe, später Mails.

»Vor 21:30 Uhr bin ich nicht im Hotel«, simste ich.

Er antwortete nicht.

»Frau Mau«, sagte Lisa, die sich mit Nadine auf dem Rückweg bei mir einhakte. »Der Mann mit dem Rucksack, der da am Tor vor uns herging, der hatte dieselben Klamotten an wie der Herr Döpfner heute beim Essen. Wieso verkleidet der sich so?«

»Ist das nicht so'n Jesus-Style?« Nadine lachte. »Das war der Döpfner, hundert pro. Der ist doch Reli-Lehrer, Leute. Kathole.«

»Wahrscheinlich trägt er das, weil für die Christen Jerusalem die Heilige Stadt ist«, sagte ich. »Jesus hat hier gelebt und das Abendmahl gefeiert, ganz in der Nähe ist er gekreuzigt worden. Seine Grabeskirche besuchen wir noch. Jerusalem stand bei den Christen schon immer hoch im Kurs. Im Mittelalter gab es mehrere Kreuzzüge, wo christliche Ritter aus ganz Europa hierhergekommen sind, um die Stadt von den sogenannten Ungläubigen, vor allem Moslems und Juden, zu befreien.«

»Es ist die Heilige Stadt der Moslems«, korrigierte Berdan. »Hier ist die El-Aqsa-Moschee. Vom Felsendom aus ist Mohammed zum Himmel gefahren.«

»Und die Juden haben hier ihre Klagemauer«, ergänzte ich. »Für alle also was dabei und viel zu gucken. Aber jetzt geht's ab ins Bett. Morgen will ich keine Klagen hören!«

5.10.20 frühmorgens
Kaum, dass ich auf dem Zimmer die Tagesereignisse in die Laptop-Tastatur gehämmert hatte, leuchtete das Smartphone-Display auf.

»Soll ich raufkommen?«

Spätnachts erst ist Ruben gegangen. Sein Duft hängt noch im Kissen.

All die Jahre hat es mich hierhergezogen – und ihn zu mir, wie er sagt. Wir haben stundenlang geredet. Weniger zu dem, was hinter uns lag. Über uns. Was uns bewegt. Ich habe den Tag Revue passieren lassen. Als ich von Döpfner erzählte, hat er gelacht und vom Jerusalem-Syndrom gesprochen. Hunderte von Touristen zeigten jährlich solche Symptome, kleideten sich in weiße Gewänder, gerieten in einen Rausch, erlebten an den heiligen Stätten ein Gefühl von Erleuchtung und Erlösung.

»Vielleicht hätten sie das mal bei den Reisewarnungen des Auswärtigen Amts erwähnen können«, meinte ich.

Ruben lachte. »Wenn es schlimmer wird, wende dich an das Kfar-Shaul-Hospital, das ist auf solche Fälle spezialisiert. Ansonsten lass ihn einfach links liegen. Das geht von selbst vorbei, wenn ihr erst wieder zurück seid.«

Zurück. Nicht daran denken!

Alles andere geschah wie von selbst. Eigentlich hatte er sich irgendwann verabschieden wollen, stand auf und nahm mich in den Arm. Und auf einmal lagen wir auf dem Bett. Als ich kam, hat er mir die Hand vor den Mund gehalten. Mein Zimmernachbar hätte ohnehin nichts gehört. Das nächtliche Geschrei der Katzen im Hof und von den umliegenden Dächern übertönte alles.

Viel Schlaf blieb nicht, aber ich fühle mich erfrischt und klar wie lange nicht mehr.

9.10.2019

Ich kann unmöglich jeden Tag festhalten, was passiert. Obwohl es doch mein fester Vorsatz war. Wozu auch? Ich lebe. Genieße die Zeit mit meiner Klasse, die ich nicht mehr lange sehen werde. Ruben, der mich jeden Abend besucht und den ich vielleicht auch nie wiedersehen werde. An Döpfner genieße ich, dass ich ihn die meiste Zeit nicht sehen muss und nach dem Ende des Schuljahrs hoffentlich nie mehr. Ich bin ihm so dankbar, dass er die Kinder und mich in Ruhe lässt, dass ich mir vorgenommen habe, der Kruse gegenüber kein Wort über ihn zu verlieren. Vermutlich würde die mir noch einen Strick daraus drehen, dass ich ihn nicht einliefern lassen und die Fahrt abgebrochen habe. Zwei Aufsichtspersonen sind schließlich vorgeschrieben. In diesem Fall kommen wir ohne ihn viel besser klar. Die Kinder kriegen das super hin. Natürlich machen sie Scheiß, das gehört schließlich dazu. Aber sie achten aufeinander. Wir hatten jede Menge tolle Exkursionen und Führungen in Jerusalem und Umgebung – Bethlehem, Totes Meer. Wenn es größere Strecken zu bewältigen gibt, ist Mahmoud zur Stelle, wir sind also immer gut betreut.

Die Hitze hat zugenommen – hier ist Hochsommer im Oktober. Nachts kann man es nur noch aushalten, wenn man die Fenster schließt und die Klimaanlage hochdreht.

Die Temperaturen sorgen für unappetitliche Gerüche. Als ich mich heute früh an der Rezeption beschweren wollte, hielt der Mann hinterm Tresen mir eine Rolle Plastiktüten hin.

Was ich damit sollte, fragte ich.

Mein Kollege hätte darum gebeten.

Davon wüsste ich nichts, sagte ich. Er könnte ihm die Mülltüten ja raufbringen und bei der Gelegenheit die Kanalrohre kontrollieren, die schienen verstopft zu sein.

Dafür habe er keine Leute, gab er mürrisch zurück. Schon wieder habe ein Hausmädchen ihn versetzt und die zwei verbliebenen kämen kaum nach mit der Zimmerreinigung.

Ich hatte Döpfner am Abend davor im Restaurant gesehen, in härener Tunika, Rucksack auf dem Rücken und einen groben Pilgerstab in der Hand. Die Kinder fragen schon gar nicht mehr, wo er hingeht oder herkommt. Er faselt dann nur etwas von wegen, dass sie ihm zu den heiligen Stätten folgen sollten. Immerhin ist er noch so weit bei Sinnen, dass er den Weg ins Hotel und zu den gemeinsamen Mahlzeiten findet. Ein Hungertod droht also nicht. Unsere Kommunikation beschränkt sich auf das Ansagen der Tageszeit. Sollte ich ihn an seine Dienstpflichten erinnern? Er macht nicht den Eindruck, als bedaure er, dass wir das Programm ohne ihn genießen. Dennoch scheint seine beseligte Grundstimmung einer gewissen Gereiztheit gewichen zu sein. Als er beim Verlassen der Gaststätte über Shannon und Samira stolperte, die eine Katze kraulten, fauchte er: »*I'll kill that cat*!«, holte mit dem Wanderstab aus und schlug so heftig nach dem Tier, dass die Mädchen den Streuner und sich nur durch einen beherzten Satz in Sicherheit bringen konnten.

Die Kinder blickten ihm entsetzt nach, als er Richtung Jaffa Road davoneilte.

»Was hat er gesagt?«, fragte Mark ungläubig. »Er will die Katze umbringen?«

»Ach was«, sagte ich. »Das kommt von DINNER FOR ONE.«

»Essen für einen? Selbst schuld, wenn er sich allein an den Tisch setzt!«

Ich lachte. »Es ist ein Zitat aus einem Film, DINNER FOR ONE.«

»Aber was kann die Katze dafür?«

»Es ist eine Redewendung. In dem Film ist jemand so besoffen, dass er aus einer Blumenvase trinkt, aber das Wasser schmeckt scheußlich, und er denkt, die Katze hätte da reingepinkelt. Dafür will er ihr den Hals umdrehen. Herr Döpfner wollte einen Witz machen. Der tut keiner Katze was zuleide.«

»Auf jeden Fall hat der nicht mehr alle Latten am Zaun.«

Die Jugendlichen waren nachdenklicher als sonst. Nachdem wir in den letzten Tagen mit den heiligen Stätten und den Märkten in der Altstadt durch waren, hatte Mahmoud uns zum The Walled Off Hotel am Grenzübergang zum Westjordanland gefahren, das der Streetart-Künstler Banksy eingerichtet hat, um auf die Probleme der Palästinenser in den israelisch besetzten Gebieten hinzuweisen. Es ist gleichzeitig Hotel und Museum. Im Eingang steht die Skulptur eines Schimpansen im roten Butler-Kostüm mit Koffer, in der Lobby gibt es ein selbstspielendes Klavier, Plüschsessel und Bilder, die auf den ersten Blick wirken, wie der Kolonialzeit entsprungen, auf den zweiten prangern sie Krieg und Ungerechtigkeit an. Die Lage direkt an der meterhohen Betonmauer voller witziger und schockierender Graffiti, Bilder und Sprüche beeindruckte die Klasse. Auf der Rückfahrt tauschten die Kids sich darüber aus, welche der Slogans ihnen am besten gefallen hatten, und kürten die Favoriten. Knapp vor *Make Hummus Not Walls* – Macht Hummus statt Mauern – gewann *In my previous life I was the Berlin wall. The beer was better than here.* – In meinem früheren Leben war ich die Berliner Mauer. Da schmeckte das Bier besser als hier.

Ich verkniff mir die Frage, ob sie das hiesige Bier probiert hätten.

»Schon komisch«, meinte Mike, der im Bus neben mir saß. »So Mauern können super und total scheiße sein, je nachdem, auf welcher Seite man steht, ob sie einen schützen oder aussperren. Gestern, als wir an der Klagemauer Zettel mit unseren Wünschen in die Ritzen gesteckt haben – Soll ich verraten, was ich mir gewünscht hab?«

»Willst du?«

Er zwinkerte. »Erst Sie.«

»Ich glaub, ich behalt's für mich. Sonst geht's nachher nicht in Erfüllung.«

»Stimmt auch wieder.«

Ruben meldete sich gegen zehn, als ich schon fast eingeschlafen war. Wir sprachen nicht viel, und er war früh wieder weg. Auf dem Nachttisch hinterließ er eine Ausgabe der Jerusalem Post. Nachdem ich geduscht hatte, blätterte ich ein wenig darin und stieß auf einen Artikel, der mich beunruhigte: Einwohner im Jerusalemer Zentrum beklagten, dass überall auf den Plätzen, in den Straßen und Gassen Katzen verschwunden seien.

13.10.2019

Als wir heute von einer Tagestour nach Masada zurückkehrten, der Palastfestung des Herodes aus der Zeit um Christi Geburt, deren Bewohner ein Dreivierteljahrhundert später während einer Belagerung lieber den Freitod suchten, als sich zu ergeben, Sinnbild des Widerstands bis in den Tod, waren die Jugendlichen so erschöpft, dass sie gleich nach dem Essen in ihre Zimmer wollten. Döpfner hatte sich am Buffet nicht blicken lassen.

An der Rezeption winkte mich ein aufgelöster Concierge ins Hinterzimmer und erzählte von einem Anruf der Polizei.

Mein Kollege sei eingeliefert worden, nachdem er auf dem Weg zur Grabeskirche mit dem Wanderstock auf eine Rotte Katzen losgegangen war, die auf einer Treppe in der Sonne döste. Eine verschleierte Frau, die zwischen den Tieren saß und ihn zu hindern versuchte, hatte er mächtig vermöbelt – wie einige Verkäuferinnen, die ihr aus den benachbarten arabischen Souvenir-Shops zu Hilfe eilten. Schließlich war er überwältigt und von der Polizei festgenommen worden, die ihn zwischenzeitlich in die psychiatrische Abteilung des Krankenhauses verbracht hatte, wo er zunächst bleiben sollte.

Ich bin hin und her gerissen: Was soll ich machen? Morgen früh haben wir einen Zwei-Tages-Trip über Tel Aviv nach Haifa und von dort zu einem Kibbuz an der jordanischen Grenze in der Nähe des Sees Genezareth vor uns. Für den Kollegen Döpfner kann ich gerade rein gar nichts tun. Bis zu unserem Rückflug nach Frankfurt sind es noch sechs Tage, vielleicht wird er bis dahin ja wieder entlassen – und wenn nicht, ist es mir auch egal. Dass er auf die Rundtour mitkommen würde, damit war sowieso nicht mehr zu rechnen gewesen, seit er diesen Jerusalem-Knall hatte. Schade um die Buchung, aber … Ich werde Ruben anrufen.

18.10.2019
Als Freiberufler hatte er sich die Tage freischaufeln können – weitgehend zumindest. Mit Laptop ging vieles auch von unterwegs, und die Kinder schlossen ihn sofort ins Herz. Während der Stadtführung in Tel Aviv zog er sich in ein Café zurück. Aber in Haifa kam er mit zum Strand, ins Wasser, hatte ein Auge auf alle, die sich zu weit hinaus trauten, spielte anschließend in der Beachvolleyballmannschaft mit den Jungs gegen mein Mädchenteam – das Siegerin der Herzen wurde und vom Punktsieger eine Runde Eis spendiert bekam. Wir erreichten nach einem prallen Tag spätabends den Kibbuz und fielen sofort ins Bett. Das zweite Einzelzimmer war tatsächlich zu viel gebucht.

Anderntags lernten wir vor Ort viel über Israels Anfänge, gelebten Sozialismus, die Geschichte Israels, die Kriege, jahrelanges Leben in Bunkern, aber auch die Sichtweise einer palästinensischen Familie, die vor einigen Jahren in die Gemeinschaft aufgenommen worden war. Alle Mitglieder dieses Kibbuz eint der Wille, eine bessere, eine friedliche Welt zu schaffen – im Kleinen. Im Zentrum der Konflikte im Nahen Osten ein Mutmacher für die ganze Welt.

Als wir abends nach Jerusalem in unsere Zimmer zurückkehrten, traf mich fast der Schlag. Der Geruch auf der obersten Etage war unerträglich. Die Hitze hatte sich zwei Tage lang unter dem Dach gestaut, natürlich war niemand zum Putzen oder Lüften dagewesen. Dazu kam ein unangenehmes Bauchgefühl, das, als ich die Tür zu meinem Zimmer aufschließen wollte, in einem Moment der Panik kondensierte. Die Tür war nur angelehnt. Kratzer und Furchen im Türrahmen legten nahe, dass sich jemand mit Einbruchwerkzeug – Schraubenzieher? Stemmeisen? – gewalttätig Zutritt verschafft hatte. Ruben, der hinter mir stand, fragte: »Was ist los?«

Ich wankte einen Schritt beiseite und er gab so etwas wie ein »Uff!« von sich, griff über meine Schulter und klopfte an die Tür, die aufschwang und den Blick ins Innere freigab, das so unberührt wirkte, wie ich es verlassen hatte. Mit spitzen Fingern öffnete ich Schubladen, Schränke, stieß die Tür zum Bad auf – nichts. Ich hatte alle Wertsachen mitgenommen. Aber hier deutete auch nichts darauf hin, dass jemand danach gesucht hatte.

»Gib an der Rezeption Bescheid!«, sagte Ruben. »Scheint, als sei es glimpflich ausgegangen.«

Ich rief also an, und tatsächlich hörte ich bald darauf Schritte im Flur, die vom Aufzug kamen, kurz vor meiner Tür anhielten, zu Döpfners Zimmer weitergingen, eine Tür, die aufgestoßen wurde, eine kurze Pause, einige rasche Schritte, dann ein Schrei, der mir unartikuliert vorkam – Hebräisch? Arabisch? Ruben sprang auf und lief nach nebenan, während ich, von üblen Ahnungen befallen, zur Salzsäule erstarrt auf dem Bett sitzen blieb, von dem aus ich den Concierge verständigt hatte. Was war mit Döpfner? War er zurück aus der Klinik? Warum sagte er nichts? Was war ihm zugestoßen?

Eine Ewigkeit später kehrte Ruben zurück. Wirkte grün im Gesicht. Setzte sich neben mich und legte den Arm um meine Schulter. Sagte lange nichts. Als ich ihn erwartungsvoll anblickte, stieß er schließlich zwischen den Zähnen hervor: »Gut, dass du hiergeblieben bist.«

Vor dem Haus heulte eine Polizeisirene.

Es gibt schlimme Dinge. Schlimmere. Grauenhafte. Und manchmal kommt es knüppeldick. Was hilft: genau hinsehen, mit einem nüchternen Blick, der sich nicht in Details verliert. Details, denen ich hier keine Beachtung schenken will. Der in Plastik gewickelte Körper des palästinensischen Zimmermädchens, das Döpfners Verbot, sein Zimmer zu betreten, missachtet haben und von ihm ertappt worden sein musste, war in einem Stadium des Verfalls begriffen, der keiner weiteren Beschreibung bedarf. Die Plastiktüten hatten die damit verbundene Geruchsentwicklung nicht aufhalten können. Ob Döpfners Zorn über die Missachtung dieses Verbots zusätzlich dadurch angefacht worden war, dass sie Repräsentantin einer Religion war, die christliche Fanatiker auf der Suche nach dem eigenen Seelenheil seit Jahrtausenden als auszurottenden ›Unglauben‹ bezeichnen, ließ sich im Nachhinein nicht mehr klären, weil Kollege Döpfner, kurz nachdem jemand in sein Zimmer eingebrochen war und den Mord an dem Mädchen entdeckt haben musste, von einem unbekannten Besucher im Kfar-Shaul-Hospital mit über dreißig Messerstichen ins Jenseits befördert worden war. Ein Akt der Blutrache, wie die israelische Polizei vermutete. Die Familie der Frau musste nach ihr gesucht und die Sache in die Hand genommen haben.

»Das Vertrauen in die Jerusalemer Strafverfolgung, wenn es um Angehörige ihrer Community geht, ist bei den Westbank-Bewohnern nicht sonderlich ausgeprägt«, meinte Ruben. »Umgekehrt nimmt die Polizei oft hin, dass Familienangelegenheiten untereinander geregelt werden. Wenn es einen Ausländer trifft, ist das natürlich etwas anderes. Aber der Tod deines Kollegen ist für die israelischen Behörden vermutlich die angenehmere Lösung, als einen Prozess in einem religiös oder rassistisch motivierten Mordanschlag gegen einen verrückten Deutschen führen zu müssen. Ich wette, die werden nur der Form halber auf der anderen Seite der Mauer ermitteln.«

Ich habe mich bemüht, es meiner Klasse schonend zu vermitteln. Bin stolz, wie sie es geschluckt hat. Bisher. Man weiß ja nie. Aber ich bin ganz zuversichtlich. Ich denke, dass ich die Jungs und

Mädchen trotz allem am Ende dieses Schuljahres gestärkt entlassen kann und dass sie die Wünsche, die sie der Jerusalemer Klagemauer anvertraut haben, verwirklichen werden.

Meiner ist auf dem besten Weg. Auch wenn der Abschied von Israel schwerfällt: Ich werde bald Besuch bekommen.

IRAN

Uli Aechtner **Wüstenkälte**

Nachts ist es in der Wüste kalt. Sowie die Sonne sich vom Tag verabschiedet, wird es kühler und kühler.

Katleen zieht ihre mollige Jacke enger um sich. Sie hat sie selbst gestrickt, Masche für Masche, während vieler Vorlesungen. Die Faszination des Hässlichen bei Baudelaire hat sie hineingestrickt, Siddhartha und den Steppenwolf.

Sie schweigen, während sie die Anhöhe besteigen, aber sie hört seine Schritte hinter sich, seinen Atem. Und ihren eigenen. Unter ihren ledernen Boots bröckeln kleine Steine davon. Die Luft ist klar, scheinbar leichter und durchlässiger als zu Hause in Frankfurt. Und wie weit sie jeden Laut trägt. Sie hört Svens Freunde lachen, unten im Tal, wo ihre Zelte stehen.

»Bleib hier«, sagt Sven hinter ihr. »Fahr nicht weiter. Du kommst da niemals an.«

»Wieso nicht?« Sie lässt die Frage verärgert klingen. Er hat ihr das schon zu oft gesagt, seit Tagen wiederholt er es wie ein Mantra.

»Ich zeige dir die Berge«, sagt er. »Unweit von Teheran kann man mitten im Sommer Ski fahren.«

»Mag sein«, sagt sie. Sie kennt diese Berge nicht. Will nichts wissen von Skifahren, vom Sommerschnee. Es reicht ihr zu wissen, was Sven will: Sie soll bei ihm bleiben. Nicht weiterreisen nach Rishikesh, in den Ashram. Seit sieben Jahren will sie dorthin. Seit die Beatles dort waren. Sie kann sich nichts Aufregenderes vorstellen, als ihr Bewusstsein zu erweitern. Zusammen mit Herb, der schon dort ist.

Und die lange Strecke von Frankfurt bis nach Teheran hat sie bereits allein mit dem Auto geschafft.

Sie steigt weiter bergan, Sven hinter ihr. Beider Atem wird

schneller, die Luft noch dünner. Dann haben sie die Anhöhe erreicht. Die Zelte unten im Tal wirken winzig im Mondlicht. Svens Freunde sind zwei kleine schwarze Punkte vor ihrem Lagerfeuer. Sie sieht deren iranisches Auto, einen Paykan, vor der kleinen Oase stehen: drei Palmen und ein Bachlauf. Daneben ihr VW-Käfer, in dem Sven mit ihr hergefahren ist.

»Wir machen über Neujahr eine kleine Reise in die Wüste, zwei andere Deutsche und ich«, hatte er gesagt.

»An Neujahr?« Sie hat ihn groß angesehen. »Du willst mich wohl hochnehmen. Wir haben …«

»März 1975, das weiß man hier auch. Doch mit dem Frühlingsanfang beginnt im Iran das Jahr 1354, berechnet nach der Hidschra, der Umsiedlung Mohameds von Mekka nach Medina. Das Fest heißt Nouruz, der neue Tag. Das alte Jahr ist vergangen, die Natur blüht auf. Man feiert fast zwei Wochen lang, da können wir die Arbeit liegenlassen. Und keine Angst, wir bleiben auf den Pisten. Einmal im Uhrzeigersinn um den Kern der Salzwüste herum. Komm einfach mit. Gib dir ein paar Tage Bedenkzeit. Das wird dir helfen.«

Sie hat gelacht. Aber die Idee, in die Wüste zu fahren, hat ihr gefallen. Sie liebt es, neue Dinge zu erkunden. Mit allen Sinnen zu leben.

Die Wüste hat viele Farben. Violette und dunkelblaue Schatten breiten sich in ihr aus, jetzt, wo es Nacht wird. Zuvor, als die Sonne unterging, hat sie glutrot geleuchtet, so als würde sie brennen. Mittags war sie nur gleißendes Licht. Schattenlose Hitze.

»Kaum zu glauben, dass du jetzt schon zwei Jahre studierst«, sagt Sven. »Ich kenne dich noch mit Zahnspange.«

Diesmal lacht sie nicht. Weil es stimmt. Sven ging auf dieselbe Schule, war später oft im Jazzclub anzutreffen. Sie weiß, dass er sie immer schon wollte. Aber sie hat nie gewusst, was er dachte. Was er fühlte. Er war immer so still. Ein bisschen väterlich auch, schließlich ist er älter als sie. Nur mag sie gar keine Bevormundung. Sie mag es nicht einmal, wenn man sich um sie sorgt. Einmal hat er sie im Jazzclub an sich gezogen, hat ihre Hände festgehalten und ihren Namen gesagt, sonst nichts. Als sie stumm blieb, hat er nur den Kopf gesenkt.

Nun ist Sven Fabrikbesitzer. Oder Designer. Wie man will. In einer Halle lässt er Schuhe für den hiesigen Markt produzieren. Die modischen westlichen Modelle muss er dazu anpassen, iranische Frauen haben einen höheren Spann als die Mädels im Westen. Vor ein paar Wochen hat er Katleen eine bunte Postkarte mit vielen Fotos geschickt, der Azadi-Turm war darauf zu sehen, das Wahrzeichen Teherans, und die Pahlavi, die Prachtstraße der Stadt. Eine Ansicht aus der Vogelperspektive zeigte ein Meer verschieden großer quadratischer Häuser, durchschnitten von schnurgeraden Straßen. Die Karte ist in einem Kuvert angekommen, weil allein der Absender sie fast ausfüllte. Schließlich gibt man hier keine Straße mit Hausnummer an, sondern den Weg, den der Briefträger zurücklegen muss. Komm mich besuchen, hatte Sven dazugeschrieben. Was gab es Besseres, als auf dem Weg nach Indien in Teheran Station zu machen?

Sven hat zufrieden gelächelt, als sie bei ihm ankam. Stolz hat er ihr den modernen Bungalow gezeigt, in dem er hier lebt. Groß und hell ist er. Im angrenzenden Garten prangt inmitten hoher weißer Mauern ein Wasserbecken, umsäumt von Rosen, Geranien und Hibiskus. Er hat Katleen sogar die Nachbarn vorgestellt, die ihr Wohnzimmer schon für das bevorstehende Neujahrsfest geschmückt hatten. Auf einem Gabentisch waren neben Süßigkeiten und Mandeln sieben Dinge mit symbolhafter Bedeutung ausgelegt. Äpfel sollten Gesundheit bringen, Münzen ließen Reichtum erhoffen. Frische Kräuter standen für das Leben. Es waren Dinge, deren persische Namen mit dem Buchstaben S anfingen, dem sin. Da sin auch Sünde bedeutet, mahnten sie an die Überwindung des Bösen.

Svens Nachbarin hat Katleen Mokka gekocht. Auf ihre geleerte Tasse hat sie die Untertasse gelegt, beides umgestülpt und die Spuren, die das feuchte Kaffeemehl hinterlassen hatte, eingehend betrachtet.

»*No children*«, hat sie leise gesagt und bedauernd den Kopf gewiegt. Und noch bevor sich in Katleen irgendein Gefühl ausbreiten konnte, hat sie weitergesprochen. »*You're in love with someone. And there is another man, who loves you. But you won't marry any of them.*«

»*Okay, what else?*«, hat Katleen kess gefragt. Kaffeesatzlesen, hat sie amüsiert gedacht.

Ihre Gastgeberin hat nichts weiter gesagt.

Später hat Sven ihr seine Schuhfabrik gezeigt, die weit außerhalb liegt. Hat sie zum Essen in die Altstadt eingeladen. Reis mit dicken Bohnen. Die Cola-Flasche hatte der Kellner schon geöffnet, und Sven hat eine verschlossene verlangt, versiegelt von der Fabrik. »Ist besser, wenn du sie selbst aufmachst. Und nimm die Sabzi vom Reis! Die frischen Kräuter. Dein Organismus kommt mit den Bakterien nicht klar, die es hier gibt. Du darfst nur Durchgegartes essen.«

»Ja, ja.« So kennt sie ihn. Voller Besorgnis. Stets Anweisungen auf den Lippen.

Ihr Blick gleitet über die mondbeschienene Wüste, deren Konturen sich am Horizont auflösen. Sven hat erzählt, dass hier alle möglichen Pflanzen wachsen. Ihre Samen überleben Dürreperioden, konserviert von der Trockenheit, und wenn es regnet, gehen sie auf. Und die Wüste blüht.

»Ich kann dir noch so viel zeigen«, sagt Sven. »Dieses Land ist wirklich schön.«

»Ich weiß«, sagt Katleen.

Bilder ihrer Reise ziehen vor ihrem inneren Auge vorbei. Sanddünen, endlose Weite. Kamele, die hinter einem Felsen auftauchen. Nomaden, die am Wegesrand stehen und dem Pistenstaub nachsehen, den ihre Autos aufwirbeln. Kein Hinweis, woher sie kamen, keiner, wohin sie wollen. Ihre Zelte haben die Farben der Wüste, genau wie die unscheinbaren Dörfer. Auf einem Hügel dann die Karosserien von zwei ausgebrannten Bussen. Nase an Nase. Zusammengeprallt vor langer Zeit.

Katleen hat sich den Unfall vorgestellt, die Schreie der Sterbenden. Wo hat man die Toten begraben? Gleich hier, neben der Piste? Die rostenden Chassis hat man am Unfallort stehen lassen. Zu weit weg liegt die nächste Stadt, zu mühsam wäre ein Abtransport.

Beim Stopp in einem Dorf hat Katleen eine Nomadin mit ihrem Polaroidapparat fotografiert. Die alte Frau hockte vor der Dorfmauer auf der Erde, malerisch sah das aus. Sie hat mit Gesten gefragt, ob ein Foto recht sei, und die Frau hat genickt, dann aber in ihrer Sprache wie wild auf Katleen eingeredet, als sich auf dem quadratischen Papier ganz langsam ihr Bild abzeichnete. Katleen hat gedacht, etwas Falsches getan zu haben. Da hat ihr ein zahnloses Lachen gesagt, dass die Alte Spaß an dem seltsamen Zauber hatte.

»Und nun?« Svens Stimme reißt sie aus ihren Gedanken. »Willst du dich nicht mal langsam entscheiden?«

»Hm«, macht sie nur. Und sie denkt, dass sie niemals bei ihm hätte Station machen dürfen. Sich nicht auf diese Reise einlassen, die ihr nun schon entschieden zu lang vorkommt. In Maschhad hätte sie die drei verlassen sollen, von da aus allein weiterfahren müssen. Nach Pakistan. Afghanistan. Indien. Stattdessen hat sie sich von Sven und seinen Freunden zu einer weiteren Tagesreise überreden lassen, fährt weiter mit ihnen mit, in die falsche Richtung. Haben sie ihr etwa schon den Mut abgekauft?

»Ich will zu Herb«, platzt es trotzig aus ihr heraus.

Die Wüste wirft ihren Willen als Echo zurück.

Herb heißt eigentlich Herbert, aber das klingt wie von vorgestern. Ein Opaname, Herb passt viel besser zu ihm. Bei einem Kurs für Transzendentale Meditation war er ihr Unterweiser. Nach einem theoretischen Teil in der Lobby eines Frankfurter Hotels hat er ihr im Hotelzimmer das Wort zugeflüstert, das sie niemals aussprechen darf. Anschließend hat er sie angewiesen, sich auf dem Bett auszustrecken und das Wort zu denken. Wieder und wieder.

Sie hat an Rita gedacht, die nach San Francisco geflogen ist, Federn im Haar. Und an Ubbe, der LSD aufgetrieben und sie gefragt hat, ob sie seine ground control sein will. Weltreisen und spirituelle Trips. Dann endlich hat sie das geheime Wort so lange gedacht, bis sie es in sich aufgesogen hatte und es in ihrem Inneren mit ihr verschmolz. Sie ist ganz leicht dabei geworden. Und ihre Seele – oder was immer das war – ist aus ihr herausgetreten und ganz langsam zur Hotelzimmerdecke emporgestiegen. Von dort aus konnte sie ihren Körper still auf dem Hotelbett liegen sehen. Und Herb, wie er neben dem Nachttisch auf dem Stuhl saß, ganz ruhig. Sie ist derart erschrocken, dass ihre Seele wie ein schwerer Stein in ihren Körper zurückgeplumpst ist.

Herbs Augen haben geleuchtet, als sie ihm alles eingestanden hat, auch ihre Not dabei.

»Hab keine Angst«, hat Herb zu ihr gesagt. »Nimm das Wunder an, du bist ein Medium. Ich fahre nächste Woche in den Aschram, da gehörst du auch hin. Komm einfach nach.«

Sie hat sofort Ja gesagt. Rückblickend muss sie zugeben, dass alles etwas rasch gegangen ist. Vermutlich, weil es so aufregend war, einfach zu überwältigend. Plötzlich ging sie wie auf Wolken. In ihrer Studentenbude hat sie das Weiße Album gespielt. Sitar-Klängen nachgelauscht.

Sie hat Herb noch ein paarmal getroffen. Hat angefangen, in einer Bar zu kellnern und für die Reise zu sparen. Hat fünftausend Kilometer Landkarte studiert. Österreich, Jugoslawien, Türkei … Rishikesh in Indien.

Vorgestern haben sie in der Nähe einer Stromstation gezeltet. Studierende der Teheraner Uni haben sie betrieben und sie zum Essen eingeladen. »Hier kommt selten jemand vorbei«, haben sie gemeint. »Dafür bestimmen wir, wann hier das Licht ausgeht. Oder das Radio. Schließlich erzeugen wir den Strom.« Bis zum Morgengrauen haben sie zusammengesessen, erzählt und gelacht. Katleen hat die jungen Frauen bewundert, ihre schlanken Silhouetten in den engen Jeans, ihre grazilen Bewegungen. Ihre langen Haare glänzten, als hätten sie Öl hineinmassiert. Nicht alle sprachen Englisch, und Katleen hat sich mit Händen und Füßen verständigt. Hat dankbar genickt, als ihr Tee und Brot angeboten wurden. Chai und Nan, ein Fladenbrot. Hat sich den Bauch gerieben, um zu zeigen, dass es ihr schmeckte. Alles hat sich so leicht angefühlt, das ganze Leben.

»Die Zeiten verändern sich«, hat Sven später gesagt. »Man kann schon kaum noch Devisen ausführen. Nicht mehr lange, und das Land erlebt eine Revolution. Kein Wunder, hier ist alles viel zu schnell viel zu westlich geworden.«

Sie hat an ihren Aufenthalt in Maschhad gedacht. Ein Einheimischer hat sie angesprochen, ob sie die Moschee betreten möchte. Gegen ein Backschisch hat er ihr einen Chador geliehen und sie hat sich in den schwarzen Umhang gewickelt.

»Nimm den Zipfel in den Mund«, hat Sven sie hochgenommen. Katleen hat gelacht. Sie hatte längst beobachtet, dass die Iranerinnen gern einen Zipfel des Chadors mit den Zähnen festhielten, um die Hände frei zu haben. Aber wer wusste schon, wie viele Frauen diesen Chador bereits vor ihr mit den Zähnen festgehalten hatten?

Etwas so Wunderbares wie die Moschee hatte Katleen noch nie gesehen. Diese endlose Weite des Raums. Ornamente all überall, silberfarben und türkis. Glitzernde Spiegel. Unzählige Menschen durchwandelten die Hallen. In einer Nische hatten sich betende Frauen auf den Boden gekauert, stillende Mütter unter ihnen. Die Männer hielten sich abseits, strömten in den nächsten Saal. Plötzlich Gedränge, jemand packte von hinten nach ihr. Andere rempelten sie von der Seite an.

»*Get out here, get out. Hurry up!*«. Der Mann, der ihr den Chador geliehen hatte, hob zum Zeichen seiner Missbilligung kurz den Kopf und schnalzte mit der Zunge. Schob Sven und sie vor sich her in Richtung des Ausgangs. Schützend zog sie das schwarze Tuch enger um sich. Aber alle Verhüllung half wenig. Wieder zerrten fremde Hände an ihr. Sie ahnte, dass ihre Augen sie als ungläubige Touristin verrieten. So hell und blau wie sie strahlten.

Irgendwann waren sie wieder im Freien. Der Einheimische schaute sich sichernd um. Noch rasch ein paar Meter durch verwinkelte Gassen, dann nahm er ihr schweigend den Chador ab. Als hätte es ihn nie gegeben, saugte das Dunkel des Bazars ihn auf.

»Gehen wir wieder zu den anderen?«, fragt Sven neben ihr.

Sie nickt nur. Denkt, dass sie Sven gegenüber ungerecht ist. Er sorgt sich um sie. Will sie schützen. Doch sie hat lange genug gezögert, die Tage zwischen Sven und Herb reichen nun. Sie muss weiter, will in den Ashram.

Vorsichtig machen sie sich an den Abstieg. Wieder rollen kleine Steine unter ihren Tritten ins Tal. Sie lauscht dem Geräusch nach, das sich mit den Stimmen von Svens Freunden vermischt, je näher sie ihnen kommen. Sie sitzen noch vor den Zelten am Feuer, wärmen ihre Hände daran. Die Flammen schicken Schatten über ihre Gesichter. Die beiden leben seit ein paar Jahren in Teheran. Lassen von einheimischen Frauen Hemden für den europäischen Markt nähen. Die Produktionsstätten verlagern sich zwangsläufig immer weiter nach Osten, haben sie ihr erklärt. Daran seien die Löhne schuld.

»Hat Sven dich endlich überzeugt, nicht weiterzufahren?«, fragt Lutz. Mit einer Hand durchkämmt er seine roten Locken. »Er hat verdammt recht. Du solltest wirklich mit uns nach Teheran zurückkehren.«

Klaus nickt schwer. »Lutz und ich, wir kannten eine, die wollte ihren Freund in Pakistan besuchen. Kam auch hier durch und war nicht aufzuhalten. Schwer verliebt.«

»Wir haben nie mehr was von ihr gehört. Du wärst nicht die Erste, die …« Lutz bricht ab.

Alle schweigen.

Katleen steht auf und geht ein paar Schritte. Folgt dem Wasserlauf, der den Schein des Mondes spiegelt. Sie kniet nieder und wäscht Gesicht und Hände im Bach. Das nachtkühle Wasser zieht die Hitze aus ihrer Stirn und tut gut. Die Wüste ist still.

Sie ruft sich die friedlichen Bilder zurück, die das Land ihr geboten hat. Als sie die Zelte am Nachmittag aufschlugen, ist ein Hirte vorbeigekommen, fünf Ziegen und zwei Hunde hinter ihm her. *Hale schuma hubbe, ara?*, hat Sven ihm zugerufen. Wie geht's, mein Herr? Er hat ihm jene drei Fragen gestellt, die an jeden Fremden gerichtet werden: Wer bist du? Woher kommst du? Wohin gehst du? Fragen, die Katleen sich auch stellt. Lebensfragen.

Als sie zu den Zelten zurückkommt, sitzt Sven allein davor. Die anderen haben sich schon schlafen gelegt.

»Die Wüste macht müde«, lächelt Sven. »Hast du es dir inzwischen überlegt?«

»Ich fahre morgen weiter«, sagt Katleen ruhig.

Sie packt ihre Sachen zusammen, bringt alles zu ihrem Auto. Nur ihr kleines Zelt, das sie etwas abseits von den anderen aufgeschlagen hat, lässt sie stehen, ihren Schlafsack darin liegen. Beides braucht sie noch für die Nacht.

»Lass mich dir wenigstens die Abkürzung zeigen«, sagt Seven. »Du musst nicht mehr ganz bis Maschhad hoch, weißt du? Ein paar Kilometer von hier kannst du nach Osten abbiegen. An der Kreuzung sind wir vorbeigekommen. Ich zeige sie dir gern noch mal, dann wirst du sie morgen nicht übersehen. Komm, steig schon in dein Auto.«

»Na gut.« Wenn er sich dann besser fühlt.

Womöglich ist es sicherer über Maschhad. Und vermutlich findet sie die Abzweigung auch allein. Andererseits war er nett zu ihr. Sie hat seine Zuneigung ausgenutzt, seine Gastfreundschaft.

Im Mondlicht ähnelt die Wüste einer Schwarzweißfotografie. Sie folgen der Piste, die ihrerseits dem Wasserlauf folgt. Richtung Maschhad.

»Will dein Auto nicht doch in die andere Richtung?«, neckt Sven nach ein paar Kilometern. Spielerisch legt er eine Hand auf den Lenker. Die andere liegt längst da, wo sie nicht hingehört. Sie spürt seine Hitze. Stößt ihn weg. Zieht die Handbremse an. Der Käfer schlingert, bleibt abrupt stehen. Katleen steigt aus, draußen lehnt sie sich ans Auto. Er kommt langsam um den Wagen herum.

»Was willst du bei diesem Guru-Typen? Ich warte seit Jahren auf dich.«

Er hat ihre Hände ergriffen, hält sie fest in den seinen. Sagt ihren Namen. Wie damals. Nur dass er diesmal nicht verzweifelt klingt, sondern fordernd. Sie ist wie erstarrt, während sie verwirrt nach den richtigen Worten sucht. Er beschwert ihre Arme mit seinen Händen, lässt sie zu ihren Schultern hochwandern, zu ihrem Hals. Sie hört ihren Atem, scharf und röchelnd. Stumm sagt sie ihr Mantra auf, immer wieder. Bis Atem und Mantra eins sind und ihre Seele langsam, ganz langsam aus ihr heraustritt und in den Himmel aufsteigt. Im Mondlicht kann sie Sven unten auf der Erde sehen. Sein Bild wird kleiner und kleiner. Er holt ihren Spaten aus dem Käfer, entfernt sich ein Stück von der Piste. Hebt ein Loch aus. Leert ihren Reservekanister über ihrem Auto, lässt es brennen. Feuerrotes Leuchten inmitten einer Schwarzweißfotografie. Die Blechskulptur eines VW-Oldtimers im Wüstensand, irgendwann.

Er wird durch die Nacht zu den anderen laufen. Ihr Zelt zusammenfalten und vergraben. Beim Frühstück wird er erzählen, sie sei im Morgengrauen weitergereist.

Denn die Wüste ist heiß unter Tag. Doch nachts ist sie kalt.

ASIEN – SÜDOSTASIEN

INDIEN

Edda Minck **Schön und tot**

Die bleiche Wintersonne kroch über den Horizont. Schwer beladen mit Staub und Abgasen, ließ der Himmel über Neu-Delhi alle wissen, dass dies ein weiterer feuchter, kalter Tag werden würde. Jamal Kumar, kaum zwanzig Jahre alt, frisch ernannter Police Constable für den Bezirk Qutab Minar, stand in einer heruntergekommenen Gasse unweit der Hauptstraße und starrte auf das, was vor ihm lag. Mit ihm starrten Frauen, Kinder und Männer, die ihre windschiefen Häuser verlassen hatten, den Schlaf noch in den Augen. Noch waren sie stumm, aber in wenigen Minuten würde sich die Menge regen. Jamal war allein, denn eigentlich war seine Schicht zu Ende und er von der Polizeistation Kishangar auf dem Weg nach Hause zur Katwaria Sarai. Er hatte nur die Abkürzung zu seinem Bett nehmen wollen und gehofft, dass Santosh, der Jaleb Wallah, seine riesige Pfanne, in der er die süßen Weizenkringel in heißem Fett ausließ, bereits angeheizt hatte. Jamal gehörte nicht zu den Glücklichen, auf den in Delhi eine Familie wartete. Jamals Eltern und Geschwister lebten hunderte Kilometer entfernt. Das Einzige, was ihm das Leben versüßte, waren die Jaleb und Santoshs Tochter Prya.

Statt der hübschen Prya betrachtete er nun die Leiche eines Mannes, dessen Kopf mit der linken Wange in der umgestürzten Jaleb-Pfanne lag und vor sich hin brutzelte, weil der Gaskocher immer noch brannte. Übelkeit stieg in Jamal auf. Er meinte, den Geschmack der versengten Haare und der Haut des Mannes, die sich am Hals abschälte, unter seinem Gaumen zu schmecken. Ein geplatztes Auge starrte ihn an. Jamal stellte den Gasbrenner aus und das siedende Fett beruhigte sich. Ein Raunen ging durch die Menge, begleitet vom Summen und Brummen der Fliegen, die nur auf den Moment gewartet hatten, um sich auf das Opfer zu stürzen. Es wurde schnell von den Zuschauern übertönt, die plötzlich alle durcheinander redeten und mit dem Finger auf ihn zeigten. Jamal rief seine Kollegen über Funk zu Hilfe. Dann zückte er mit großer Geste einen Notizblock und einen Kugelschreiber. Neben dem Schlagstock sein wichtigstes Instrument, um sich Respekt zu verschaffen und die Ordnung in Delhi aufrechtzuerhalten. Eher kommt ein Dalit zu Reichtum als ein Police Constable zu einer funktionierenden Waffe. Er schritt um die Leiche herum, wobei er Mühe hatte, das Nichts, das sich in seinem Magen befand, drin zu behalten. Die Menge beobachtete ihn mit Argusaugen. Jamal notierte: Opfer männlich, ca. vierzig bis fünfzig Jahre alt. Gut genährt. Teure Kleidung, auf der Brusttasche des Jacketts gerade noch erkennbar die Reste eines Abzeichens … Army Polo & Riding Club. Keine Uhr, keine Ringe? Was vom Gesicht übriggeblieben war, musste einmal sehr ansehnlich gewesen sein. Er fragte sich, wie ein so eleganter Herr, der zudem noch Mitglied eines der exklusivsten Klubs Delhis war, in diese staubige Gasse kam, in der es neben dem Jaleb Wallah noch zwei Internetcafés mit stündlich abstürzenden Computern, ein Straßenrestaurant und Mr Singh, den Händler für alles, gab. Ohne seine Vorgesetzten wagte Jamal nicht, den Toten anzufassen, um nach Ausweispapieren zu suchen.

»Jamal, Jamal … schläfst du?!« Die Stimme gehörte Prya.

Jamal fühlte sich der Situation nicht gewachsen und der Anblick von Prya machte es nicht besser. Der Gedanke, sich vor ihr zu blamieren, ließ ihm die Knie zittern. »Wo ist dein Vater«, fragte er und nahm den Becher heißen, süßen Tees entgegen, den Prya ihm hinhielt.

»Er sitzt im Haus und ist fertig mit den Nerven. Er starrt nur noch auf den Fußboden.«

»Hat er den Brenner angemacht?«

»Nein. Glaubst du ernsthaft, er findet einen Toten in seiner Pfanne und macht noch das Feuer an?«

»Prya! Er hätte es anzünden können, ist wieder reingegangen, um etwas zu holen, und als er zurückkam …«

Prya verschränkte die Arme vor der Brust. »So war es aber nicht.«

Jamal guckte in die Runde und sagte laut: »Kennt irgendjemand diesen Mann?«

»Du musst nicht schreien, Jamal. Das ist Vikram Khan, der berühmte Schönheitschirurg. Liest du denn keine Zeitungen?«, sagte Prya. Ein paar Frauen lachten. Wie konnte man den berühmtesten Arzt von Delhi nicht kennen?

»Er will Sharuk Khans Nase operieren, hat er im Fernsehen gesagt«, rief jemand.

»Kürzer oder länger?«, sagte ein anderer und lachte. »Dann hat vielleicht Sharuks Agent den Doktor geröstet, damit er die berühmte Nase in Ruhe lässt.«

Während ein Nasenwitz nach dem anderen auf Kosten des berühmten Schauspielers die Runde machte, notierte Jamal: Wie kommt der Mann hierher? Wo ist sein Auto? Hatte er keine Leibwächter? Was hat er hier gemacht? Und laut sagte er: »Wer hat ihn gefunden?«

Alle schüttelten die Köpfe.

»Mein Vater«, sagte Prya. »Bist du schwer von Begriff?«

»Miss Oberschlau, es könnte ja sein, dass jemand, bevor dein Vater rausging, was gesehen hat?!«

Prya zuckte die Schultern. »Offenbar nicht.«

Gerne hätte Jamal Santosh befragt, aber er konnte die Leiche nicht allein lassen. Denn irgendeiner – oder alle – würden anfangen, den Toten nach Wertsachen zu durchsuchen, und dann wäre der Tatort kontaminiert. Er nippte an seinem heißen Tee und wedelte mit dem Notizblock die Fliegen von der Leiche. Dann sprach er in sein Funkgerät: »Der Tote ist vermutlich Vikram Khan … ja, der … der Schönheitschirurg …« Zu weiteren Erläuterungen kam er nicht, denn er hörte durch das Funkgerät lautes Stimmengewirr. Seine Kollegen schienen beim Namen Vikram Khan von den Stühlen gesprungen zu sein.

»Was wirst du jetzt unternehmen?«, fragte Prya. »Wenn du jemals eine Beförderung ins Auge gefasst hast, hier ist die beste Gelegenheit.«

»Ich darf gar nichts unternehmen. Gleich schicken sie die Besten der Besten und ich kann endlich nach Hause gehen.« Jamal spürte die Müdigkeit in jedem Knochen. In der Nacht hatte sein Schlagstock ausreichend Auslauf gehabt, weil ein paar Jugendliche am Modern Market vor dem Kino aneinandergeraten waren. Die reichen Jungs meinten, sie könnten sich alles erlauben, solange nur der Wagen groß genug war, den sie aus dem Fuhrpark des Vaters zu einer Spritztour entwendet hatten. Eines reichen Vaters wie Vikram Khan.

Die Besten der Besten kamen mit schrillem Sirenengeheul, wirbelten jede Menge Staub auf und blockierten die Gasse. Die Menge stob davon. Die Wagenkolonne hielt an und Jamal und Prya waren plötzlich die Einzigen, die noch neben dem Toten standen. Schnell drückte Jamal Prya den Teebecher in die Hand und sagte: »Geh und hol deinen Vater. Schnell.«

Prya hielt den Becher mit spitzen Fingern und entfernte sich provozierend langsam vom Ort des Geschehens.

Die Türen des ersten Wagens flogen auf. Der Fahrer hastete zur Beifahrerseite, salutierte, und Nupur Yeday stieg aus. DCP Nupur Yeday, der Schrecken von Delhi, ausgezeichnet mit allen Ehren, die die Kapitale einer Ordnungshüterin ans Revers heften konnte. Jamal fror und wurde sich im Angesicht der makellosen Gestalt seiner zerzausten, übernächtigten Existenz bewusst. Er nahm Haltung an und hoffte, dass DCP Yeday sein Zittern nicht bemerken würde.

»Ist Ihnen kalt, Constable?«, fragte sie.

»Nein, Ma'am. Guten Morgen, Ma'm.« Jamal starrte geradeaus und salutierte.

»Worauf warten Sie? Kann ich ein paar Informationen haben? Oder haben Sie hier die ganze Zeit nur Tee mit Ihrer kleinen Freundin getrunken?«

Jamal wäre am liebsten im Erdboden versunken. Er holte seinen

Notizblock hervor und deklamierte, was er aufgeschrieben hatte. DCP Yeday nickte anerkennend. »Und hier ist nichts berührt worden?«

»Solange ich hier war, nicht. Ich habe nur den Gasbrenner ausgestellt. Ich tippe auf Raubmord. Die Uhr fehlt und an zwei Fingern auch Ringe, das kann man mit bloßem Auge erkennen.«

»Zeugen?«

»Nur Santosh Pal, dem der Jaleb-Stand gehört. Er hat den Toten gefunden. Alle anderen sind weggelaufen«, sagte er und biss sich im nächsten Augenblick auf die Zunge, denn immerhin war er es gewesen, der die Leute nicht aufgehalten hatte.

DCP Yeday nickte.

»Die Anwohner der Straße, Ma'am. Sie verschwanden, als Ihre … Sirenen … ich meine, als Sie … bevor ich sie verhören …«

»Schon gut, Constable Kumar, machen Sie sich auf den Weg und gehen Sie von Haus zu Haus und befragen alle. Ihren Bericht will ich noch heute Vormittag auf meinem Schreibtisch haben.«

»Aber, Ma'am, ich …«

»Ja?!«

»Jawohl, Ma'am.« Jamal salutierte und rannte los.

DCP Yeday winkte ihr Team heran und wandte sich zu Prya um, die mit ihrem Vater im Hauseingang wartete.

Jamal ging von Haus zu Haus, erfuhr nichts, trank so viel Tee, dass er bereits seinen Magen spürte und kurz vorm Zuckerschock war, als er das armselige Haus von Jadoo Nath betrat. Er wurde von Rinara, der Herrin des Hauses, begrüßt. Jadoo, so berichtete sie, sei nicht daheim. Er arbeite am Flughafen an der Sicherheitskontrolle. Jeder Satz Rinaras troff vor Stolz über ihren Gatten, denn er trug Uniform, und das war der Gipfel des sozialen Status', den einer wie er aus einer niedrigen Kaste der Shudras erreichen konnte.

»Wann geht er morgens los?«, fragte Jamal, denn offenbar war Jadoo der Einzige, der nicht geschlafen hatte, als Santosh, der Jaleb Wallah, aus seinem Haus getreten war, um seinen Verkaufsstand herzurichten, die Bescherung gesehen hatte und einen Schrei losließ, der alle aus den Betten katapultiert hatte. Jamal spürte Rückenwind, endlich ein möglicher Zeuge.

»Jadoo geht jeden Morgen pünktlich um fünfuhrdreißig zur Arbeit – und heute auch«, gab Rinara Nath zu Protokoll.

»Und er geht die Gasse runter zur Shaheed Jeet Singh Marg?«

»Ja, um den Bus zum Flughafen zu nehmen.« Sie beobachtete mit scharfem Blick, ob Jamal auch alles notierte.

»Und er hätte sicherlich Bescheid gesagt, wenn er was auf seinem Weg gesehen hätte?«

Rinara wackelte mit dem Kopf. »Aber natürlich.«

Natürlich nicht, dachte Jamal. Er hätte durch die Verzögerung seinen Job verlieren können. Aber darum sollte sich die berühmte DCP kümmern. Jadoos Haus war das letzte in der Straße. Pro forma klapperte er noch ein paar Häuser in den Seitengassen ab, aber ohne Erfolg. Er rannte zurück zum Tatort, wo DCP Yeday eben wieder in ihren Wagen stieg. Er reichte ihr seine Notizen mit Jadoos Adresse und sagte außer Atem: »Er ist der Einzige, der schon früh unterwegs war und etwas hätte beobachten können. Alle anderen sagen, sie wären erst von Santosh Pals Schrei aufgewacht.«

Yeday nahm den Zettel entgegen. »Das nennen Sie einen Bericht, Constable?«

Der Fahrer des DCP grinste Jamal an.

»Der Bericht kommt noch. Ich dachte nur, es könnte wichtig sein.«

»Könnte wichtig sein …«, echote der Fahrer, verstummte aber sofort, als Yedays Blick ihn traf. Er klemmte sich hinters Steuer, der Wagen wurde mit Schwung gewendet und Jamal stand allein in der Gasse. Alles hatten sie mitgenommen, die Leiche, den Gasbrenner, die Pfanne … Die streunenden Hunde warteten darauf, dass auch er verschwand, um ungestört das verschüttete Fett vom Boden aufzulecken.

»Jamal!« Prya stand in der Haustür und winkte ihm zu.

»Ich kann jetzt nicht, die Madame DCP will sofort meinen Bericht.«

»Ich habe eine Idee.«

Prya und ihre Ideen! Jamal hatte sie wirklich gern, nur ihre Ideen könnte sie nach seinem Geschmack öfter für sich behalten. Aber weil er es sich mit ihr und ihrem Vater nicht verscherzen wollte, ging er ins Haus. Dort saß Santosh auf dem Boden in der Küche, raufte sich die Haare und brabbelte: »Sie haben alles mitgenommen. Alles. Ich kann nicht arbeiten, wann bekomme ich das zurück ... Jamal ... wann?!«

»Und das ist noch nicht das Schlimmste. Sie haben so getan, als hätte er den König der Chirurgen selbst umgebracht. Die haben hier alles durchsucht«, sagte Prya.

»Aber nichts gefunden, und dein Vater ist immer noch hier.«

»Noch! Du musst was tun. Frag dich doch mal, wie dieser feine Herr überhaupt hierhergekommen ist. Ich habe mitbekommen, dass ein paar Polizisten sein Auto gesucht haben. Aber es stand in der Garage des feinen Doktors ... habe ich gehört. Also, der ist doch wohl nicht vom schnieken Vashant Vihar hierher gelaufen? Ja, guck mich nicht so an, Jamal ... jeder weiß, wo Vikram Kahn wohnt, das steht alles in der Zeitung. Tu was! Lass uns zu den Taxi Wallahs gehen.«

»Ja, glaubst du, das macht DCP Yeday nicht selbst?«

»Zeig Initiative – dein Kollege Rajesh wäre schon längst losgelaufen.«

Seinen Konkurrenten im Nacken und mit Pryas Feuer, das sie ihm unterm Hintern machte, fand sich Jamal wenige Minuten später in der Hütte der Taxifahrer wieder, die illegal am Eingang vom Sanjay Van-Park ihr Lager aufgeschlagen hatten. Immerhin besaßen sie vier Tuk-Tuks und einen Tata.

Die Fahrer waren nicht erfreut, einen Polizisten zu sehen. Prya sagte: »Er wird ein Auge zudrücken, wenn ihr kooperiert.«

»Die nächste Räumung ist erst in drei Monaten«, antwortete der größte von allen. »Wir haben dafür bezahlt.«

Räumungen fanden alle sechs bis zwölf Monate statt. Mit immer demselben Erfolg – wenige Tage später waren alle zurück, die Hütten und Zelte wiederaufgebaut und die Schmiergelder erhöht.

»Ich will nichts räumen, ich will wissen, ob einer von euch einen feinen Pinkel gefahren hat. Den berühmten Chirurgen Vikram Khan, ihr wisst schon, wohnt in Vashant Vihar.«

Die vier Männer lachten und riefen: »Wir fahren keine feinen Pinkel, haha … Glaubst du, so einer quetscht sich in ein Tuk-Tuk?«

»Hört auf zu lachen. Es geht um einen Mord«, schimpfte Prya und die Männer lachten noch lauter. Aber diesmal über sie. Jamal trat einen Schritt nach vorn. »Was soll das? Ich kann auch sofort die Kollegen rufen, und dann schlaft ihr erst mal wieder im Dreck.«

»Ist sie etwa deine kleine Freundin?«

Prya wollte antworten, aber Jamal fiel ihr ins Wort: »Also, Kooperation oder morgen ist eure Hütte weg.« Jamal versuchte, seinen Blick so stechend werden zu lassen wie DCP Yeday.

Das Lachen erstarb auf der Stelle. Einer sagte: »Ich habe einen nach Vashant Vihar gefahren, gestern Abend. Aber das war kein feiner Pinkel. Er trug eine dreckige Uniform.«

»Und was für eine? War es ein Polizist?«

„Nein. Er sah aus wie einer, der auf dem Flughafen die Fußböden schrubbt, jedenfalls hat er nach Putzmittel gestunken, du weißt schon, wie Elephants Piss. Da war das Abzeichen auf dem Hemd, diese Dreiecke …«

»Würdest du ihn wiedererkennen?«

»Shudras sehen doch alle gleich aus.«

»Und was bist du? Etwa ein Brahmane auf Urlaub?« Prya konnte kaum an sich halten.

»So kommen wir nicht weiter«, sagte Jamal.

»Genau, wir müssen zum Flughafen«, sagte Prya.

»Und womit?«, flüsterte Jamal.

Sie zeigte auf den jungen Mann. »Wir fahren mit ihm.«

Jamal zischte: »So viel Geld habe ich nicht.«

»Wenn er will, dass seine Hütte heute Abend noch steht, sollte er nett zu dir sein. Du könntest seinen Fuhrpark einkassieren, hm?!« Sie guckte triumphierend in die Runde. Schließlich knickte der älteste der Taxifahrer ein und nickte. Und schon lächelte Prya wieder.

In wilder Fahrt ging es im Tuk-Tuk zum Indira Gandhi International Airport. Noch nie war Jamal Prya so nah gekommen wie auf dem Sitz des Tuk-Tuk. Er genoss jede Minute, obwohl bei der Fahrweise jede seine letzte sein konnte.

Mit dem Fahrer im Schlepptau schoben sie sich durch die Menschenmenge in der Abflughalle. Jamal fragte die Aufseher nach Jadoo, erntete aber nur Kopfschütteln. Eine Frau in einem Coffeeshop zeigte schließlich mit dem Finger auf einen kleinen dürren Mann, der den Fußboden wischte. »Das ist Jadoo.«

»Ich dachte, der ist bei der Sicherheitskontrolle.«

»Ja, das hätte seine Frau wohl gern.«

»Das ist der Mann«, sagte der Taxifahrer.

»Den hast du gefahren?«

»Aber ja. Das ist er. Kann ich jetzt gehen?«

»Nein«, sagte Jamal. »Erst muss ich mit Jadoo reden.«

Aber als der Putzmann Jamal sah, der mit großen Schritten auf ihn zukam, gab er Fersengeld. Sein Eimer fiel um, das stinkende Wischwasser ergoss sich auf die Steinfliesen. Jamal rutschte aus und schlug der Länge nach hin. Prya raffte ihren Sari und rannte hinter Jadoo her, bis sie von einem Sicherheitsbeamten eingefangen wurde, der die Situation missdeutete. Ein paar Reisende waren stehengeblieben und schüttelten sich aus vor Lachen.

Nach einer halbstündigen Diskussion mit dem Wachpersonal und einer schweigsamen Rückfahrt saßen die drei vor Thangkus Teebude und ertränkten ihre Enttäuschung in süßem Chai. Thangku lebte wie all die anderen, die ihre illegalen Wohnstätten aus Zelten und Bretterbuden entlang der Straße aufgebaut hatten. Aber als Straßenältester genoss er einen gewissen Respekt.

»Ich muss DCP Yeday informieren. Jadoo hat sich auf jeden Fall verdächtig benommen. Warum läuft er sonst weg?«, sagte Jamal.

»Wir laufen immer weg, wenn wir die Polizei sehen«, sagte Thangku. »Ist gesünder für alle.«

»Entweder, er war es«, sagte Prya, »oder er hat etwas gesehen. Aber was wollte er in Vashant Vihar? Das ist interessant. Wo hast du ihn denn abgesetzt?«, fragte sie den Taxifahrer.

»An irgendeiner Straßenecke. Vielleicht wollte er ja zu eurem berühmten Chirurgen. Dann hat er ihn umgebracht und …«

»Ha, ha … und zurück zum Haus meines Vaters getragen?«, fragte Prya. »Er wird bestimmt nicht mit einer Leiche in ein Tuk-Tuk gestiegen sein.«

»Stimmt«, sagte Jamal. »Ein Toter wäre sogar einem von euch Nichtsnutzen aufgefallen.«

Der Taxifahrer stand auf und schob Jamal einen 1000-Rupien-Schein hin. »Lass uns die nächsten Monate in Ruhe, Anfänger.«

Jamal schob den Schein zurück. »Wüsste nicht, wieso.«

Thangku schnappte sich das Geld: »Ihr schuldet mir sowieso noch jede Menge.«

»Ja, Sir«, sagte der Taxifahrer und Thangku lachte.

Jamal gab Thangku ein paar Rupien für den Tee. Er spürte die Müdigkeit, am liebsten hätte er den Kopf an Pryas Schulter gelegt und wäre eingeschlafen.

»Los, los, weiter geht's. Ich koche dir ein Dhal, komm mit. Ich muss mich auch um Vater kümmern, und du musst Jadoo finden.«

Die Sonne stand bereits hoch am Himmel, sandte aber kaum Wärme auf die verstaubten Straßen, nur der Nebel hatte sich gelichtet. Jamal und Prya überquerten die mehrspurige Shaheed Jeet Singh Marg in lebensgefährlichem Zickzacklauf, denn für Fußgänger ging man nicht vom Gaspedal.

Eine Stunde später saß Jamal mit einer Schüssel dampfendem Dhal mit Reis vor Santoshs Haus und träumte. Prya kocht und ich jage Verbrecher, dachte er. So könnte es immer sein. Das Linsengericht wärmte seinen Magen und beinahe wäre er eingeschlafen, als er ein Gesicht am Ende der Straße sah. Ein Gesicht, das man vor Hässlichkeit kaum anschauen konnte. Es war nur ein Augenblick, dann war es wieder verschwunden. Wenn er je in seinem jungen Leben etwas Verdächtiges gesehen hatte, dann das.

Jamal sprang auf. Die Schüssel fiel auf den Boden und zerbrach. Prya kam aus dem Haus und schimpfte. Aber Jamal fragte nur: »Wer ist in dieser Straße so hässlich, dass man kaum hingucken kann?«

»Was?!«

»Nicht was … Wer?!«

»Jadoos Sohn, Kanja, wenn du mich fragst. Da gerinnt dir das Ghee in der Pfanne. Der hätte sich mal bei deinem Toten unters Messer legen sollen, so kriegt der nie eine Frau ab. Dabei behauptet seine Mutter, er wär längst verheiratet, was ganz Hervorragendes mit reichlich Aussteuer. Wer's glaubt.«

»Prya, ich muss zu Jadoo. Ich kauf dir bei Mister Singh eine neue Schüssel, nächsten Monat, wenn mein Gehalt kommt.«

»Ich komme mit.«

»Ja, gern«, sagte Jamal, ohne zu begreifen, dass Prya nicht den Laden von Mr Singh gemeint hatte. Er rannte zum Ende der Gasse, Prya mit wehendem Sari hinter ihm her. Ohne anzuklopfen stürmte er ins Haus und rief: »Hier ist die Polizei! Ich muss mit Kanja und Jadoo sprechen. Auf der Stelle. Her mit den beiden!«

Prya rollte die Augen und zischte: »Etwas weniger Bollywood, bitte.«

Rinara kam aus dem Hinterzimmer. »Was schreist du hier rum? Mein Mann ist am Flughafen und mein Sohn lebt in Mumbai bei seiner Frau. Er hat dort eine gute Stelle bei der Eisenbahn, weil sein Schwiegervater Vorsteher bei der Eisenbahn ist.«

»Nein, Rinara. Du lügst«, sagte Prya. »Constable Kumar hat deinen Kanja eben auf der Straße gesehen.«

»Ha! Du lügst!«

»Nein, du!«

Aus dem hinteren Teil des Hauses kam das Geräusch eines klappernden Fensters, Stimmen und ein dumpfer Aufprall. Jamal spurtete hinaus und zwängte sich durch die Lücke zwischen den windschiefen Häusern. Aber er sah nur noch die Hemdzipfel von Vater und Sohn über eine Mauer verschwinden. Jamal fluchte und rief in sein Funkgerät nach Verstärkung. In diesem Gewirr von Gassen und Hinterhöfen hatte es keinen Sinn, allein die Verfolgung aufzunehmen. Er ging zurück ins Haus und traute seinen Augen nicht. Prya schubste Rinara, Rinara schubste Prya. Und dann schubste Jamal Rinara, dass sie mit ihrem dicken Hintern auf dem gestampften Lehmboden landete. »Schluss damit!«, sagte er. »Rinara, dein Sohn ist hier. Warum?«

»Ist er nicht! Ich sagte doch, dass er …«

Jamal griff an seinen Schlagstock und Rinara quiekte.

»Warum war dein Mann in Vashant Vihar bei Doktor Khan? Was hat er da gewollt?«

»Er war da nicht. Wir kennen solche Leute nicht. Wir sind arm.«

»Ihr habt einen Fernseher, jetzt stapel mal nicht so tief«, sagte Prya.

»Raus aus meinem Haus«, schrie Rinara. »Raus!«

»Nicht, bevor ich nicht mit deinem Mann und deinem Sohn gesprochen habe«, sagte Jamal und Prya nickte. »Genau.«

Rinara presste die Lippen aufeinander und sah aus, als wollte sie es mit beiden Eindringlingen gleichzeitig aufnehmen. Aber Jamal und Prya wichen keinen Zentimeter zurück.

»Ich bin hier«, ließ sich eine zitternde Stimme vernehmen. Jadoo kam herein, kniete sich vor seine Frau. »Ich war es. Ich habe den Doktor umgebracht.«

Rinara riss die Augen auf. »Du?!«

Jamal betrachtete das klapprige Elend von einem Mann, aus dessen Kleidung der beißende Geruch von Putzmittel aufstieg.

»Er hat nur bekommen, was er verdient hat«, sagte Jadoo.

Jamal zückte seinen Notizblock. »Und wie hast du ihn getötet?«

»Ich habe ihn mit dem Kopf in das heiße Fett getunkt, aber vorher habe ich ihn erwürgt – mit meinen eigenen Händen.«

»Aha«, sagte Jamal und schrieb. »Und wie ist er hierhergekommen? Hast du ihn etwa mit dem Tuk-Tuk von zu Hause abgeholt?«

»Nein.«

»Wie dann?«

Jadoo sah hilfesuchend seine Frau an, die ihn mit einem verächtlichen Blick strafte.

»Du wiegst kaum fünfzig Kilo, wie hast du diesen wohlgenährten Kerl von fast zwei Metern dazu gebracht, seinen Kopf in die heiße Pfanne zu legen? Wie? Bist du Magier?«, fragte Jamal.

Jadoo presste die Lippen aufeinander und wackelte mit dem

Kopf. Tränen traten aus seinen Augen. Alle hielten den Atem an. Die Luft im Raum war so dick, dass sogar der Lärm der Straße nicht mehr hineinkonnte.

»Wo ist dein Sohn?«, fragte Prya. Sie sagte es sehr sanft und leise, aber es hörte sich in der stickigen Atmosphäre an, als hätte sie eine Pistole abgefeuert.

»Wo?«, fragte Jamal.

»An der Bushaltestelle«, wimmerte Jadoo. Im selben Augenblick holte Rinara aus und verpasste ihrem Mann eine schallende Ohrfeige. Jamal sprach in sein Funkgerät, um seine Kollegen dorthin zu lotsen, und nur wenige Minuten später brachten zwei Constables Kanja in Handschellen ins Haus. Jamal erschrak, als er Kanja von Nahem sah. Seine Nase war schief, eine Wange hing tiefer als die andere, ein Auge war entzündet und halb geschlossen.

Prya inspizierte Kanjas Gesicht und sagte mit Kennermiene: »Er hat Narben im Gesicht, die hatte er vor ein paar Wochen noch nicht. Da hing auch seine Backe noch nicht runter. Hast du dich geprügelt, Kanja?«

Der junge Mann schüttelte den Kopf.

»Was dann?«, setzte Jamal nach. »Rede endlich!«

Jadoo hob flehend die Hände. Schließlich brach es aus Rinara heraus. »Unser Gespartes hat er genommen, alles, alles und noch einen Kredit dazu. Kanjas Gesicht sollte wie neu werden für die Hochzeit. Alles hat der feine Doktor Vikram genommen und dann hat er die Operation einen Unterdoktor machen lassen und jetzt sieht mein Sohn so aus! Wie ein Dämon! Schlimmer als alles, schlimmer als … Oh, Khali hilf mir … Seine Braut ist bei der Hochzeit weggerannt, als sie ihn gesehen hat. Und sie wollen die Mitgift zurück und die ganze Aussteuer … Wir hatten dem Heiratsvermittler das schönste Foto von Kanja gegeben.« Sie zog aus den Falten ihres Saris eine Fotografie heraus und hielt sie hoch.

»Aber das ist Hritik Roshan«, sagte Prya, und als sie Jamals verständnislosen Blick sah, fügte sie hinzu: »Ein Schauspieler. Kein Wunder, dass die Braut weggelaufen ist, als sie Kanja gesehen hat.«

Jadoo wischte sich Rotz und Tränen aus dem Gesicht. »Ich war doch nur beim Doktor, um … wir wollten unser Geld zurück. Er hat gesagt, wenn er es richten soll, kostet es noch mal hundertfünfzigtausend Rupien. Dann haben mich seine Diener rausgeworfen.«

»Ja, du Bodenaufwischer. Du lässt dich einfach wegschicken. Aber nicht mit mir!« Bei jedem Wort von Rinara zuckte Jadoo zusammen.

»Wie ist Vikram Khan hergekommen?«, fragte Jamal.

»Ich hab in der Klinik angerufen und dem Doktor ausrichten lassen, dass was Schlimmes mit seinem Sohn ist …«, sagte Rinara und lachte.

»Und er ist wirklich gekommen?«

»Ja! Wenn es um den Sohn geht … Der feine Herr kam hierher.«

»Wie?«

»Mit einem Taxi. Der Fahrer hat sich geweigert, in die Gasse zu fahren. Also ist er von der Shaheed Jeet Singh Marg hierher getorkelt, total betrunken. Hab ihn wohl bei einer Party gestört.«

»Und dann?«

»Ich hab nicht mehr geredet, sondern zugeschlagen … mit einem Knüppel, und er ist mit seinem Kopf in Santoshs Pfanne gelandet. Dann hab ich den Brenner angemacht und gewartet, bis er brutzelte. Danach bin ich nach Hause und hab Jadoos Frühstück gemacht.«

»Wo ist der Knüppel?«

Rinara wies grinsend auf die Feuerstelle, in der nur kalte Asche war.

»Und seine Uhr und die Ringe?«

»Bei Mister Singh. Er zahlt gutes Geld für Gold.«

Prya schüttelte den Kopf. »Keine Zeit verplempert, was? Und seine Brieftasche? Hast du die etwa auch?«

Rinara griff wieder in die Falten ihres Saris und legte fünf Tausend-Rupien-Scheine und zwei Kreditkarten auf den Tisch. »Mehr hatte er nicht bei sich.«

»Und du, Jadoo, hast den Toten gesehen, als du zur Arbeit gegangen bist?«, fragte Jamal.

Jadoo nickte.

»Und du hast geahnt, was passiert war?«

Der Putzmann nickte wieder.

»Kanja, was hast du gemacht?«

»Geschlafen.«

»Zeig deine Hände«, sagte Jamal, packte den jungen Mann bei den Unterarmen und schob die Ärmel hoch. Kanjas Arme waren übersät mit Brandlöchern, die von Spritzern heißen Fetts herrührten. Auch die Arme von Rinara waren an einigen Stellen versengt. Jadoos Hände waren nur rot und aufgerissen vom vielen Scheuerpulver.

»Ihr wart es beide!«, rief Prya.

»Nein, Kanja hat nichts getan. Mein geliebter Sohn hat gar nichts getan!«, schrie Rinara.

Der geliebte Sohn grinste.

»Das Labor kriegt alles raus«, sagte Jamal. »Alles!«

Rinaras Teint färbte sich gelb und Kanjas Grinsen gefror. Jadoo kauerte auf dem Boden und wiegte sich vor und zurück. Prya klopfte ihm den Rücken. »Komm mit. Ich habe Dhal und Reis. Mein Vater ist doch dein Freund ...«

»Das geht nicht, Prya.« Jamal wandte sich zu seinen beiden Kollegen um, die bis dahin nur mit offenen Mündern zugehört hatten. »Geld sicherstellen und Handschellen! Rinara Nath und Kanja Nath, ich verhafte Sie wegen Mordes an Vikram Khan. Jadoo Nath, Sie begleiten uns zum Verhör. Du auch, Prya. Wir fahren zu DCP Yeday. Abmarsch.«

Jamal fing Pryas stolzen Blick auf. In ein paar Tagen würde er ein Head Constable oder sogar ein Assistant Police Sub-Inspector sein und alle würden sein Bild in der Zeitung bewundern. Und vielleicht würde ihm sogar die Familie von Vikram Khan ihre Aufwartung machen und sich in klingender Münze für die prompte Aufklärung des Mordes erkenntlich zeigen.

Es kam ein bisschen so, aber eigentlich auch ganz anders. Jamal Kumar wurde nur zum Head Constable befördert. Aber er durfte endlich Epauletten tragen und bekam eine Waffe. Statt seines stolzen Lächelns zierte das Konterfei von DCP Yeday drei Tage lang die Titelseite der *Times of India*. Und falls es Zuwendungen der Familie Khan gegeben hatte, waren auch diese in die Taschen der DCP gewandert. Niemand würde es je erfahren. Immerhin wurde Jamal Kumars Name in der Zeitung einmal lobend in einem Nebensatz erwähnt.

Aber noch etwas geschah, mit dem niemand gerechnet hatte. Am allerwenigsten Prya. Sie erhielt per Boten einen Brief, in dem sie aufgefordert wurde, an der nächsten Aufnahmeprüfung für Polizeiaspirantinnen teilzunehmen – unterschrieben von DCP Yeday persönlich.

»Du wirst doch wohl nicht hingehen?«, sagte Jamal, als Prya ihm den Brief über eine Schüssel Dhal hinweg reichte.

»Und ob.«

»Aber Polizeiarbeit ist doch nichts für Frauen.«

»Das sieht DCP Yeday aber ganz anders.«

»Woher weißt du das denn?«

»Sie hat es mir gesagt.«

»Wann soll das gewesen sein?«

»Als ich mich für die Prüfung eingeschrieben hab. Sie hat jede Bewerberin persönlich begrüßt und aufmunternde Worte gesprochen.«

»Dann kann ich dich nicht heiraten. Ich brauche bei meiner schweren Arbeit ein gemütliches Heim, das auf mich wartet, und keine Polizistin, auf die ich warten muss, weil sie irgendwelchen Verbrechern hinterherrennt, statt das Essen zu kochen.«

»Jamal, in drei Jahren bin ich mindestens Assistant Police Inspektor. Wenn du willst, kannst du dich dann um unsere Kinder und das Essen kümmern.«

Santosh störte die romantische Szene mit einem Teller frisch gebackener Jaleb. »Ganesha sei Dank! Zwei Polizisten in einer Familie. Besser geht's doch gar nicht. Ich bin ein gesegneter Mann.«

»Ich hoffe, Sie haben bei Mister Singh eine neue Pfanne gekauft«, sagte Jamal mit skeptischem Blick auf das zuckertriefende Fettgebäck und kassierte prompt eine Kopfnuss von Prya.

INDONESIEN

Jennifer B. Wind **Wie Feuer und Meer**

Das Rauschen des Meeres weckt sie. Gleichförmig und vertraut. Genau wie all die Tage zuvor. Dennoch ist es diesmal anders. Kein sanftes Schaukeln. Kein Geruch nach Teakholz, Neopren und Waschpulver. Unter sich spürt sie kein Laken. Mit geschlossenen Augen zieht Sarah die Luft ein und muss augenblicklich husten. Ihr Mund ist gefüllt mit feinen Sandkörnern, die ihre Zunge aufreiben, als sie am Zahnfleisch entlangfährt. Beim Schließen des Mundes knirscht es zwischen den Zähnen. Sie liegt auf dem Bauch, anscheinend in voller Montur. Jedenfalls hat sie eindeutig etwas an, denn die Hose klebt nass an ihren Waden. Alle paar Sekunden klatscht eine Welle über ihre bloßen Füße. Angenehm warm und weich fühlt sich das an.

Sarah blinzelt müde und blickt auf den Boden vor sich. Kleine Sandkörner stieben nach allen Seiten, als eine zartgelbe – beinahe durchsichtige – Kleinkrabbe sich ans Licht kämpft und flink Richtung Meer davon flitzt. Sarah blinzelt abermals. Der Horizont ist rot durchtränkt. Schon Sonnenaufgang? Wie lange hat sie geschlafen? Und wieso direkt hier am Ufer? Peinlich berührt rafft sie sich auf, klopft den Sand vom Shirt und blickt sich um. Die anderen dürften noch schlafen, sie ist die einzige am Strand. Neben ihr liegt eine halbvolle Evianflasche. Gierig dreht sie am Verschluss und genießt das Gefühl, wie das kühle Nass ihre brennende Kehle hinunterrinnt. Ihr Kopf dröhnt. Das scheinen gestern eindeutig ein paar Wodka zu viel gewesen zu sein. Hat sie überhaupt Wodka getrunken? Eigenartig, irgendwie kann sie sich an den gestrigen Abend nicht mehr erinnern. Den letzten Filmriss hat sie vor zwanzig Jahren gehabt. Sie zwirbelt eine Haarsträhne zwischen den Fingern und blickt sich um.

Schön ist es hier. Das Meer sieht einladend aus. Die sanften Wellen, die über ihre Füße klatschen, wecken in ihr die Lust, sich ganz vom Ozean einlullen zu lassen. Außerdem klebt der Sand überall: in den Haaren, auf dem Gesicht, zwischen den Stofflagen, auf ihrer Haut, ja sogar zwischen den Beinen spürt sie die unangenehme Reibung der feinen Körner bei jeder Bewegung. Rasch zieht sie das Shirt über ihren Kopf, um festzustellen, dass sie ein Bikinioberteil darunter trägt. Wie praktisch! Als sie die Kordel ihrer Hose lockert, fällt ihr Blick auf ihre Spitzenunterhose. Mist! Verstohlen blickt sie sich um. Sie ist immer noch die einzige Person am Strand. Erleichtert lässt sie die Hose über die Schenkel fallen und steigt aus den Hosenbeinen. Ohne sich noch einmal umzusehen, läuft sie ins Meer. Herrlich! Wie sehr sie das liebt. Niemals kann sie von diesem Gefühl genug bekommen! Lachend taucht sie durch die Wellen.

Über der gestrigen Nacht liegt ein Nebelfetzen, den sie nicht recht durchblicken kann. Das mulmige Gefühl, das sie dabei beschleicht, schiebt sie beiseite, schwelgt, während sie durch die Wellen taucht, in Bildern, die sie an all das Schöne erinnern, das sie in den letzten Monaten erlebt hat ...

Die knapp fünfzig Fuß lange Alliaura Marine Privilege 495, die am Hafen von Ambon, der Hauptstadt der Molukken in Indonesien lag, hatte Sarah ein Jahr zuvor für 480.000 Euro von einem Spanier gekauft, samt luxuriöser Innenausstattung. Der Segel-Katamaran bot Platz für acht Personen, war zusätzlich zu den Wohn- und Nebenräumen mit vier Doppelkabinen und vier Duschen ausgestattet. Eine davon an Deck, damit man nach den Tauchgängen die Neoprenanzüge und das Equipment gleich abspülen und Haut und Haar vom Salzwasser befreien konnte. Über den tiefen Einstieg mit der Treppe am Heck gelangte man leicht von und wieder an Bord. Indonesien hatte wundervolle Tauchgebiete. Gerade waren sie auf Komodo gewesen und hatten dort Warane bewundert. Die letzten überlebenden Drachen, wie sie Sarah gerne nannte.

Auch sonst konnte sich die Jacht sehen lassen: Panoramafenster am Dach, Bimini-Top, Lederbezüge im Wohnraum, Rosenholzverschalungen, TV, Radio und neueste Navigationsgeräte ließen Sarahs Herz höherschlagen. Zärtlich strich sie mit den Händen über das Cockpit.

»Ich glaube, sie hat eben gestöhnt.«

Sarah fuhr herum und sah in Andreas' eisblaue Augen. »Wer?«

»Na, ›Jessica‹.« Grinsend strich er sich mit der rechten Hand durch die blonden Locken.

Sarah brauchte eine Weile, bis sie begriff.

»Sag bloß, du bist eifersüchtig.«

Er schob beide Daumen in die Gürtelschlaufen seiner Jeans.

»Das Boot bekommt mehr Streicheleinheiten als ich.«

Sarah kniff die Augen zusammen. »Das ist kein Boot, sondern ein Segel-Katamaran.«

Andreas zuckte mit den Schultern. »Siehst du?«

»Ich weiß nicht, was du meinst.« Sie wandte sich wieder dem Cockpit zu und wischte mit dem Mikrofasertuch über die Instrumente.

Hinter ihr blies Andreas schnaubend aus und klatschte in die Hände. »Wie wär's, wenn wir den letzten Landtag nutzen und ein bisschen durch Ambon flanieren?«

»Mach das. Ich muss mich vergewissern, dass ›Jessica‹ gut in Schuss ist und wir an Bord haben, was wir brauchen. Manuk ist kein Vergnügungspark. Wir müssen für alles gerüstet sein.«

Allerdings würden sie vorher noch Papua-Neuguinea bereisen und eine Woche in Bali verbringen. Das stand auf der Landkarte, die im Cockpit hing und auf der sie mit Stecknadeln ihre Ziele angepinnt hatten.

»Wie auch immer, ich geh mit Leonardo und Elena. Mir ist es hier zu eng. Seit Monaten sind wir auf See. Du verlässt das Boot nur zum Tauchen. Ich brauche einfach öfter das Gefühl, festen Boden unter den Füßen zu haben.«

Überrascht drehte sich Sarah um und hob die Arme. »Ich weiß nicht, was du hast! Wir waren doch erst gestern an Land.«

Andreas rollte die Augen. Ohne ein weiteres Wort der Erklärung verließ er das Cockpit.

Er hatte die Weltreise von Anfang an nur widerwillig mitgemacht, genauso wie Elena. Sarahs Mann und ihre Schwester waren viele der langen See-Etappen geflogen, während Elenas Mann die ganze Strecke mit Sarah auf See zurückgelegt hatte. Leonardo war passionierter Segler und Tauchlehrer. Wie Sarah hatte er des Öfteren davon geträumt, mit einem Katamaran die Welt zu umsegeln. All die Jahre hatte Sarah das Geld dazu gefehlt. Und es gab die Kinder. Doch nun waren Moritz und Martin alt genug, sich ein Jahr lang selbst zu versorgen. Außerdem wohnten die Eltern von Andreas gleich nebenan. Als Sarahs Mutter starb, hinterließ sie ein beachtliches Vermögen. Über fünfzehn Jahre hatten Sarah und Andreas keinen Urlaub mehr im Ausland verbracht. Dann kam Andreas mit einer zweiwöchigen Pauschalreise nach Thailand – all-inclusive in irgendeinem Billig-Club! Animateure, die schon um sieben Uhr früh am Pool nervten, bierbauchige Männer, die Liegen mittels Mini-Handtüchern mit Fußballemblem besetzten, Fetzenverkäufer am Strand. Ein Albtraum!

Damals hatte Sarah auf das Ticket gespuckt und es ihrem Mann vor die Füße geworfen.

»Fünfzehn Jahre lang hocken wir in diesem Scheißkaff. Fünfzehn Jahre lang friere ich mir acht Monate im Jahr den Arsch ab. Dann erben wir zwei Millionen Euro – von meiner Mutter wohlgemerkt – und du kommst mir mit all-inclusive im billigsten Land der Welt?«

»Aber du wolltest doch immer nach Indonesien! In Thailand kann man tauchen!«

»Ja, ich will auch immer noch nach Indonesien, aber nicht, um mich fünfmal täglich an einem Buffet satt zu essen, mit Hans von nebenan Boccia zu spielen und nach drei süßen Drinks an der Poolbar um acht Uhr ins Bett zu fallen. Und nur damit du es weißt: Thailand gehört nicht zu Indonesien.«

Geknickt hatte Andreas sich nach dem Ticket gebückt. »Ich dachte, das wäre, was du wolltest.«

»Dann weißt du nicht, wen du geheiratet hast! Ich will Komodowarane sehen, in Lombok zwischen Hindu-Tempeln flanieren, will die Tempelanlage Borobudur in Ost-Java und die über 1000 Jahre alten, in den Stein gehauenen Gesichter und Stupas sehen. Ich will auf einem Elefanten durch den Dschungel Sumatras reiten und in einem Zelt in der Nähe einer Orang-Utan Familie schlafen. Später Javaneraffen beobachten, während sie sich durch die Äste und Blätter der heiligen Monkey Forest Sanctuary schwingen. Ich will in den Buchten der Gili-Inseln schnorcheln und in Kuta, Balangan oder Padang surfen. Zu guter Letzt möchte ich den Mount Bromo, einen grollenden Vulkan auf Java, erklimmen, um den perfekten Sonnenaufgang vom Gipfel aus zu beobachten. Das kann man sogar mit dem Pferd machen. Und Bali ist sowieso ein Traum …«

Sarah verstummte. Genau das war es! Sie war so in Gedanken versunken, dass sie seine Einwände kaum mehr wahrnahm.

»Bist du verrückt? Ich reite doch nicht auf einem Gaul einen Vulkan hoch! Weißt du eigentlich, was dort los ist? Die stechen sich gegenseitig ab. Die entführen uns und stecken uns in Kartoffelsäcke. Oder verstecken Drogen in unserem Koffer und wir müssen in den Knast. Wir sehen Österreich nie wieder.«

Die Geografiekenntnisse ihres Mannes waren nie die besten gewesen, sie war sicher, dass er eine ganz andere Region meinte. Aber darauf ging sie gar nicht ein.

»Von mir aus, ich muss nicht nach Österreich zurück.«

Hinter ihr stampfte Andreas mit dem Fuß auf. Wie ein kleiner Schuljunge, schoss es ihr durch den Kopf. Sarah zögerte keine Sekunde. Sie erfüllte sich den Traum von einer ausgedehnten Segelreise mit jeder Menge Tauchgängen. Ihre Schwester holte sie ins Boot, da deren Mann Leonardo schließlich gut zu gebrauchen war. Zumal Andreas nicht Backbord von Steuerbord zu unterscheiden vermochte. Drei Monate dauerte die Reise nun schon. Die letzte Etappe waren sie von Jakarta nach Ambon gesegelt, der Hauptstadt der Molukken. Hier sollte die ›Jessica‹ vollgetankt, sauber gemacht und Proviant eingelagert werden. Danach würden sie sich zu ihrem eigentlichen Ziel aufmachen: der Vulkaninsel Manoek, auch Manuk genannt. Sie war unbewohnt, von den vielen Vögeln und zahlreichen Schlangen mal abgesehen. Der Schichtvulkan war aus

Andesit gebaut und 282 m hoch vom Wasserspiegel gesehen aber de facto ein 3000er, wenn man vom Meeresboden aus rechnete. Es gab an Land noch jede Menge Fumarolen, die früher zur Schwefelgewinnung genutzt worden waren. Die Insel war teilweise von einem Korallenriff umgeben. Angeblich war der Vulkan 1933 zuletzt ausgebrochen.

Sarah checkte die Jacht und das Tauchequipment durch. Das Meer war an dieser Stelle des Indischen Ozeans besonders klar und es sollte von Fischen geradezu wimmeln. Das große Korallensterben hatte hier noch nicht eingesetzt. Sarah konnte es kaum erwarten, diese nahezu unberührte Natur mit eigenen Augen zu sehen. Wer wusste schon, wie lange so etwas noch möglich war?

Sorgfältig stellte sie die Sauerstoffflaschen in Reih und Glied auf, als jemand sie von hinten auf die Schulter küsste.

»Bist du nicht mit an Land gegangen?«

»Warum sollte ich, wenn alles, was ich liebe, hier ist: Das Meer, die Tauchsachen, die Jacht und …« Er küsste sie erneut, diesmal genau an der Kuhle, wo ihr Hals zur Schulter überging und sie besonders empfindlich war. »… du!«

Sarah drehte sich um und umarmte ihren Schwager.

Er lächelte. »Wann sagen wir es ihnen?«

»Beim Abendessen? Dann können sie selbst entscheiden, ob sie weiterhin mitkommen.«

»Die zwei sind einfach nicht für ein Leben auf See geschaffen. Wir hingegen …«

»… sind Seelenverwandte«, beendete Sarah den Satz.

Während Sarah sich von den Wellen tragen lässt, denkt sie daran, welch seltsame Wege das Leben geht. Die Liebe, die sie für Leonardo empfindet, ist stärker als alles, was sie je empfunden hat. Nur ihre Liebe zum Meer und den Lebewesen darin kann das toppen. Aber selbst das hat sie mit Leonardo gemeinsam.

Das Ufer ist schon weit weg, als Sarah auffällt, was sie so irritiert: Obwohl sie weit hinausgeschwommen ist, kann sie weder Segel noch Mast der Jacht ausmachen, die immer noch vor dem Riff von

Manuk vor Anker liegen muss. Den restlichen Weg waren sie mit dem Schlauchboot gefahren, aus Angst, auf einem vorgelagerten Riff aufzulaufen. Ist sie vielleicht auf der falschen Seite der Insel? Ist das der Grund, warum sie immer noch allein hier draußen ist, obwohl die Sonne mittlerweile hell am Himmel steht? Gut möglich, schließlich neigt sie zum Schlafwandeln. Am besten ist es, wieder ans Ufer zu schwimmen und nachzusehen. Während sie in langsamen und gleichmäßigen Zügen zurück zur Insel schwimmt, denkt sie an den Abend auf Ambon, an dem endlich die Wahrheit ans Licht kam.

Sarah schnurrte wie eine Katze, räkelte und streckte sich neben Leonardo. Er lächelte und zog mit seinem Zeigefinger ihre Körperkonturen nach. So sanft, dass sie die Berührung beinahe nur erahnen konnte. Dabei wendete er seine Augen nicht ab, diese grauen Wolfsaugen mit den gelben Einsprengseln. Sie wurden von einem dichten Wimpernkranz umrahmt, um den ihn jede Frau beneidete. Genau wie um seine dunklen Haare, die machten, was sie wollten. Die Grübchen in seinen Wangen waren ebenso verführerisch wie sein dunkler Teint, den er von seinem italienischen Vater geerbt hatte – samt dem Temperament und dieser unglaublichen Leidenschaft.

Wie gut sie zu diesem Mann passte, war ihr nie so bewusst gewesen wie in den letzten Monaten. Nicht mit Andreas hatte sie in Sri Lanka den Elefantentrip gemacht. Sie war nicht mit ihrem Ehemann durch die Tempelanlagen Balis spaziert und auch nicht mit ihm zu den kaleidoskopischen Seen der Kelimutu Vulkane, die in regelmäßigen Abständen ihre Farben änderten, auf der Insel Flores gewandert. Mit Leonardo hatte sie sich ins Nachtleben am quirligen Kuta Beach gemischt, wo die ganze Nacht lang Party angesagt war. Das alles und noch viel mehr hatte sie mit ihrem Schwager erlebt, während ihre Schwester mit Andreas am Pool im Hotel gelegen hatte oder in irgendeinem klimatisierten Shopping-Center flaniert war.

»Wie verschieden ihr Schwestern doch seid«, flüsterte Leonardo in ihr Haar. »Elena ist kühl wie ein Gebirgsbach, während du die Antarktis zum Schmelzen bringen könntest mit deiner Leidenschaft.«

»Sag das mal Andreas.« Sie lachte. »Dem bin ich zu laut, zu hektisch und zu quirlig.«

»Genau das liebe ich an dir. Bist du sicher, dass du keine Südländerin bist?«

»Wer weiß? Jede Familie hat doch ihre Geheimnisse.«

Er kitzelte sie in den Kniekehlen. »Ist das so?«

»Oh, du würdest dich wundern, was mir meine Mandanten im Vertrauen erzählen.«

»Hab ich dir schon einmal gesagt, wie froh ich bin, dass du Anwältin bist?« Er bedeckte ihren Bauch mit sanften Küssen.

»Nein.« Sie seufzte wohlig unter seinen Berührungen.

»Da wird die Scheidung ein Klacks.«

»Deine oder meine?« Sie schloss die Augen.

»Gute Frage.« Mit einem heiseren Lachen vergrub er den Kopf zwischen ihren Schenkeln.

Das war eindeutig der beste Urlaub ihres Lebens, dachte sie glücklich, bevor sie keinen klaren Gedanken mehr fassen konnte.

Lächelnd betrachtet Sarah die Insellandschaft, der sie Zug um Zug näherkommt. Kaum zu glauben, dass dieses Paradies unbewohnt ist, aber natürlich ist die Gefahr eines Vulkanausbruchs immer gegenwärtig und die Schlangen machen es auch nicht angenehmer.

Etwas, das weit entfernt auf der Wasseroberfläche schwimmt, weckt ihre Aufmerksamkeit. Ist es ein Delfin? Etwa ein Hai? Sie weiß, dass beide in diesem Bereich des Meeres alltäglich sind. Erst gestern haben sie bei ihren Tauchgängen welche beobachtet. Haie sind die Lebensgrundlage vieler Menschen in Indonesien. Sarah erinnert sich an den Fischmarkt in Lombok, wo sie nebst ganzen Tieren auch jede Menge Haifischflossen gesehen hatten. In Indonesien ist Haifischflossensuppe nach wie vor ein beliebtes Gericht. Vorsichtig schwimmt Sarah weiter, darauf achtend, keine plötzlichen und ruckartigen Bewegungen zu machen. Je näher sie kommt, umso sicherer ist sie sich, dass dieses Wesen, das von den Wellen getragen wurde, nicht mehr lebt. Keinerlei Bewegungen gehen davon aus. Vielleicht ist es ein gestrandeter Baby-Delfin, den die Brandung wieder ins Meer zurück gespült hat? Zaghaft schwimmt sie näher – und seufzt erleichtert auf, als sie sieht, dass es sich rein farblich unmöglich um einen Meeressäuger handeln kann, eher um ein Stück Treibholz.

Als sie das Objekt endlich vor Augen hat, realisiert sie erst nicht, was es bedeutet. Ungläubig blickt sie auf die Meeresoberfläche, beäugt das vermeintliche Stück Treibholz, vergisst, Schwimmbewegungen zu machen, wird vom Wasser in die Tiefe gezogen, beginnt panisch zu paddeln. Als sie wieder auftaucht, blickt sie geradewegs auf den Ehering, der das Fleisch des Fingers an der aufgeschwemmten Hand eindrückt. Sie ragt aus dem dunkelbraunen Hemdstoff heraus, der in Fetzen an einer Gliedmaße hängt. Der Arm ist Sarah sehr vertraut. In ihren Schläfen pocht das Blut. Aber der Arm hört in Höhe des Ellenbogens einfach auf. Nein, er hört nicht einfach auf …

Der Stumpf sieht aus, als wäre die Extremität vom Körper abgerissen worden! Bei näherer Betrachtung kann sie Gebissspuren erkennen. Als Sarah begreift, was sie vor sich hat, bricht ein Schrei aus ihr heraus. Vor ihrem inneren Auge blitzen die Ereignisse von vor zwei Tagen auf.

Irgendetwas schepperte in der Küche. Oder hatte sie sich das eingebildet? Sie versuchte, Leonardo zu signalisieren, dass jemand auf der Jacht sein musste, aber er bewegte sich mit geschlossenen Augen in ihr und war völlig versunken in seinem Tun. Sarah sah eine Gestalt im Türrahmen stehen.

Die Person gab einen erstickten Laut von sich und ließ etwas fallen. Glas klirrte. Das schreckte auch Leonardo auf. Geistesgegenwärtig rollte er von Sarah herunter.

»Das darf doch nicht wahr sein!« Den Blick starr auf Leonardos nackte Körpermitte gerichtet, stand Elena im Türrahmen.

Sarah riss die Decke über ihre Brust. Hinter Elena tauchte der Haarschopf von Andreas auf.

»Was ist denn lo…?«

Abrupt blieb er stehen und starrte ebenfalls auf Leonardo. Ganz langsam ging Andreas' Blick über Leonardos Körper hinweg über die Decke bis zu Sarahs Hals und blieb an ihrem Muttermal haften. Schlagartig wurde sein Gesicht kalkweiß, der Mund zu einem Strich. Er ballte die Hände zu Fäusten. Dann ging alles ganz schnell. Er sprang auf das Bett und rammte Leonardo die Faust ins Gesicht.

Anstatt sich zu wehren, begann Leonardo zu lachen.

»Was ist, Andreas? Hast du mit Elena nicht so viel Spaß gehabt wie ich mit deiner Frau?«

Andreas schlug noch einmal zu. Blut spritzte aus Leonardos Nase.

»Anscheinend nicht.« Leonardo grinste immer noch. Eine Blutspur zog sich von seinem rechten Nasenloch über seine Lippen bis zum Kinn. Mit dem nackten Arm wischte er darüber und verteilte es im Gesicht.

»Los, kämpf wie ein Mann!«, schrie Andreas.

Leonardo hob die Schultern.

»Worum soll ich kämpfen? Ich hab alles, was ich will.«

»Scheißkerl!« Elena stürmte aus der Kabine.

Währenddessen schlug Andreas weiter auf Leonardo ein, der versuchte, dessen Arme festzuhalten oder dessen Schläge mit den Händen oder Beinen abzuwehren. Dann sah Andreas zu Sarah.

»Darum war es dir immer egal, wenn ich geflogen bin, anstatt mit dir über das Meer zu schippern!«

Sie schüttelte den Kopf. »So war das nicht, Andreas.«

»Ach ja? Wie war's denn? Wolltest du dich nur an ihm wärmen?«

»Du und ich, das ist doch schon lange vorbei.« Sarah nagte an der Unterlippe.

»Fein, dass ich das auch erfahre!« Abrupt ließ Andreas Leonardo los und fuhr sich durch die Locken.

»Wir wollten es euch heute Abend sagen«, gab Leonardo nach einer Weile zu.

»Bevor oder nachdem wir die Segel setzen?«

»Vorher, damit ihr euch noch entscheiden könnt, ob ihr nicht lieber auf das Festland zurückwollt.«

»Wie zuvorkommend! Ich muss gleich kotzen!«

»Bitte tu dir keinen Zwang an, das ist immerhin dein Bett.«

»Genau! Und meine Frau!«

Plötzlich wurde Leonardo von etwas Großem getroffen. Elena stand im Eingang. In einer Hand hielt sie eine Holztruhe. Leonardos Meeresschatz. Mit starrer Miene nahm sie ein Sammelstück nach dem anderen heraus und warf es nach Leonardo. Einige Muscheln konnte Leonardo mit den Händen abwehren oder fangen. Schneckenhäuser und Seeglasreste landeten mit leisem Klirren an der Wand, wo sie abprallten und zerbrachen.

»Und was ist mit mir? Was hast du mit mir vorgehabt?«

Rote Flecken breiteten sich auf Elenas Gesicht aus, die zusammen mit ihren Sommersprossen ein bizarres Muster auf der Haut bildeten. Ihre roten Locken standen wirr nach allen Seiten.

»Dauernd hast du mich angefleht, doch an Bord zu bleiben.« Rotz tropfte aus ihrer Nase. »Die offene See ist unglaublich Elena!«, äffte sie seinen Tonfall nach. »Das musst du mal erleben, Elena! Hab keine Angst, Elena, ich bin ja bei dir!«

Ein Riesenschneckenhaus krachte an die gegenüberliegende Wand. »Wolltest du mich so loswerden? Ha? Mich betrunken machen und dann über Bord rollen? Auf einer Insel aussetzen?«

»Nein, Elena.« Leonardo hob beschwichtigend die Arme. »Das war nie geplant.« Er deutete auf Sarah und auf das Bett. »Das hier ...«

»Wie lang geht das schon?«

»So richtig erst seit Bukit Lawang.«

»Bei der Elefanten-Dschungeltour zu den Orang-Utans hat es angefangen?«

Sarah nickte.

»Gefühle haben wir vorher schon entwickelt, aber versucht, diese zu unterdrücken.«

Andreas' Augen waren glasig, seine Fingerknöchel bluteten, er atmete schwer. Es traf Sarah mit voller Wucht. Nie im Leben hätte sie gedacht, dass Andreas so aufgewühlt auf ihre Untreue reagieren würde. Immerhin hatten sie den halben Trip über keinen Sex mehr gehabt und kaum miteinander gesprochen.

Elena hatte aufgehört zu werfen, kauerte mit angezogenen Knien am Boden und weinte.

In dem Moment knurrte Sarahs Magen.

Andreas kniff die Augen zusammen. »Wie kannst du in dieser Situation ans Essen denken?«

Sarahs Magen knurrte abermals.

Leonardo grinste. »Ich könnte auch einen Happen vertragen.«

»Ihr seid doch beide komplett übergeschnappt!« Andreas rieb sich die wunden Fingerknöchel und fixierte Sarah. »Ich hätte auf deine Mutter hören sollen! Zwei Tage vor der Hochzeit hat sie mich noch gewarnt.« Er stieg aus dem Bett, hob Elena hoch und trug seine laut schluchzende Schwägerin aus dem Zimmer.

Einarmig schwimmt Sarah ans Ufer zurück, den abgebissenen Arm hält sie in der anderen Hand. Zitternd schleppt sie sich über den Sand. Unter einer Palme bricht sie zusammen, wirft das Körperteil vor sich in den Sand und starrt ungläubig darauf. Was zur Hölle ist gestern passiert? Wo sind die anderen? Behutsam gräbt sie Leonardos Überreste unter der Palme ein, während unablässig Tränen über ihre Wangen laufen. Nach einer Weile steht sie auf, wischt sich den Rotz mit dem Shirt ab, klopft sich den Sand vom Körper und schaut zum Horizont. Keine ›Jessica‹. Die Hand wie den Schirm einer Kappe an die Stirn gelegt, sucht sie die Insel ab: nichts als Sand und Palmen. Sarah verlässt ihren schattigen Platz und läuft den Strand entlang. Weit können die anderen nicht sein. Die Sonne steht noch nicht hoch am Himmel, trotzdem ist es heiß. Nach fünfzehn Minuten beschließt sie, die Suche landeinwärts fortzusetzen. Nirgendwo findet sie ein Zeichen von Elena und Andreas. Wiederholt blickt sie auf das Meer hinaus, in der Hoffnung, die Segel der ›Jessica‹ auszumachen. Obwohl Leonardo offensichtlich von einem Hai angegriffen wurde und vermutlich tot ist, würde sie es dennoch wagen, zur Jacht zu schwimmen, wenn sie bloß wüsste, wo sie vor Anker liegt. Es bleibt ihr nichts anderes übrig, als den Vulkan zu erklimmen.

Ächzend stapft sie den steilen Pfad hinauf. Schweiß läuft in kleinen Rinnsalen den Rücken hinunter. Sie kämpft mit dieser Art Hitze, die man toll findet, wenn man sie am Strand auf einer Liege genießen darf, ab und zu abgekühlt durch ein paar Schwimmzüge im Meer oder einen frisch gemixten Coco Loco. Aber nicht, wenn man einen Berg hochklettern muss, der nur spärlich bewachsen ist und kaum Schatten spendet. Auf der anderen Seite der Insel gibt es Wald, aber rundherum auch jede Menge Steilküste, deshalb muss sie aufpassen, nicht abzustürzen. Angestrengt blickte sie auf den Boden, damit sie nicht aus Versehen auf eine Schlange tritt. Der Weg verschwimmt vor ihren Augen, als der gestrige Abend sich in ihrem Geist erneut abspielt.

Das Feuer knisterte. Schweigend saßen sie auf ihren Handtüchern und starrten in die Flammen. In der Glut lagen die Alupäckchen mit dem frisch gefangenen Bonito und Chayote mit Süßkartoffeln. Dieser Abend hatte den Geschmack von Abschied und Trauer. Mit Andreas verbanden Sarah immerhin über zwanzig Jahre Ehe und zwei Kinder. Selbst wenn in den letzten Jahren Langeweile und Gleichgültigkeit eingekehrt waren, konnte sie nicht von der Hand weisen, dass sie ihn einmal geliebt hatte, vor langer Zeit. Und er sie. Doch ihre Gefühle für Leonardo ließen sich nun mal nicht wegwischen.

Gerade eben hatten sie zusammen beschlossen, dass Manuk die letzte Station sein sollte. Morgen würden sie nach Bali fahren. Von dort aus planten Andreas und Elena nach Java, Jakarta oder Bangkok zu fliegen, um nach Hause zu gelangen. In Wien wollten beide die Scheidung einreichen. Sobald die Papiere fertig waren, würden Sarah und Leonardo ihren Standort bekannt geben. Die Kinder waren groß, ein Sorgerechtsstreit bliebe ihnen erspart. Sarah verzichtete auf Unterhalt, sie hatte ja genug geerbt. Seltsamerweise liefen die Gespräche ruhig und gefasst ab, beinahe emotionslos. Irgendwie alles zu easy, dachte Sarah. Weder Andreas noch Elena hatten versucht, ihre jeweiligen Ehepartner umzustimmen oder gar zurückzugewinnen. Vielmehr sah es danach aus, als seien sich ihre Schwester und ihr Ehemann einig. Immer wieder strich Andreas mit den Fingerkuppen über Elenas Unterarme oder sie schenkte ihm ein Lächeln. Lief da irgendetwas? Leonardo zuckte die Achseln, als sie ihm ihren Verdacht ins Ohr flüsterte.

»Und wenn schon, dann wäre ja alles bestens.«

Sie beschlossen, ihre Zelte auf der Insel aufzubauen und dort zu übernachten. Es hatte einen ganz eigenen Charme, auf einer unbewohnten Insel mitten im Ozean zu schlafen.

»Dann wollen wir mal auf euer neues Glück anstoßen.« Andreas entkorkte den balinesischen Hatten Aga White, nahm einen Schluck und reichte die Flasche mangels Gläser an Leonardo weiter. Der trank in großen Schlucken, wischte sich mit dem Ärmel den Mund ab und gab sie an Elena weiter, die nur nippte. Mit einem schiefen Lächeln nahm Sarah sie entgegen, bewusst, dass sie ihre Schwester für immer verloren hatte. Die ganze Situation war grotesk und unwirklich.

Die Pulle war rasch geleert. Andreas entkorkte eine weitere. Sarah konnte sich nicht mehr erinnern, wie viel sie an diesem Abend zusammen getrunken hatten, aber sie wusste noch genau, dass sie sofort einschlief, als sie neben Leonardo ins Zelt gekrochen war. Andreas und Elena hatten zu diesem Zeitpunkt im anderen Zelt längst das Licht gelöscht. Zumindest war das ihre Erinnerung.

Das Zelt! Sarah blinzelt. Sie steht jetzt am obersten Punkt des Berges und sieht zum Strand auf der anderen Seite hinunter. Dieser graue Fleck muss eines der Zelte sein. Aber wo ist das andere? Mit einer Hand schirmt sie die Augen von der Sonne ab und schaut auf das Meer, das ruhig und türkisblau vor ihr liegt. Ganz weit entfernt meint sie die Segel der ›Jessica‹ zu erkennen. Das konnte doch nicht wahr sein! Niemals legten sie die Jacht so weit weg vom Ufer vor Anker! Da fällt ihr auf, dass sich der Punkt entfernt. Die Jacht fährt von der Insel weg. Ohne sie? Sarah läuft panisch den Berg hinunter, ignoriert den stechenden Schmerz in der Seite und das

Brennen in den Beinmuskeln. Keuchend bleibt sie vor dem Zelt stehen. Es ist tatsächlich nur eines. Die Feuerstelle ist kalt. Aus den Folien stinken Fischreste. Zwei Schlangen schlängeln sich um die Fischgräten. Rasch zippt sie das Zelt auf und kriecht hinein. Auf der Luftmatratze liegt ein Zettel.

Liebste Sarah,
ich respektiere deine Entscheidung. Es war immer spürbar, dass dir das Leben mit mir nicht aufregend genug war. Sicherheit, ein Heim und Liebe hast du von mir bekommen. Du wolltest Abenteuer, Meer und Leidenschaft. Das gleiche will auch Leonardo. Deshalb haben Elena und ich beschlossen, euch zu geben, wonach ihr dürstet, während wir ab sofort unser Leben gemeinsam genießen werden. Geld ist ja reichlich da. Wir haben das Boot (ja, ich weiß, was du sagen willst) genommen und fahren damit nach Ambon zurück. Im Gegensatz zu euch haben Elena und ich nur so getan als würden wir trinken. Dir und Leonardo wünschen wir alles Gute und hoffen, euch damit euren Traum erfüllt zu haben. Vielleicht schauen wir in einem halben Jahr mal vorbei, um zu sehen, wie es euch geht. Ich hoffe, du hast bei der Serie Lost gut aufgepasst, damit du dieses Inselleben überstehst, auch wenn es dort, wo du jetzt bist, wesentlich mehr Haie und Schlangen gibt. Und da ist ja noch dieser Vulkan, der jederzeit ausbrechen kann und gestern Nacht schon ordentlich geraucht hat. Aufregend, nicht wahr? Und dein ,Da Vinci für Arme' blutet noch wie die Sau, besser, er schwimmt uns nicht hinterher. Sonst bist du gleich allein. Ich würde euch raten, euch ein Floß zu bauen und bald abzuhauen. Die nächste Insel heißt übrigens Serua und ist nur schlappe 90 Kilometer südwestlich entfernt. Aber dein perfekter Desmond alias Leonardo kann ja alles. Eine kleine Survival-Grundausstattung haben wir euch hiergelassen. Wir sind ja keine bösen Mörder, nicht wahr? Auf jeden Fall wirst du jetzt viele Abenteuer erleben, wenn es vermutlich auch eine sehr kurze Zeit sein wird. Ich habe gelesen, dass in den 30er Jahren eine Schiffsbesatzung einen ganzen Monat lang von Vogeleiern gelebt hat. Du müsstest deinen

veganen Lebensstil halt leider hinterfragen, wenn du am Leben bleiben willst.

In ewigem Hass – nicht mehr Dein Andreas.

Das Papierstück gleitet aus ihren Fingern. Erst jetzt fällt ihr auf, dass ein Rucksack auf ihrer Decke liegt, den sie nicht kennt. Schwer atmend löst sie die Kordel und dreht den Ranzen um. Heraus fallen ein Messer, Reisenähzeug, ein Kompass, zwei Evianflaschen, Eiweißriegel und Streichhölzer. Eine der Flaschen leert sie sofort. Fahrig fährt sie mit der Hand nochmals in den Sack, guckt in die Außentaschen, durchwühlt das Zelt. Natürlich! Kein Handy! Andreas und Elena haben an alles gedacht. Der perfekte Doppelmord, schallt es durch ihren Anwältinnenkopf.

Im Zelt ist es ihr augenblicklich zu eng, zu stickig und zu heiß. Mit pochendem Herzen läuft sie nach draußen, zerrt an ihren Kleidern, hustet, sieht schluchzend auf den Ozean, fühlt sich wie gestern, nur ist es jetzt helllichter Tag. Am Horizont kann sie durch den Tränenschleier zwei graue spitze Rückenflossen zucken und Kreise ziehen sehen.

Sie denkt an ihre Kinder, die sie nie wiedersehen wird, an ihre Yacht, an ihre Träume und Wünsche, an Leonardo in ihren Armen, seine Küsse, seine Leidenschaft und ihre Liebe zu ihm, dann an Leonardos zerfetzten Arm.

Voller Verzweiflung sackt sie auf die Knie und stößt einen lang gezogenen Schrei aus …

AUSTRALIEN

Australien, Queensland

Christiane Geldmacher **Totgesagt**

2. Februar 1849

Liebe Charlotte,
entschuldige bitte, dass ich mich erst jetzt, nach so vielen Jahren melde. Es ist unverzeihlich! Aber ich habe mich immer wieder hingesetzt und geschrieben und dann die Seiten wieder zerrissen. Mal klang es zu förmlich, mal zu akademisch, mal zu banal und mal zu eitel. In einem Brief zählte ich dir tatsächlich alle Tierarten auf, die innerhalb dieser kurzen Zeit in Australien inzwischen nach mir benannt worden sind!

Jedenfalls waren meine Worte nie gut genug für dich, meine Freundin aus Kindertagen in Brandenburg ... Ich hoffe trotzdem, der gute Fritz hat dir meine innigen Grüße ausrichten lassen? Sie kamen von Herzen.

Nun habe ich endlich Zeit und Muße und kann meine Gedanken frei schweifen lassen, denn ich sitze im Nirgendwo, unter dem Kreuz des Südens, unter dem strahlenden Himmelszelt des Südkontinents, allein, kein Mensch weit und breit. Ich habe mir geschworen, diesen Brief hier endlich abzuschicken, ganz gleich, wie banal oder eitel er wirkt. Selbst wenn ich anfangen sollte, dir all die Tierarten aufzuzählen, die in der Zwischenzeit nach mir benannt worden sind.

Doch zunächst: Wie ist es zu Hause? Ich höre, die Revolution sei ausgebrochen? Gute Sache, ich bin d'accord! Die Liberalen haben mich an ihrer Seite, wenn auch nicht als Kämpfer – du weißt, dass ich Pazifist bin. Ich war jahrelang ein klassifizierter und nummerierter Deserteur. Dieses Etikett hat mir die Heimat verpasst, weil ich mich weigerte, den Kriegsdienst abzuleisten. Als hätte ich

163

nichts Wichtigeres zu tun, als in den Krieg zu ziehen. Da wartete noch ein unentdeckter Kontinent auf mich, den noch kein Weißer durchquert hatte ...

Und siehe an, kaum war mir das gelungen, verliehen die Brits mir renommierte Geo-Entdeckerpreise und etikettierte man mich in Preußen nicht mehr als Deserteur, sondern als eine wichtige Persönlichkeit. Ich brauche dir nicht zu sagen, was ich von solcherlei intellektueller Inkonsistenz halte. Entweder ich bin ein Deserteur oder ich bin keiner. Was hat es damit zu tun, dass ich am anderen Ende der Welt achttausend Kilometer von Brisbane nach Port Essington marschierte?

Also, fürs Protokoll: Ich bin ein Deserteur. Ich habe den Kriegsdienst verweigert.

Aber ein Entdecker mit vielen Preisen bin ich freilich auch.

Zu Anfang in Sydney hatte ich ganz schön Schwierigkeiten. Es ist nicht so, dass ich die Brits nicht mag – ich mag sie, und die Jahre in England zählen zu meinen besten. Aber erstens betrachten sie den Kontinent als eine Sträflingskolonie und zweitens tun sie so, als ob er nicht besiedelt wäre. Das ist er jedoch. Hier leben Aborigines, Melanesier und Indonesier. In Victoria, im Süden, hat man den Aborigines Land abgekauft: Wie passt das zusammen mit ›unbesiedelt‹?

In diesem Punkt gerate ich hier mit allen aneinander. Für die Brits bedeuten Siedlungen Straßen, Häuser, Dörfer, Städte, alles aus Stein. In diesem Sinne ist Australien nicht besiedelt. Aborigines sind Nomaden, die nur so lange in Lagern bleiben, solange sie in der Umgebung ihren Unterhalt finden. Das heißt jedoch nicht, dass sie nicht territorial wären. Sie sind es, man sieht es nur nicht. Sie brauchen keine Zäune oder Grenzmauern wie wir, die Clans wissen genau, wie die Territorien aufgeteilt sind, von denen es unzählige verteilt über den ganzen Kontinent gibt. Das ist das grundlegende Missverständnis hier und nur vorgeschoben, um das Land in Besitz zu nehmen ...

Leider habe ich die Bekanntschaft eines Mannes namens Bungaree verpasst, der in Sydney lebte und als erster Entdeckungsreisender der Aborigines gelten kann. Er segelte zusammen mit Matthew Flinders 1802 und 1803 um ganz Australien – Herrgott, was wäre ich gern dabei gewesen! Eine schillernde Persönlichkeit muss er gewesen sein, sehr exzentrisch, in einem langen Militärmantel mit Hut (er wurde oft porträtiert).

Exzentrische Porträts mit Spitzhütchen und in kurzen Hosen gibt es allerdings auch von mir, ich lege dir eine Zeichnung bei: So laufe ich hier im Outback herum – aber nein, ganz so dünn bin ich nicht; die Zeichnung ist eher wie eine Karikatur meiner selbst. Ich bin muskulös wie ein Eichhörnchen ...

Also, ich mag die Brits, aber sie können einem auch furchtbar auf die Nerven gehen. Sie sind Snobs und ihr Snobismus trifft alle Leute, die keinen Oxford-Akzent haben. Ich habe in England hart an meinem Akzent gearbeitet, aber hin und wieder bricht er natürlich durch, insbesondere wenn ich vom Englischen ins Deutsche wechsle. Auch was ihre Manieren und Rituale anbetrifft, sind sie unbarmherzig. Man muss sich das vorstellen: Diese Leute sitzen hier auf diesem fremden Kontinent, der in seiner Ursprünglichkeit und Urtümlichkeit seinesgleichen sucht, und sie schleppen ihr ganzes sperriges Mobiliar mit herüber und konsumieren ›zivilisiert‹ auf ihren Sofas Earl Grey und Scones!

Mich langweilte das offen gesagt von Tag eins an, deswegen war ich nicht hierher gekommen. Aber ich musste genau diese Leute hofieren, um Geldgeber für meine Expeditionen zu finden. Hinzu kommt, liebe Charlotte, dass ich eine Vielzahl unerfreulicher Verkupplungsversuche über mich ergehen lassen musste. Ständig wurde ich zu irgendwelchen Lunches auf Homesteads eingeladen, von denen ich annahm, es ginge um notwendige Investitionen für die Expeditionen: Stattdessen saßen da kuhäugige Engländerinnen am Tisch, die mich mit nur einem einzigen Wimpernschlag als denkbar ungeeigneten Heiratskandidaten identifizierten. Zugegeben, nach ein, zwei dieser Begebenheiten erschien ich nur noch in abgerissener Expeditionskleidung, was zwar meinem Ruf insgesamt schadete, aber meine Prioritäten schon an der Haustür klarmachte.

An Australien interessieren mich nicht die englischen Siedlungen, sondern die unermessliche Weite dieses Kontinents ...

Ich war noch nicht mal ein Jahr hier, als mir der Geduldsfaden riss und ich mich allein auf den Weg in die Wildnis machte. Ich fuhr mit einem Schiff die Ostküste hinauf bis zum Hunter River. Von dort aus wanderte ich ins Landesinnere. Ich ging, wie die Ureinwohner so treffend sagen, auf einen Walkabout. Viertausend Kilometer habe ich in diesen großartigsten Monaten meines Lebens zurückgelegt. Es gibt nichts Ergreifenderes, als in australischen Nächten alleine draußen zu sein. Du entdeckst hier Tiere, die du nicht für möglich halten würdest. Zumindest landeinwärts sind sie alle auch friedlich (an der Küste gibt es Haie und Krokodile) und sie tragen Aboriginenamen: Kängurus, Koalas, Wombats.

Dabei habe ich mir einen Dingo herangezogen; einen Hund, der mein stetiger Begleiter und treuer Freund wurde und ist und in diesem Moment neben mir liegt und schläft. Überall traf ich auf Ureinwohner, wohin ich auch schaute: Ihre Lagerfeuer waren in jeder Richtung zu sehen.

Ich kam sehr gut mit ihnen zurecht. Wenn sie etwas nachvollziehen können, dann ist es, dass man herumläuft und etwas zu essen sucht. Ich habe viel von ihnen gelernt und benutzte gern ihre verlassenen Lager, die sie längs der Flüsse errichteten. Ihre Sprache lernte ich auch. Und zumindest die Aborigines, mit denen ich eine gewisse Zeit verbrachte, können jetzt ein bisschen Deutsch.

Als ich wieder nach Sydney zurückkam, hatte man mich bereits totgesagt. Für die Kolonisten war ich bis dahin nur ein Narr gewesen, ein Eigenbrötler, den es raus in den Busch zog. Nun aber kehrte ich mit Kartenmaterial zurück, mit einem Notizbuch voller Zeichnungen und einer recht genauen Vorstellung davon, wie es in der weiteren Umgebung des Hunter River aussieht (das menschliche Auge kann zweihundert Kilometer weit sehen). Kurz und gut – plötzlich wollten sie alle mit mir reden, rannten mir die Türen ein und fanden, ich sollte das Ganze richtig angehen, statt immer nur allein im Busch herumzustolpern.

So kam es, dass ich endlich meine erste Expedition zusammenstellen konnte. Mit mir ins Hinterland zogen sechs Brits (Naturforscher und Botaniker wie ich), ein afroaustralischer Koch sowie zwei eingeborene Fährtensucher, denen die Brits die englischen Namen Charley Fisher und Harry Brown verpasst hatten. Rate, mit wem ich am liebsten zusammen war und mit wem ich direkt unter dem australischen Himmelszelt genächtigt habe!

Die Expedition führte von Moreton Bay in Queensland nach Port Essington im Northern Territory. Im Endeffekt brachten wir also achttausend Kilometer hinter uns. Das Land, das wir durchquerten, war gesegnet: alles Dschungel, alles Urwald. So muss, liebe Charlotte, dieser Urkontinent Gondwana ausgesehen haben! Es war schwer durchzukommen und es war heiß, sehr heiß.

Einen normalen Expeditionstag kannst du dir so vorstellen: Morgens werde ich vom Keckern des Kookaburras aus dem Schlaf geholt. (Wäre ich ein Zyniker, würde ich dir einen schicken! Viele Kolonisten sind sich nicht zu schade, die bunte Vogelwelt vom Himmel zu holen und sie unten in Käfige zu stecken. Ich hingegen lasse die Papageien und Kakadus, die ich in den backyards entdecke, frei). Zuerst wecke ich die anderen. Das Frühstück besteht aus Tee, Fleisch und Damper, einem Fladenbrot. Danach werden die Tiere – die Pferde und die Ochsen – beladen und gegen neun Uhr ziehen wir los. Vier Stunden lang kämpfen wir uns durch das Dickicht des Outbacks, dann suchen wir ein geeignetes Lager, idealerweise an einem Fluss. Hier gehen wir alle unseren Pflichten und Vorlieben nach: Ich entfache das Feuer, Harry Brown holt das Wasser, James Calvert kocht. Der Nachmittag steht uns zur freien Verfügung. Manche halten die Ausrüstung in Schuss, andere ruhen sich aus, ich erkunde mit meinem Pferd die Gegend und mache Notizen. Abends kommen wir alle zum Essen und besprechen den Tag. Schließlich breite ich mich draußen aus, während die Brits possierlich in ihren Zelten verschwinden. Sie erwiesen sich oft als schwierig, kann ich dir sagen, dauernd gab es Diskussionen über den Tagesablauf. Unter dem Strich waren sie kaum damit einverstanden, dass ausgerechnet ein Deutscher ihr Expeditionsleiter war.

Oft stellten sie mich in Frage. Schließlich schickte ich einen von ihnen mitsamt dem Koch zurück, weil er mehr Verpflegung kostete als zur Verfügung stellte – sollte der anstrengende englische Rest doch selbst jagen und fischen gehen – es gibt schließlich reichlich Kängurus, Vögel, Enten und Fische!

Dann kam der schwärzeste Tag der Expedition. Es gab eine furchtbare Auseinandersetzung mit Aborigines, nachdem Charley Fisher und Harry Brown versuchten, mit deren Frauen anzubandeln. Keine gute Idee! Der Stamm überfiel uns, zwei der Männer wurden schwer verletzt und der Botaniker John Gilbert durch einen Pfeil getötet. Wir konnten der Täter nicht habhaft werden – ganz im Gegenteil, wir waren heilfroh, ihnen zu entkommen.

Am 17. Dezember 1845 langten wir, jetzt nur mehr sieben Expeditionsteilnehmer, mit unseren Pferden und einem Ochsen in Port Essington an der Timorsee im Norden Australiens an. Wir lösten dort eine geradezu hysterische Euphorie aus und erwiesen uns als eine höchst willkommene Abwechslung für die Siedler. En detail mussten wir von unserer Reise berichten und wie die Dinge in Sydney und Melbourne standen. Tapfere Leute sind das dort in Port Essington! Sie transportierten sieben Fertighäuser aus Holz dorthin und errichteten sie auf Pfählen. Aber dann kam ein Zyklon und sie bauten Backsteinhäuser. Sie pflegen Handelsbeziehungen mit Timor, da sitzen die Portugiesen. Kommandant John Mac-Arthur schreibt als Absender auf seine Briefe »Port Essington, World's End«. Von den Aborigines müssen die Einwohner der Siedlung viel Spott ertragen, weil sie in der Hitze in ihren Uniformen herumlaufen. Vier Wochen haben wir uns da erholt – ich war natürlich jeden Tag im Busch und am Meer – dann sind wir längs der Ostküste wieder hinunter nach Sydney gesegelt, wo ich – wiederum totgesagt – mit großem Staunen und Hurrarufen empfangen wurde. Fahnen flatterten und Glocken läuteten.

Mit dieser Expedition, dem Durchbruch an die Timorsee, schrieb ich mich in die Geschichtsbücher ein. Andere Preise gewann ich auch: im April 1847 den der Pariser Geografischen Gesellschaft für die bedeutendste geografische Entdeckung des Jahres sowie die Fördermedaille der englischen Royal Geographical Society. Ich hatte viel zu erzählen, einen ganzen Sack voll Informationen für die Kolonialisten, und teilte artig all mein Wissen und meine Aufzeichnungen.

Gut und schön!

Aber – du kennst mich – ich wollte mehr, ich wollte so schnell wie möglich wieder weg. Ich dachte an John Gilbert, der mir nächtelang damit in den Ohren gelegen hatte, den Kontinent von Ost nach West, von Brisbane bis Perth zu durchqueren, wo er gelebt hatte. Diese Idee hat die ganze Zeit in mir weitergearbeitet: Ja, das war die nächste Aufgabe!

Wie der Kontinent an den Rändern und am nordöstlichen Ende aussieht, davon können wir uns in der Zwischenzeit ein Bild machen; was im Inneren ist, davon nicht. Es gibt Hinweise auf einen riesigen Inlandsee, der die großen Flüsse speist, die sich in den Pazifik und in den Indischen Ozean ergießen. Ist im Inneren ein Garten Eden oder eine Wüste? Welchen Tieren wird man begegnen? Welchen Menschen? Gibt es Flüsse, Städte, Straßen, Schulen, Kirchen? Gibt es Bodenschätze? Gold? Silber?

Während die anderen in Bondi Beach am Strand lagen, machte ich mich an die Planung der nächsten Expedition, die von den Darling Downs quer über den Kontinent zum Swan River führen sollte. Ich stellte wieder eine Mannschaft auf, besorgte neue Ausrüstung, Fördergelder. Think big! Am 10. Dezember 1846 brachen wir mit einer Karawane von acht Leuten und 430 Tieren auf, darunter Pferde, Rinder und Schafe. Ich hatte gelacht, als die Brits mir diese Zahl nannten. »You must be kidding!«, rief ich, doch sie meinten es tatsächlich ernst. Die Siedler in Perth brauchen Vieh, hieß es.

Um es kurz zu machen: Genau das war der entscheidende Fehler. Wir waren auf dieser Expedition fast nur mit den Tieren beschäftigt und kamen kaum vorwärts. Wir landeten im Dschungel und der, musst du wissen, ist ein mächtiger Gegner. Es lässt sich dort nicht einfach auf Bergkämmen entlang spazieren, es geht hinauf und hinunter.

Diese Expedition fand sehr zu meinem Ärger ein vorzeitiges Ende. Nach achthundert Kilometern mussten wir aufgeben, das Wetter spielte nicht mit, es schüttete unausgesetzt, die Leute wurden krank, die Malaria grassierte. Ich wäre gern allein weitergezogen, mit nur ein paar Leuten und Tieren, war als Expeditionsleiter aber natürlich gezwungen, mit den anderen zurückzukehren. Schließlich trug ich die Verantwortung für sie.

Totgesagt, kehrten wir am 9. Oktober 1847 nach Sydney zurück. Ich wollte mein großes Vorhaben, Australien zu durchqueren, nicht aufgeben. Am liebsten wäre ich umgehend allein mit meinen Aborigine-Fährtensuchern aufgebrochen wie echte Nomaden, ohne große Ausrüstung. Ich weiß, wie das geht. Dieses Land ist unermesslich, aber überall leben Menschen. Sie ziehen herum. Sie sind nicht feindselig, solange man sich ihnen angemessen und respektvoll nähert. Natürlich bin ich auf der Hut: Der Überfall der Aborigines, bei dem John Gilbert ums Leben kam, wird mich mein Leben lang verfolgen.

Diesmal wählten wir eine andere Route, die um die Simpson's Wüste herumführte: Dort konnte man wenigstens nicht im Morast versinken. Zwei bis drei Jahre veranschlagte ich für die Reise. Wieder ging es in die Darling Downs und von dort aus zogen wir über Mount Abundance zu Macpherson's Station, die wir im April 1848 erreichten. Wir tankten noch ein paar Tage Kraft, dann brachen wir auf. Wir hatten nur das Lebensnotwendigste dabei, keinen überflüssigen Ballast. Wegen der großen Hitze wanderten wir abends und nachts, tagsüber schliefen wir in schattigen Winkeln, so es denn welche gab. Nach einiger Zeit machten es mir meine britischen Freunde nach und schnitten sich die Hosen ab und ritten nur noch im Hemd. Von außen betrachtet, verwahrlosten wir zusehends, wurden aber den Aborigines dadurch immer ähnlicher. Wir unterhielten uns viel mit ihnen. Sie machten uns unmissverständlich klar, dass es im Inland immer weniger Wasser und Vegetation gebe. Auch von großen Salzwasser- statt Süßwasserseen war die Rede. Die Landschaft der neuen Route war eine ganz andere als der Regenwald an der Küste. Sie gefiel nicht allen, vermutlich war ich der Einzige, der gespannt darauf war.

Ich fand in der Wüste eine herbe Schönheit. Der Boden war, besonders in den Morgen- und Abendstunden, glutrot, Spinifexbüsche fegten vorbei und es gab ganz zauberhafte Wildblumen (ein paar lege ich dir bei). »Keine Menschenseele hier, alles tot«, knurrten die Brits, denen es an jeglichem Verständnis für diese Landschaft fehlte, und ich antwortete, dass das Unsinn sei. Menschen lebten hier und wir bräuchten uns nicht der Illusion hinzugeben, dass wir die Ersten seien, die diese Wüste durchquerten, um in den Westen zu gelangen. »Wir müssen es aber so verkaufen«, lautete die Antwort. »Ob sich die Schwarzen hier herumtreiben oder nicht. Das ist gleichgültig.«

Worauf die übliche nervenzerrüttende Debatte losbrach, welche Rasse der anderen überlegen sei.

Nicht lange danach gab es weitere heftige Auseinandersetzungen darüber, welche Route unsere Expedition einschlagen solle. Wir teilten uns schließlich, die Brits blieben unter sich und waren, so vermute ich, froh, uns andere loszuwerden. Ich zog allein mit den beiden Aborigines davon.

Gute Entscheidung! Seitdem herrscht Frieden. Wir drei kommen prächtig miteinander aus. Natürlich hilft es mir auch bei der Kontaktaufnahme, in Begleitung zweier Einheimischer zu sein. Wir sind wohl eine ulkige kleine Dreierformation mit skurrilen Ausrüstungsgegenständen, die stets von den anderen mit vielem »Ah!« und »Oh!« begutachtet werden. Die Einheimischen wundern sich zwar über mein Aussehen, aber da ich nicht in albernem Armeeornat herumlaufe, sondern nur in kurzer Hose und Unterhemd, braungebrannt und mit struppigem Bart, gelte ich fast als einer von ihnen. Mein Ruf jedenfalls eilt mir voraus. Alle sind ganz besessen davon, mich kennenzulernen, und ich werde von Aborigine-Clan zu Aborigine-Clan weitergereicht.

Und so findest du mich nun in der Gegenwart: Ich wandere, ich reite durch einsame Gegenden und ich schreibe alles auf, was ich sehe. Ich bin ein glücklicher Mensch auf Walkabout!

Die Zeitplanung für die Expedition habe ich ganz umgeworfen. Um ehrlich zu sein, habe ich die ganze Expedition aufgegeben, es weiß nur noch keiner. Warum auch nicht? Ich hatte meinen Moment in der Geschichte mit dem Durchbruch nach Port Essington. Ich hatte meine Preise. Natürlich könnte ich meinem Pferd die Sporen geben, damit ich auf jeden Fall noch vor den Brits die Ost-West-Route schaffe. Aber diese Konkurrenz liegt mir nun so fern wie nur was. Den beiden Aborigines auch, sie leben genauso im Hier und Jetzt wie ich.

Ab und zu mache ich mir Gedanken, was wohl aus meinen drei englischen Reisekameraden geworden ist. Vermutlich haben sie es aber geschafft und den Weg nach Perth gefunden. Ich würde es ihnen gönnen. Sie hatten die besseren Argumente als ich, ich war stur, unzugänglich.

Ich führe nun ein Leben, wie ich es mir immer erträumt habe: im Freien, in der Natur, in der Wildnis. Vielleicht sollte ich mich irgendwo fest niederlassen? Nicht unbedingt hier in der Wüste, aber irgendwo an der Nordküste vielleicht, am Meer? Alles ist Mythos in diesem Land, und so werde auch ich vermutlich zu einem Mythos werden, falls ich weder irgendwo ankomme noch jemals zurückkehre …

Wahrscheinlich werden mir Suchtrupps hinterhergeschickt werden; und wenn sie mich nicht finden, werden sie annehmen, ich sei verdurstet oder verhungert oder von Aborigines getötet worden wie der arme John Gilbert. Die mich gut kennen, werden jedoch vermuten, dass ich mich Nomaden angeschlossen habe. Sie wissen von meiner Zivilisationsmüdigkeit.

Vielleicht gründe ich eines Tages eine Familie? Es wäre eigentlich schade, es nicht zu tun. Auch Sesshaftigkeit wäre ein Abenteuer für sich, Charlotte!

Verzeih, der Brief ist nun recht lang geworden, ich gebe ihn dem Nächstbesten mit, der in die Nähe einer Poststation gelangen wird.

Aber gestattest du mir, zum Schluss noch einige Tiere aufzuzählen, die nach mir benannt wurden?

Da hätten wir Pristis pristis, den Gewöhnlichen Sägefisch oder auch Leichhardt Fisch. Scleropages leichardti ist ein Süßwasserfisch, der gepunktete Barramundi und Leichhardt's Grasshopper, ein … nun … ein Grashüpfer.

Mein botanisches Kürzel ist Leichh.

Ich habe mir erlaubt, im Golf von Carpentaria einen Fluss Leichhardt River zu nennen, um einen Claim für meine Unsterblichkeit abzustecken. Lach mich bitte nicht aus!

Wenn dir, liebe Charlotte, alles zu unübersichtlich oder zu unruhig wird in Deutschland, komm einfach nach Australien. Du wirst mich schon finden. Die Weißen sind hier bekannt wie bunte Hunde. Frag dich von Sydney einfach bis in den Norden durch.

Immer dein,
Ludwig

Anmerkung:

Ludwig Leichhardt gilt als der berühmteste Cold Case Australiens. Sein Schicksal ist bis heute ungeklärt. Er wurde 1814 in Trebatsch in Brandenburg als siebtes von neun Kindern einer Torfstecherfamilie geboren. Sein Todesdatum wird mit 1848 angegeben, aber dahinter steht ein Fragezeichen. Gemeinhin geht man davon aus, dass er umgebracht wurde: Dieser zukunftsgewandte Brief erweckt ihn im Februar 1849 jedoch wieder zum Leben.

Ludwig Leichhardt studierte Metaphysik, Religionsgeschichte, Sprachwissenschaften, Naturgeschichte, Botanik, und Physik in Berlin und Göttingen, er lebte in Paris und London. Nachdem er den Kriegsdienst in Preußen verweigert hatte, schiffte er sich von Cardiff aus nach Australien ein. Seine letzte Expedition, die ihn von Brisbane an der Ostküste nach Perth an der Westküste führen sollte, verschwand spurlos im Inland. Nahezu jedenfalls: Teile seiner Ausrüstung tauchten immer wieder in Aboriginebeständen auf. Bäume entlang seiner Route waren mit einem ›L‹ markiert. Vor einigen Jahren schließlich fand man sein Gewehr in einem

Baobab-Baum an einer Stelle, an der er schon zwei Drittel seiner Expedition hinter sich gebracht gehabt hätte.

Man sucht ihn immer noch. Und immer wieder. Zu Fuß, zu Pferd, mit dem Motorrad.

Ludwig Leichhardt lebt fort in den Geschichten, in der Literatur und in der Mythenbildung Australiens. Als Geist und als Wanderer, als Reisender und Nomade.

SÜDAMERIKA

PERU

Ursula Schmid-Spreer **Ein unerwartetes Geschenk**

»Was machen wir nun mit ihm?« Pablo kratzte sich am Kopf, strich eine lange Haarsträhne nach hinten.

»Am besten legen wir ihn vor das Kloster Sta. Elizabeth. Die kümmern sich doch um solche wie ihn.« Lino deutete mit dem Finger auf den Mann, der zusammengekrümmt vor ihm auf dem Boden lag.

Die beiden sahen sich wissend an, hievten den Mann in ihr Tuk-Tuk und fuhren los. Keinen Mucks gab er von sich, ganz gleich wie sehr er durchgeschüttelt wurde.

Es war nicht allzu weit zur Straße Jirón Bolivar, in der das Kloster mit dem Kinderheim und der Schule beheimatet war. Vor dem Gebäude befand sich ein kleines Rasenstück, zur Straße hin war es mit einem Gitterzaun gesichert. Die dazugehörige Tür war nur angelehnt. Ein vorsichtiger Blick in alle Richtungen, niemand nahm Notiz von ihnen. Sie zogen den bewusstlosen Mann aus dem Gefährt, schleiften ihn die wenigen Meter über den Rasen vor die Haustür und verschwanden auch schon wieder im dreirädrigen Fahrzeug.

»Das schaut affig aus«, sagte Pablo, wie um sich selbst mit etwas Alltäglichem zu beruhigen. Er strich über den orangefarbenen Pannesamt, mit dem das Armaturenbrett ausgelegt war. Künstliche Rosen waren darauf drapiert. Am Spiegel hingen mehrere Rosenkränze, im Fußraum warteten ehemals grellbunte Abtreter.

»Ist halt mein Geschmack«, antwortete Lino beleidigt. Auf dem Boden rollte eine Dose mit Fichtennadelgeruch hin und her. Die griff er sich und benutzte sie nun reichlich, als könnte er damit auch die Erinnerung an den Mann wegsprühen.

»Wir sind vielleicht blöd«, meinte Pablo. Er schlug sich gegen die Stirn und das Tuk-Tuk brach kurz nach links aus. »Wir hätten den Mann wenigstens nach Geld durchsuchen sollen. Immerhin war er sehr gut gekleidet.«

»Zu spät!«

Schwester Veronica hatte die Zeit vergessen, so vertieft war sie in ihr Gebet gewesen. Die Kinder im ›Zuhause‹, von allen hogar genannt, machten ihr Sorgen. So viele peruanische Eltern konnten sich nicht mehr um ihre Kleinen kümmern. Erst vor ein paar Tagen hatten sie Joana dazubekommen. Unterernährt und krank. Die Eltern waren mit dem Kind im Spital gewesen und dann einfach abgehauen. Jetzt war sie im hogar aufgenommen.

Manchmal erdrückten Schwester Veronica die Sorgen, wenn sie das Elend sah. Sie straffte ihre Schultern, schlug das Kreuzeichen und machte sich auf den Weg ins Kloster. Sie ging zu Fuß, denn es war nicht weit. Auch wenn sie jetzt zum Abendessen etwas zu spät kommen würde, wollte sie die Zeit nutzen und nachdenken. Iglesia San Sebastian – sie war gerne hier. Die Kirche mit den Zwillingstürmen, blau angemalt, faszinierte sie schon immer. Oft saß sie vor dem Bild des heiligen Sebastian, der mit Pocken dargestellt war, sofort gingen ihre Gedanken wieder zu den kranken Kindern. Man sagte dem Heiligen nach, dass er Wunder vollbringen könne. Ein Wunder gegen die Not, das wäre schön. Sie stellte sich aber erst einmal darauf ein, sich für ihr Zuspätkommen einen strafenden Blick von Schwester Naomi einzuhandeln.

Es wurde schon dämmrig, als sie das Kloster erreichte. Warum stand die gusseiserne Tür, die zum Eingang des colegios führte, sperrangelweit offen? Da lag doch etwas …

Sie bückte sich, erkannte einen Mann, die Augen geschlossen. Mit zwei Fingern prüfte sie seine Halsschlagader – genauso, wie sie es bei Schwester Naomi abgeschaut hatte – und spürte leichten Puls. Schnell schloss sie das Haupttor auf und rief nach ihren Mitschwestern.

»Veronica, wo bleibst du? Es ist schon …« Das ›spät‹ blieb Imelda im Hals stecken, als sie den Mann dort liegen sah. Auch

Schwester Naomi war herbeigeeilt, fühlte ebenfalls den Puls und gab dann Anweisung, den Unbekannten ins Krankenzimmer zu bringen. Mit vereinten Kräften trugen ihn die Schwestern in ein Bett.

Das Kloster der Franziskanerinnen Vierzehnheiligen beherbergte das Colegio Sta. Elizabeth, eine Privatschule, und zusätzlich ein Kinderheim. Da kam es immer wieder vor, dass sich eines der Kinder verletzte. Deshalb hatte die Leiterin des Klosters, Schwester Naomi, eine Art Krankenstation eingerichtet. Wann immer es ihr möglich war, hospitierte sie im Clínica Huánuco, dem örtlichen Krankenhaus von Huánuco, das sich in der Jirón Constitución Nr. 980 befand, um dazuzulernen. Im Laufe der vielen Jahre hatte sie sich einen beachtlichen medizinischen Grundstock angeeignet.

Zusammen mit Veronica zog sie den Mann bis auf die Unterwäsche aus.

»Was haben wir denn da?« Erstaunt blickten die beiden auf eine Art Gürtel, die der Mann um die Leibesmitte geschlungen hatte.

»Bring das bitte in mein Büro und sperre es gut ein. Er wird später seine Habseligkeiten zurückhaben wollen.«

Ihr Patient hatte Abschürfungen und blaue Flecken am ganzen Körper. Die linke Schulter war angeschwollen, man sah deutlich einen Bluterguss.

»Schaut nach Schulterluxation aus. Der Oberarmkopf steht nach vorn und hier an der Hinterseite kann ich die leere Gelenkpfanne ertasten.« Als sie den Mann berührte, stöhnte er laut auf. »Dann werde ich ihm mal eine Spritze geben. Die Schulter muss wieder eingerenkt werden«, sagte Naomi mehr zu sich selbst.

Als Veronica hereinkam, bat sie um Eiswürfel. »Wir müssen die Schulter kühlen.«

Naomi verbrachte die Nacht bei ihrem Patienten, der relativ ruhig schlief. Die Spritze wirkte. Aus Erfahrung wusste sie auch, dass die Schulterschmerzen direkt nach dem Einrenken deutlich nachließen.

Naomi überließ sich ihren Gedanken. Der Anzug, in den er gekleidet gewesen war, wirkte sehr teuer. Auch die Schuhe schienen edel zu sein. Sie verstand nicht viel von Mode, aber sie hatte erkannt, dass der Mann gepflegt war, sein Aussehen und die Garderobe ansprechend wirkten. Umso überraschter war sie gewesen, als sie die vielen Narben und blauen Flecke gesehen hatte. Eine Narbe war eindeutig eine Schusswunde gewesen. Dass das kein reeller Geschäftsmann war, dessen war sie sich bewusst. Welche Geschichte würde er ihr erzählen? Wenn er überhaupt mit ihr sprechen würde. Sie runzelte die Stirn – welches Schicksal verbarg sich hinter diesem gut gekleideten Mann? Welches Geheimnis umgab ihn?

»Guten Morgen. Wie ich sehe, geht es Ihnen ganz gut.« Schwester Naomi ging zu dem Fremden, half ihm, sich aufzusetzen. »Möchten Sie einen Tee?«

»Wo bin ich?«

»Im Kloster der Franziskanerinnen, im Colegio Sta. Elizabeth.«

»Danke«, sagte der Mann. Seine Hand fuhr wie automatisch über seinen Bauch und sofort setzte er sich panisch wieder auf.

»Wir haben es gut verwahrt, keine Angst.«

Aufatmend ließ sich der Mann in das Kissen zurückfallen.

Die Tage im Kloster vergingen mit gewohnter, stets gleicher Arbeit. Schwester Naomi kam, so oft es ihr möglich war, zu ihrem Patienten, der sich mit dem Namen Mateo Flores Espinoza vorgestellt hatte.

Für Naomi war ein Name so gut wie jeder andere, den er nannte. Denn dass er seinen richtigen verschwieg, war mehr als deutlich gewesen – er hatte bei der Antwort viel zu lange gezögert. Früher oder später, das sagte ihr ihre Erfahrung, würde er ihr erzählen, was sie wissen durfte.

»Warum sind Sie so traurig? Möchten Sie reden?«, fragte sie.

»Ich kann nicht, verzeihen Sie mir. Ich habe große Schuld auf mich geladen.« Er schlug die Bettdecke zurück, wollte aufstehen. Mit einem Schmerzenslaut ließ er sich zurückfallen. »Das war eine falsche Bewegung, Mist!« Wie um seine eigene Wehleidigkeit zu überspielen, wechselte er abrupt das Thema. »Sie haben einen Akzent, Schwester Naomi. Ich glaube, ich höre einen deutschen Zungenschlag heraus.«

Naomi lachte. »Hört man das nach hundertfünfzig Jahren immer noch?«

»Wie bitte?«

»Meine Vorfahren waren Deutsche aus dem Rheinland. Sie sind nach Peru ausgewandert und haben sich im Urwald eine neue Heimat aufgebaut: den Ort Pozuzo. Ein Paradies mit europäischem Klima, eigenem Süßwasserfluss und Früchten im Überfluss. Zirka 600 Menschen haben sich damals auf den Weg gemacht, so erzählen es die Geschichtsbücher, 400 Menschen haben überlebt und sich in ihrer neuen Heimat eingerichtet. Die Nachkommen pflegen die deutsche Sprache bis heute.«

»Jetzt lerne ich wirklich jemanden aus Pozuzo kennen. Natürlich habe ich von dem Ort gehört, irgendwie war das so weit weg, weltabgeschieden. Ich selbst komme aus Lima, einer ganz anderen Welt«, sagte Mateo nachdenklich. »Man erzählt sich so viele Geschichten über Pozuzo. Geheimnisvolle Dinge.«

»Was erzählt man sich denn so alles?« Naomi schmunzelte. Sie wusste, dass Pozuzo unter den Peruanern als mysteriös galt. Lange Zeit war es sehr schwierig, dort hinzukommen, da es keine Straße gab und man sich mühsam einen Weg durch den Urwald kämpfen musste.

»Nun«, meinte Mateo, »dass dort von einem Herrn Budweiser Bier gebraut wird und dass man dort eine große Gemeinschaft pflegt und in Frieden leben kann. Ob das alles so stimmt?« Er zupfte sich am Ohrläppchen und meinte: »Mitten im Urwald, abgeschieden – das klingt wie im Märchen.«

Naomi lachte. »Da bin ich mir absolut sicher. Außerdem schätzen die Peruaner die deutsche Gründlichkeit. Deshalb hat sie der damalige Präsident um 1860 auch in das Land eingeladen. Er hätte da einen Ort mit europäischem Klima. Zwar mitten im Urwald, aber er würde eine Straße bauen lassen.«

»Sein Versprechen war wahrscheinlich nichts wert, oder?«

Naomi lächelte und meinte: »Es gab natürlich keine Straße durch den Urwald. Aber meine Vorfahren haben sich nicht unterkriegen lassen und bahnten sich einen Weg. Sie waren alle sehr fleißig, haben den Ort aufgebaut. Und sie haben den Indios geholfen, Handel getrieben, ihnen Medizin gegeben. Und Pozuzo zu dem gemacht, was es heute ist.«

Es klopfte, Schwester Imelda stand mit einem Tablett an der Tür.

»Das riecht aber gut.« Mateo schnupperte. »Sie haben Alfajores gebacken?«

Imelda lächelte. »Ganz frisch, mit dulce de leche gefüllt und mit Kokosraspeln bestreut.«

Genießerisch ließ er sich den Keks schmecken, nahm einen Schluck Tee und sah Naomi zufrieden an. Er gähnte hinter vorgehaltener Hand.

»Meine Familie stellt übrigens schon seit 150 Jahren die Bürgermeister in Pozuzo«, erklärte Schwester Naomi nicht ohne Stolz. »Und Sie ruhen sich jetzt aus. Sie sind müde. Wir können uns ein anderes Mal weiter über meine Heimatstadt unterhalten. Heute Abend gibt es übrigens Meerschweinchen und Quinoa. Ich glaube, Sie können für dieses Festmahl aufstehen und mit uns am Tisch essen.«

Schwester Naomi stand in der Küche und rieb den toten Körper des Cuy mit Gewürzen ein. Sie nahm reichlich vom Cayennepfeffer. Dann begann sie, die roten Zwiebeln für die Salsa-Criolla, die sie zum Meerschweinchen reichen wollte, sehr fein zu schneiden. Lautes Gepolter und Gerüttel am Gitterzaun ließ sie aufhorchen.

»Was ist los?«

Naomi trat ans Fenster, sah zwei Männer, die ziemlich grimmig dreinschauten. Sie ruckelten fordernd an der Umzäunung.

»Öffnen Sie«, drängte der eine.

Die Klosterschwester machte das Fenster einen Spaltbreit auf, vor dem sich zum Glück ebenfalls ein Sicherungsgitter befand.

»Was möchten Sie?«

»Wie uns gesagt wurde, beherbergen Sie einen Mann, den möchten wir besuchen«, sagte der andere. Er bemühte sich um Freundlichkeit.

»Einen Mann? Wie kommen Sie darauf? Wir sind ein Nonnenkloster und keine Herberge! Gehen Sie.« Naomi schlug das Fenster zu, innerlich zitterte sie. Wer waren diese Männer? Und würden sie sich mit ihrer Auskunft zufriedengeben? Das konnte sie nur von ihrem Patienten selbst erfahren.

Mateo war durch den Krach wach geworden. Er stand auf, bewegte den Vorhang einen kleinen Spalt, dann schluckte er schwer. »Es wird Zeit«, flüsterte er. »Ich darf die Schwestern nicht in Gefahr bringen.« Wahrscheinlich hatte es sich unter den Tuk-Tuk-Fahrern herumgesprochen, dass zwei von ihnen ihn vor dem Kloster abgelegt hatten. Der Boss hatte seine Handlanger überall, er bekam alles mit. Und sie suchten natürlich nach ihm.

Es klopfte zaghaft. Naomi stand an der Tür. »Müssen wir vor Ihnen Angst haben? Mein Glaube an das Gute im Menschen sagt mir: Nein.«

»Vielen Dank für Ihr Vertrauen.« Mateo verneigte sich tief vor Schwester Naomi.

Zufrieden lehnte er sich zurück. »Vielen Dank, das war richtig lecker. Und die Salsa-Criolla war das i-Tüpfelchen. Ich habe jetzt noch diesen köstlichen Duft in der Nase.«

Naomi sagte nichts, sah Mateo nur an.

Schwester Veronica und Schwester Imelda standen auf, begannen abzuräumen, dann zogen sie sich dezent zurück. Mateo zog auffordernd die Augenbraue nach oben.

»Wir hatten heute Besuch von zwei Gestalten, die nach Ihnen gefragt haben. Woher könnten die wissen, dass Sie hier bei uns sind?«, fragte Naomi in die anschließende Stille hinein.

Mateo wollte mit den Schultern zucken, unterließ es, da er Schmerz befürchtete. »Das weiß ich nicht. Vielleicht von denen,

182

die mich vor Ihrer Tür abgelegt haben?« Er hob beide Hände. »Ich möchte Ihnen nicht länger zur Last fallen.« Er schwieg, biss sich auf die Lippen. »Ich weiß, Sie verdienen eine Erklärung.«

Mateo nahm einen großen Schluck Matetee. Der schmeckte rauchig und ein bisschen säuerlich, deshalb nahm er reichlich Zucker und gab noch etwas Zimt hinzu. Dann fixierten seine Augen einen imaginären Punkt an der Wand. Er sah nicht zum Kreuz hinüber, das im Esszimmer hing. Eine Weile knetete er seine Finger. Als Schwester Naomi noch immer geduldig schwieg und wartete, atmete er tief durch.

»Ich sagte es schon: Ich komme aus Lima. Das Zentrum aus der Kolonialzeit ist wunderschön, aber für so etwas hatte ich nie einen Blick, ich musste ums Überleben kämpfen.« Er ließ sich von der Nonne Tee nachgießen. »Lima ist ein heißes Pflaster, vor allen Dingen, wenn man nicht zu den privilegierten Menschen gehört. Aufgewachsen bin ich in San Juan de Lurigancho. Kein nobles Viertel. Meine Eltern waren arm. Mein Vater hat sich krumm gearbeitet, meine Mutter hat das Leid nicht ertragen und mehr Alkohol getrunken, als ihr guttat. Sie lag oft tagelang im Bett, hat sich nicht gerührt. Ich war mir selbst überlassen. Wissen Sie, ich bin diesen Weg nach unten gegangen, den man als klassisch bezeichnet. Kein Schulabschluss, kein Beruf, Vater nie da, Mutter ohne Interesse, was ich treibe. Dann traf ich auf eine Gang und damit auf Einbruch, Diebstahl, Körperverletzung, Drogen.« Er schwieg erschöpft und sein Gegenüber drängte ihn nicht. Naomi fühlte wohl, dass es ihm schwerfiel, sich zu öffnen, die Wahrheit über sich zu sehen und auszusprechen. Er war ein Mann, der es gewohnt war, alles mit sich selbst auszumachen.

»*Tonto el último*, das war mein Slogan.«

Schwester Naomi lächelte leicht. »Den Letzten beißen die Hunde.«

An der Tür tauchte Schwester Veronica auf. Als sie die ernsten Gesichter der beiden sah, ging sie wieder. Mateo hatte die Hände nun gefaltet, fast resigniert. Er sah Naomi direkt ins Gesicht, als er sagte: »Ich kann sehr gut mit dem Messer umgehen.«

»Haben Sie …?«

»Natürlich! Das gehörte dazu. Wer mir krumm kam, den habe ich abgestochen. *Ojo por ojo, diente por diente.*«

Auch diesmal sprach Naomi das Sprichwort nach: »Auge um Auge, Zahn um Zahn. Das steht im Alten und auch im Neuen Testament der Bibel.«

Mateo nickte und wollte dann seiner Gesprächspartnerin und sich selbst erneut Tee einschenken.

»Ich habe etwas anderes«, sagte Naomi. Sie stand auf, ging zum Kühlschrank und holte einen Krug heraus. »Das ist Chicha Morada. Möchten Sie?«

»Das Getränk erinnert mich an meine Kindheit.« Mateo schluckte hart. »Wenn Mutter gut drauf war, hat sie es mir gemacht. Das habe ich ja schon ewig nicht mehr getrunken. Haben Sie den violetten Mais mit Fruchtschalen und Gewürzen auch stundenlang gekocht?«

»Und mit Zitronensaft und Zucker verfeinert«, bestätigte Naomi, als sie eingegossen hatte.

Beide tranken, erst dann redete Mateo weiter.

»Es war ein Scheißleben, das ich da führte. Aber ich hatte kein anderes. Ich stand dauernd unter Strom, war aufgeregt, aggressiv. Wissen Sie, ich war innerlich total zerrissen. Da war eine Leere in mir, die war mit nichts zu füllen. Ich kann Ihnen gar nicht mehr sagen, wann ich mit den Drogen angefangen habe, aber dadurch wurde ich ruhiger und die Leere verschwand für kurze Zeit.«

»Haben Sie sich damit nicht selbst in die Tasche gelogen?«, warf Schwester Naomi ein.

Mateo verdrehte die Augen. »Ja, natürlich, aber ich hatte es im Griff. Da mal ein Joint, da mal eine Line …« Den Rest des Satzes ließ er offen. »Eines Tages bekam ich vom Boss unserer Gang das Angebot, Drogen zu schmuggeln. Es ist gut gegangen. Ich habe viel Geld verdient.«

»Und dann sind Sie leichtsinnig geworden und haben Ihren Boss betrogen.«

»Woher …?«

184

»Ich bin zwar Nonne, aber nicht weltfremd. Wir haben sogar einen Fernseher«, meinte sie trocken.

Mateo steckte den Rüffel grinsend weg und hob den Daumen. »Sie haben recht, ich habe oft auf eigene Rechnung gearbeitet. Und da kam natürlich, was kommen musste. Ich stand unter Beobachtung, das wusste ich aber nicht. Wollte es wohl nicht wissen.«

Mateo schwieg wieder. Seine Finger hielten das Glas mit dem Chicha Morada fest umklammert.

»Ich sollte eine größere Ladung hierher nach Huánuco bringen. Die Übergabe sollte im Park San Sebastian vorgenommen werden.«

»Wirklich im Park«, unterbrach Naomi, »oder in der Kirche selbst?«

»Vor der Kirche. Es hat auch alles sehr gut geklappt. Koffer gegen Koffer. Drogen gegen Geld. Der Austausch hat nicht mal eine Minute gedauert.«

Mateo nahm einen Schluck seiner Limonade, betrachtete ausgiebig seine Fingernägel. »Dann bin ich tatsächlich in die Kirche gegangen, ganz so, als würde ich beten wollen. Im Beichtstuhl habe ich das Geld ausgetauscht, also aus dem Koffer genommen.« Er sprach nicht weiter, weil Naomi wissend nickte.

»Ich mag diese Kirche, weil sie so schlicht ist. Normalerweise sind Kirchen oft farbenprächtig und pompös, das passt nicht zu mir«, versuchte Mateo Zeit zu gewinnen und die Klosterfrau ließ sich tatsächlich ablenken.

»Schwester Veronica liebt San Sebastian auch sehr. Die Kirche ist blau angemalt und die weißen Streifen sehen aus wie Backsteine. Und der Brunnen davor ist heimelig«, schwärmte sie. Dann legte Naomi die Hand auf den Mund. »Oh, mein Gott, wurden Sie noch vor San Sebastian überfallen und zusammengeschlagen? Den Koffer hat man Ihnen abgenommen?«

Mateo zögerte kurz, dann nickte er. »Das waren die Handlanger meines Bosses. Sie wollten mir wohl einen Denkzettel verpassen. Ich hätte sonst reumütig eingestehen müssen, dass ich versagt habe, um mein Leben betteln müssen. Das wollte ich nicht, da habe ich mich lieber zusammenschlagen lassen. Gegen die Übermacht konnte ich eh nichts ausrichten. Als sie mit mir fertig waren, ließen sie mich einfach liegen.«

»Und haben nicht damit gerechnet, dass Sie so schnell gefunden werden. Sie können von Glück sagen, dass Ihre Retter ein Herz hatten und Sie zu uns ins Kloster brachten.«

»Und das völlig ohne Lohn.« Mateo schüttelte den Kopf vor Verwunderung. »Das hätten nicht viele getan. Und das für einen wie mich. Ich habe durch sie sozusagen meinen eigenen Mord überlebt.«

Als Schwester Naomi am nächsten Morgen ihrem Gast das Frühstückstablett bringen wollte, fand sie ein leeres Zimmer vor. Mateo war fort. Ein Zettel lag auf dem Kopfkissen.

»Vielen Dank für alles, Schwester Naomi. Ich gehe zu einem Ort, an dem ich Frieden finden kann, aber niemand mich findet.«

Nachdenklich drehte sie das Papier hin und her. Sie lächelte. Im Geist machte sie Gänsefüßchen, als sie daran dachte, dass Mateo den Gürtel ›vergessen‹ hatte. Mit dem Inhalt würde sie viel Gutes tun können. Vielleicht würde sie auch die Leute finden, die Mateo zu ihr gebracht hatten … und sie musste ihren Bruder in Pozuzo anrufen. Schließlich sollte er sich nicht wundern, wenn es dort bald einen weiteren Einwohner geben würde.

BRASILIEN

Gitta Edelmann **Weiß und Rot**

Weiß und Rot.

Ich trage einen weiten, weißen Nesselrock und ein rotes Top. Es ist heiß. Sehr heiß, obwohl es noch nicht einmal Mittag ist. Wie heiß, weiß ich nicht. Das Meerwasser, das meine Füße umspült, dürfte mindestens fünfundzwanzig Grad haben. Erfrischend ist es nicht. Aber angenehm!

Wenn wir uns mal so richtig erfrischen wollen, sollen wir in eine Bank gehen, hat Alice gesagt. Dort kühlen die Klimaanlagen den Raum so herunter, dass die männlichen Angestellten Anzüge tragen können. Das ist dann doch etwas übertrieben, finde ich, und wahrscheinlich nicht sehr gesund.

Ich schaue hinaus aufs Meer, in die Richtung, in der irgendwo hinter dem Südatlantik die Antarktis liegen muss.

»Matschilimau«, ruft eine Männerstimme. Ich weiß inzwischen, dass das Mate e limão heißt und dass es sich um kalten Matetee mit Zitrone handelt, der hier feilgeboten wird – herrlich erfrischend. Leider habe ich mein Geld im Hotel gelassen, ich wollte ja nur ein paar Minuten ans Meer.

Ein paar Minuten allein sein.

Ein paar Minuten durchatmen.

Ein paar Minuten mit Iemanjá.

Iemanjá ist die Göttin des Meeres im Candomblé, der brasilianischen Religion, deren Wurzeln bei den Yoruba in Westafrika liegen. Die Göttin des Meeres und der Mutterschaft, um genau zu sein, aber Letzteres betrifft mich nicht. Ich habe nie ein Kind bekommen.

Iemanjá ist die Göttin des Mondes, ich spüre ihren Atem in Ebbe und Flut. Sie ist die Hüterin der Köpfe und des inneren Gleichgewichts. Das betrifft mich sehr wohl. Mein Kopf ist nicht so, wie er sein sollte, und von innerem Gleichgewicht ist seit Jahren keine Rede mehr.

Ich bilde mir Dinge ein.

Glaube, mich an Vorfälle zu erinnern, die nie stattgefunden haben.

Verwechsle Traum und Wirklichkeit.

Ich kann mich glücklich schätzen, dass Wolfgang trotz dieser Belastung zu mir steht. Obwohl er wenig Zeit hat, weil er ja jetzt das Geld allein verdienen muss. Seit vor Jahren mein Arbeitgeber Pleite gemacht hat, habe ich keinen Job mehr gefunden. Wenn frau mal Mitte vierzig ist und psychisch nicht stabil …

Immerhin habe ich Vermögen mit in die Ehe gebracht und natürlich das Haus, in dem wir wohnen.

Die Wellen umspülen meine Füße. Portugiesische Wortfetzen einer Begrüßung wehen zu mir herüber. *Tudo bem?* – Alles gut? Das verstehe ich. Ein paar Ausdrücke hat mir Alice beigebracht. Alissi, wie sie ihren Namen ausspricht.

Seit Alice bei uns wohnt, fühle ich mich besser. Es war eine gute Idee von Wolfgang, unser Gästezimmer mit eigenem Bad im Souterrain, das ohnehin nie wirklich genutzt wurde, an eine junge Studentin zu vermieten. Zum einen können wir einen Beitrag gegen die studentische Wohnungsnot leisten, zum anderen ein kleines Einkommen generieren. Und ich bin nicht mehr den ganzen Tag völlig allein, denn Alice nutzt meine Küche. Sie kocht und bäckt mit Begeisterung und ich sehe ihr gern zu, wie geschickt sie Gemüse schnippelt. Dabei erzählt sie von Brasilien. Ein bisschen ist das so, als hätte ich eine Tochter. Ich bin froh, dass Wolfgang gerade sie ausgewählt hat.

Zwei kleine Kinder mit dunkelbrauner Haut stehen plötzlich neben mir, weiß-rote Eimerchen in der Hand, mit denen sie Wasser schöpfen. Kichernd schleppen sie es zurück an den Strand, wo eine weißhaarige Frau ihnen entgegenlacht.

Die Sonne brennt – ich habe den Strohhut vergessen. Mein Kopf hat wieder nicht weit genug gedacht. Hilf, Iemanjá! Hörst du mich, hier, am Strand der Copacabana, wo du zu Hause bist?

Ich atme tief ein und aus, dann drehe ich mich um und gehe über den Sand und das schwarz-weiße Pflaster und die Fahrbahn voller Autos zurück zum Hotel auf der anderen Seite der Avenida Atlântica. Noch ist es zu früh, mich fertig zu machen.

Unser Hotelzimmer ist leer. Ob Wolfgang beim Frühstück ist? Er schläft gern lange und ist es gewohnt, dass ich vor ihm den Tag beginne. Ich habe nur etwas Ananas zu mir genommen und eine Frucht, die ich nicht kannte. Heute Abend werden wir zwei groß essen gehen, um den Jahreswechsel zu feiern. Wolfgang hat auch Alice eingeladen, aber die will natürlich lieber bei ihrer Familie sein.

»Wir sehen uns kurz vor Mitternacht am Strand!«, hat sie versprochen.

»Aber wie finden wir uns, wenn zwei Millionen Menschen zum Feuerwerk kommen?«

»Ich zeig dir, wo wir uns treffen. Am Posto 3. Und vergiss nicht, etwas Weißes anzuziehen.«

Der Posto 3 ist einer der sechs Rettungsschwimmerposten der Copacabana; er ist tatsächlich nicht zu übersehen.

Und Weiß ist die Farbe Iemanjás. In der Silvesternacht tragen die Cariocas, wie man die Einwohner von Rio de Janeiro nennt, weiß. Angeblich, um das neue Jahr sauber und rein zu begrüßen, aber in Wirklichkeit, sagt Alice, ist es eine Huldigung für Iemanjá, der man auch Blumen darbringt. Sie werden ins Wasser gelegt und treiben dann hinaus aufs Meer in die Arme der Göttin.

Die Blumen, die ich gewählt habe und die hier im Hotelzimmer bereitstehen, sehen exotisch aus und ich kenne ihren Namen nicht. Aber ihre Blüten sind rot, das gefällt mir. Weiß und rot. Dies sollen die Farben meiner letzten Nacht werden.

Ein kurzer Blick in mein weißes Handtäschchen. Es ist alles da. Alles bereit.

Ich lege mich aufs ungemachte Bett, um mich auszuruhen, obwohl ich mich nicht müde fühle. Aber meinen Gefühlen kann ich nicht trauen, sagt Wolfgang.

Die Zimmertür geht auf und er kommt herein. Ich schließe die Augen, stelle mich schlafend. Doch er durchschaut mich natürlich.

»Wo warst du?«, fragt er streng.

»Beim Frühstück«, sage ich. »Und dann kurz am Strand.«

»Du sollst hier nicht allein rumlaufen. Rio ist gefährlich.«

Ich nicke. »Ich werde es nicht wieder tun«, verspreche ich.

Heute Nacht wird Alice bei mir sein. Sie wird mit mir zum Wasser gehen, damit wir unsere Blumen darbringen können. Wolfgang findet die Opferzeremonie albern, aber er schaut sich höflicherweise das Landesbrauchtum von Weitem an, sagt er.

Ich lächle, wenn ich an Alice denke. Ich habe mir immer eine Tochter gewünscht. Und ich bin überglücklich, ihre Heimat kennenlernen zu dürfen. Zuerst war Wolfgang nicht begeistert, als ich vorsichtig vorschlug, den Jahreswechsel in Rio de Janeiro zu verbringen. Er dachte, ich würde die Reise und das fremde Land mit dem ungewohnten Klima nicht verkraften. Doch Alice war Feuer und Flamme von meiner Idee, und dann schickten uns ihre Eltern eine E-Mail und luden uns für den Neujahrsabend zum Familienessen ein, da wäre es sehr unhöflich gewesen, abzusagen, meinte auch Wolfgang.

Morgen.

Es tut mir leid, dass ich Alices Eltern und Geschwister nicht mehr kennenlernen werde.

»Möchtest du noch ein bisschen shoppen gehen?«, fragt Wolfgang.

Ich zögere.

»Vielleicht einen Bikini?«

Sein Lächeln ist herablassend oder herausfordernd. Ich traue mich nicht, es zu beurteilen, möglicherweise ist es auch nur freundlich. Zu oft habe ich ihm schon Dinge unterstellt, die er unter Kopfschütteln weit von sich gewiesen hat. Ich weiß, dass die Depressionen mein Denken behindern und dass ich ohnehin keine

Menschenkenntnis habe. Das hat er mir wieder und wieder erklären müssen. Dennoch ist da neuerdings ein kleines, rebellisches Etwas in mir, das seine Bemerkung unpassend findet.

Ich kenne mein Spiegelbild – es ist das Bild einer Frau, die besser keinen Bikini trägt, schon gar nicht hier, wo es so viele schöne Menschen gibt. Wahrscheinlich verkaufen sie ohnehin keinen in meiner Größe. Meine grauen Phasen und die notwendigen Medikamente, die am besten zusammen mit Rotwein und Schokolade wirken, haben mich auch äußerlich verändert. Vielleicht sollte ich mir ein solches Gewand anschaffen wie das, das die Großmutter der beiden Kinder am Strand getragen hat – viel bunter Stoff, der alle Rundungen umhüllt.

Aber wozu noch?

»Ich würde lieber irgendwo in einem Café im Schatten sitzen und mir einfach die Menschen anschauen«, sage ich.

Wolfgang ist einverstanden.

Die Sonne brennt auf die Sonnenschirme und selbst im Schatten läuft mir der Schweiß zwischen den Brüsten runter. Aber ich will nicht zurück in das klimatisierte Hotelzimmer, dazu ist es hier in der Bar neben dem schwarz-weißen Wellenmuster des Pflasters und dem hellen Sandstrand zu schön.

Wolfgang trinkt ein chope, ein frisch gezapftes Bier. Für Rotwein ist es noch zu früh, ich habe mir eine Cola bestellt. Eine mit Koffein und Zucker und Eis und Zitrone – herrlich.

Ein Stück weiter haben sich ein paar Musiker zusammengefunden. Sie fangen an zu trommeln. Dann setzt der quietschende Rhythmus der Cuica ein – Alice hat mir auf ihrem Handy solche Musik vorgespielt. Das ist echter samba batucada. Samba de Janeiro, sozusagen, denn um Mitternacht beginnt der janeiro – der Januar. Ich schließe kurz die Augen und lächle.

Wolfgangs Blick ist auf den Strand gerichtet, als ich die Augen wieder öffne. Auf eine Gruppe junger Mädchen in Alices Alter in knappen Bikinis, die miteinander herumalbern. Ob er sich auch manchmal nach einer Tochter sehnt?

Die Sambamusik wird intensiver, mehr Musiker sind gekommen und ich fühle die Luft schwingen. Die vier jungen Mädchen am Strand schwingen mit, sie wiegen ihre Hüften und tanzen. Überhaupt scheinen nach und nach alle hier dem Rhythmus zu folgen, egal wie alt sie sind und welche Hauttönung sie haben. Selbst das Kindchen ein Stück weiter, das kaum alleine stehen kann, wackelt mit dem Windelpopo.

Auch meine Füße bewegen sich und einen Moment lang packt mich die Versuchung, aufzuspringen und einfach mitzutanzen. Aber das geht natürlich nicht – Wolfgang würde mich für total verrückt erklären.

Er beobachtet immer noch die vier tanzenden jungen Mädchen. Sie sind wirklich ein schöner Anblick. Doch irgendetwas in Wolfgangs Blick gibt mir ein ungutes Gefühl im Magen. Oder, was wahrscheinlicher ist, es ist die ungewohnte Cola.

Am Nachmittag ruhe ich mich im Hotelzimmer aus. Wolfgang besteht darauf, denn es wird ja heute spät werden. Ich sage ihm nicht, dass das egal ist. Ich werde morgen nicht müde sein.

Er selbst will spazieren gehen und lässt mich allein. Ich kontrolliere mein Handtäschchen. Dieses Mal wickle ich das Sicherheitsskalpell aus dem weißen Spitzentaschentuch und betrachte die Klinge durch die transparente Schutzhülle. Ich werde die Schnitte an den Handgelenken längs ausführen, das ist sicherer. Und wenn ich dann mit den Blumen ins Wasser gehe und mich mit ihnen zusammen Iemanjá opfere, wird das Blut ungehindert aus meinen Adern ins Meer rinnen.

Beruhigt lege ich mich hin und schlafe tatsächlich ein.

Als ich wieder aufwache, ist es draußen dunkel. Ein Blick auf die Uhr zeigt mir, dass es Zeit ist, mich fertigzumachen. Ich höre die Dusche rauschen, also ist Wolfgang zurück. Ich hole das neue weiße Hängekleid aus dem Schrank und lege es über den Sessel neben dem Tischchen, auf dem die roten Blumen stehen.

Wolfgang kommt aus dem Bad, ein Handtuch um seine Hüften gewickelt, und knipst das Licht an. Auch an seinem Körper, den ich schon einige Zeit nicht mehr so unbekleidet gesehen habe, sind die Jahre nicht spurlos vorbeigegangen. Fast schleicht sich ein melancholisches Lächeln auf meine Lippen, aber dann stutze ich. Über seine rechte Wange ziehen sich zwei parallele Kratzer.

»Was ist denn da passiert?«, frage ich und deute darauf.

»Nichts weiter. Ich musste einem Auto ausweichen, das zu schnell aus einer Einfahrt kam, und an der Stelle war gerade irgend so ein tropisches Gebüsch mit Dornen. Geh jetzt besser gleich ins Bad, damit du fertig wirst!«

Ich nicke und gehorche, obwohl ich nicht zu den Frauen gehöre, die extensive Schönheitspflege betreiben. Es tut jedoch gut, das lauwarme Wasser der Dusche auf dem Körper zu spüren. Völlig entspannend ist es nicht, denn ich werde einen Gedanken nicht los: Was für ein Busch hinterlässt solch parallele Kratzer?

»Bist du langsam fertig?«, ruft Wolfgang.

Ich stelle zum letzten Mal die Dusche aus, trockne mich zum letzten Mal ab, frottiere mein kurzes Haar und kämme es nach hinten. Schminke meine Lippen rot. Gehe hinüber ins Zimmer und ziehe mich an. Mir ist ein wenig feierlich zumute, als ich in die flachen, weißen Sandalen schlüpfe und nach dem Täschchen und den Blumen greife.

Wolfgangs Blick überprüft mein Aussehen, er nickt zufrieden. Er ist ebenfalls völlig weiß gekleidet und ich freue mich, dass er Alices Tipp so ernst genommen hat.

Das Essen im Restaurant ist hervorragend, wenn auch für meinen Geschmack ein wenig zu fleischlastig. Zum ersten Mal esse ich palmitos – Palmherzen – und weiß, sie würden in Zukunft zu meinen Lieblingsspeisen zählen, wenn ich eine Zukunft hätte.

Ich erinnere mich. Als Kind sagte ich am Silvestertag immer: »Zum letzten Mal in diesem Jahr mache ich dies« oder »Zum letzten Mal in diesem Jahr gehe ich dorthin«. Genau in dieser Stimmung bin ich heute wieder.

Zum letzten Mal sehe ich zu, wie Wolfgang das Essen bezahlt, stehe auf und nehme meine Blumen aus der Vase auf dem Tisch.

Die Menschenmassen in den Straßen erschlagen mich fast, doch ich kann den Posto 3 sehen und dann Alice in einem weißen Minikleidchen, die bereits wartet. Sie begrüßt mich strahlend und mit Küsschen, nickt Wolfgang aber nur kurz zu. Ob die beiden sich gestritten haben? Nur wann? Ach, wahrscheinlich bilde ich mir das mal wieder nur ein.

Der Sand dringt in meine Sandalen, als wir uns durch die weißgekleidete Menschenansammlung in Richtung Wasser bewegen. Ich ziehe sie aus und lasse sie im Weitergehen einfach fallen. Es ist inzwischen kurz vor Mitternacht, ich freue mich auf das große Feuerwerk.

Eng ist es. Wir bleiben stehen. Wolfgang wechselt von meiner linken zur rechten Seite und stellt sich hinter Alice, aber sie geht ein paar Schritte weiter.

»*Vem*!«, ruft sie mir zu. »Komm!«

Hier ist es allerdings noch enger und ich schnappe kurz nach Luft. Wolfgang folgt uns.

»Gleich geht es los!«, sagt er. »Schaut!«

Und dann ist es wohl Mitternacht, denn das Feuerwerk beginnt. Weiße Lichterkugeln explodieren zu Sternenregen, es knattert, die Luft riecht nach Feuer und Chemie, Menschen jubeln und fallen sich in die Arme, bevor sie in den Himmel starren.

Ich schaue ein paar Meter zur Seite, wo inzwischen ein bisschen mehr Platz ist und wo Alice nun steht, sehe Wolfgang, der auf sie zugeht, um ihr ein gutes neues Jahr zu wünschen.

Ich sehe, wie er ihr eine Hand auf die Schulter legt und ihr mit der anderen unter den kurzen Rock greift.

Ich blinzle, aber nein, ich bilde mir das nicht ein, ich sehe es wirklich.

Alice wehrt sich, die Finger ihrer linken Hand greifen in sein Gesicht, genau dorthin, wo die Kratzer sind. Ich sehe seinen gierigen Blick. Dieses Mal täusche ich mich nicht. Auf einen Schlag weiß ich, dass es auf seinem Spaziergang kein tropisches Gebüsch mit Dornen gab.

Und ich weiß noch mehr: Wer die 17-jährige Tochter unserer

Nachbarn, die Wolfgang im Sommer immer so gern beim Korb-werfen an der Garage beobachtet, im letzten Winter überfallen und vergewaltigt hat. Und Wolfgangs sehr geschätzte junge Azubi, der dasselbe im Jahr zuvor passiert ist.

Ich spüre wieder seine Hände auf meinen Oberschenkeln. Nicht so wie später in unserer Ehe, sondern wie damals, als wir uns ken-nenlernten. Ich war so jung wie Alice jetzt. Er ignorierte mein Nein.

Am nächsten Tag entschuldigte er sich, die Leidenschaft habe ihn überwältigt, und machte mir einen Heiratsantrag. Ich verzieh ihm.

Wie konnte ich das vergessen?

Wie konnte ich nicht sehen …

Alice schreit. »Du Arsch, lass deine Dreckfinger von mir, Schei-ße, hab ich dir das noch nicht oft genug gesagt?«

Ich bin verblüfft über ihr Vokabular und darüber, dass Wolfgang es zwischen den staunenden, von rotem Funkenregen beleuchteten Menschen wagt, sie anzugreifen. Doch deren Blicke sind aufwärts-gerichtet, niemand sieht sich um.

Ich trete einen Schritt näher. Dann noch einen.

»Stell dich nicht so an«, faucht er, ohne mich zu bemerken, und greift erneut nach ihr. »Ihr Brasilianerinnen mit eurem Wackel-hintern wollt es doch.« Er scheint völlig außer sich zu sein. »Ich kenne Mädels wie dich. Und dabei kann ich dir sogar eine Zukunft bieten, wenn sie tot ist!«

Die Menge schenkt ihm keine Beachtung. Seine Worte verhal-len unverstanden im Knallen und Knattern des Himmelspektakels.

Ich sehe ganz klar. Ich bin ihm egal. Er weiß, was ich heute Nacht tun will. Er wartet darauf.

Alice. Meine Tochter.

Ich lasse die Blumen fallen und öffne die Handtasche.

Wolfgang greift sich an den Hals, Rot tropft auf Weiß, goldenes, knatterndes Licht erhellt den Strand. Er sackt zusammen, einer der Brasilianer schaut kurz herüber, aber Alice ruft ihm irgendwas von

»*Tá bêbado!*« zu – er ist betrunken – und der Fremde hebt seinen Blick wieder zum Himmel mit seinen Farbexplosionen.

Wolfgang liegt am Boden, Alice bedeckt seinen Hals mit meinen Blumen, dann greift sie nach meiner Hand und zieht mich fort.

»*Vem*! Komm – wir müssen zum Wasser!«

Ich folge ihr schweigend, das Skalpell immer noch in der Hand, bis das Meer unsere Knie umspült. Während die meisten Menschen das Feuerwerk bewundern, sind einige bereits hier, um Iemanjá Opfergaben darzubringen.

Einen Moment lang verstehe ich nicht. Meine Blumen sind doch fort.

Ich starre auf das Skalpell, das mir aus einem Leben helfen sollte, das nicht lebenswert war.

»Wirf!«, schreit Alice mich an und deutet auf meine Hand.

Ich werfe.

Ein seltsames Gefühl bleibt zurück.

Leere.

Und – Hoffnung.

Alice hält meine Hand.

»Wir haben ihn schon vor Mitternacht im Gewühl verloren, wir beide waren zusammen auf der Höhe von Posto 4! Vergiss das nicht!«, sagt sie.

Kann ich ihr Geschenk annehmen?

Eine Welle kommt auf uns zu, größer als alle anderen, und durchnässt uns bis zur Hüfte. Iemanjá schickt mir eine einzelne Blüte, die an meinem Kleid haften bleibt.

Rot auf Weiß.

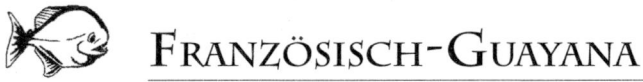

FRANZÖSISCH-GUAYANA

Fenna Williams **Grenzgänge**

Das Boot gleitet lautlos über die tiefschwarze Wasseroberfläche.

Micki strengt seine Augen an, aber das andere Ufer ist beunruhigend weit entfernt. Von der gegenüberliegenden Seite ist nichts zu erkennen als die Silhouette hoher Baumwipfel, die sich bedrohlich gegen den Nachthimmel abzeichnen. Dazu diese unerträgliche Schwüle und die Mücken. In angriffslustigen Wolken tanzen sie um das Boot und erschweren seine Mission. Gerade versucht einer dieser winzigen Blutsauger, bis in seinen inneren Gehörgang vorzustoßen. Micki gibt sich selbst eine Ohrfeige, um einen weiteren Stich zu verhindern – und denkt dabei an seinen Boss …

»Nehmen Sie sich vor den Tieren in Acht! Zu Wasser, zu Lande und in der Luft. Gerade Mücken sind nicht zu unterschätzen, besonders nicht in der Nähe von stehenden oder langsam fließenden Gewässern«, sagte Didier Combray. »Diese Viecher können alle möglichen Krankheiten übertragen. Wir wollen doch, dass Sie gesund wieder nach Hause kommen.«

Micki erinnert sich deutlich an die Ermahnung seines Chefs, bei der ihm Bilder sumpfiger Uferabschnitte des Genfer Sees durch den Kopf schossen. Als Antwort lachte er amüsiert und beteuerte: »Derartige Kleinigkeiten können mich nicht davon abhalten, meine Aufgabe zu erfüllen.« Mücken in der Luft, Wachhunde an Land, schleimige Fische im Wasser waren der Erwähnung nicht wert, wenn der große Didier Combray, Besitzer und Geschäftsführer der PIMPEX, der Private-Import-Export, Firmensitz Straßburg und Kehl, ihn endlich mit einem eigenen Auftrag betraute.

Micki wischt sich mit einem Taschentuch den Schweiß von der Stirn. Mitternacht ist lange vorbei, doch von nächtlicher Frische ist nichts zu spüren. Selbst der Fahrtwind ist feuchtwarm und erinnert daran, dass der Wetterbericht zu Hause so etwas eine ›tropische Nacht‹ nennt. Daheim wird es im Sommer nie so richtig dunkel, aber hier kann er die Hand vor Augen nicht erkennen und die Geräusche, die aus der Finsternis zu ihm durchdringen, klingen fremd und allesamt beunruhigend. Mickis Mund ist trocken und die Zunge fühlt sich pelzig an, als vor seinem inneren Auge der gut gekühlte Wasserspender im Büro seines Chefs erscheint.

Didier Combray handelt mit allem, was Europas Weinberge hergeben. Er kauft in großem Stil Spitzenweine auf, um diese postwendend gegen Erzeugnisse einzutauschen, die noch größere Rendite versprechen – allerdings ohne sich bei diesen Geschäften um bestehende Ein- oder Ausfuhrrechte Gedanken zu machen.

Micki korrigiert sich. Im Gegenteil. Der Chef ist so erfolgreich, weil er es schafft, sämtliche Zölle kreativ zu umgehen.

Der Name Private-Import-Export passt so gut, weil Combray stets sehr persönliche Wege für seine Güter findet.

»Schmuggler«, pflegt er zu sagen, »sind ganze Kerle. Uns umweht der Hauch von Heldenmut und Abenteuer.«

Auf dem Weiterbildungsseminar ›Mit der grünen Grenze auf du und du‹ führte er aus: »Francis Drake wurde durch die englische Königin für seine Freibeuterei höchstpersönlich ein Sir vor den Namen geklebt. Klaus Störtebeker huldigt man durch jährlich wiederkehrende Festspiele, und der Schinderhannes gehört dank Carl Zuckmayer sogar zur Weltliteratur. Die Mitarbeiter der PIMPEX treten durch ihre Arbeit also nicht nur in historische Fußstapfen; sie sorgen sogar dafür, eine große Tradition ins einundzwanzigste Jahrhundert zu retten.«

Da diese Tradition mit schwarzen Zahlen auf seinem Konto verbunden sein würde, merkte Micki sich jedes Wort – wenn er auch nicht jedes davon verstand. Dummerweise dachte er deshalb auch nicht weiter über die Mücken nach – und erst recht nicht über andere Tiere. Weder zu Wasser noch zu Lande noch in der Luft.

Micki war erst seit sechs Monaten in der Firma. Trotzdem konnte er einschätzen, dass Didier Combrays Methode sich auszahlte, denn die Firma expandierte, was das Zeug hielt. Sie verfügte mittlerweile über ein Heer von Einkäufern, die nach den allerbesten Weinbergslagen Ausschau hielten und den Besitzern Überredungsprämien boten, die weit schlagkräftigere Argumente enthielten als schnödes Geld.

Micki hatte unterdessen als Trainee vom Rheingau bis ans Schwarze Meer auf einem Binnenschiff mit doppeltem Boden Dienst getan. Einmal durfte er sogar libanesische Weine aus dem Bekaa-Tal holen und dabei wie zufällig gut zahlende syrische Flüchtlinge aus den dortigen Lagern nach Frankreich und Deutschland schleusen. »Dabei haben Sie sich bewährt«, hatte Combray danach in einem Vieraugengespräch zu ihm gesagt. »Sie haben ohne Diskussion getan, was von Ihnen verlangt wurde. Sehr anerkennenswert.«

Diskussionen waren ohnehin nicht so Mickis Ding, aber es freute ihn, dass er für seinen vom anderen Geschlecht als Schwäche empfundenen Charakterzug diesmal als Belohnung einen fetten Auftrag von einem richtigen Mann entgegennehmen durfte.

»Sie werden hundert Kisten Rotwein aus Frankreichs Edellagen direkt ins Nicht-EU-Ausland bringen«, hatte Combray seine Order präzisiert. »Vorbei an Zoll und anderen offiziellen Argusaugen. Über Frankreichs grüne Grenze, genauer gesagt: über das Wasser.« Dann hatte er einen Flugschein über den Tisch geschoben. Um nicht gierig zu wirken, wagte Micki nicht, sofort danach zu greifen, aber er rieb sich freudig die Hände. Es gab seines Wissens nach nur ein Land, das an Frankreich grenzte und nicht zur EU gehörte: die Schweiz. Und wo verlief dort die Grenze durch Wasser? Irgendwo im Genfer See. Es würde einen Heidenspaß machen, den Wein unter dem Radar der Eidgenossen in ihr Land zu schmuggeln. Bei der vom Handelspartner gewünschten Menge, schätzte Micki, könnte mehr als ein Übergabetreffen nötig werden. Ging man eben mehrmals und nutzte verschiedene Strecken. Lächerlich einfach. Trotz sommerlicher Mückenplage und schleimiger Fische im See.

»Wir haben vor, diesen Handelsweg zur Dauereinrichtung auszubauen, weshalb ich Ihnen zwei altgediente Kollegen an die Hand gebe, die das ganz besondere Terrain und unsere Tauschpartner nicht nur bestens kennen, sondern auch ihre Sprache sprechen«, sagte Combray.

Micki hatte erst die Stirn gerunzelt, dann aber kapiert. In der Schweiz sprach man nicht nur Deutsch und Französisch, sondern auch Rätoromanisch und Italienisch.

Italienisch! Dann war ja klar, wer der Partner auf der anderen Seite war. Er hatte sich stolz zu voller Größe aufgerichtet: Mit der Mafia hatte er noch nie gearbeitet. Er war in der Königsklasse angekommen.

Micki hatte erst zu grübeln begonnen, als er auf dem Flur einen Blick auf sein Ticket warf: Paris-Orly nach Cayenne. Cayenne? Den Pfeffer kannte er, die Hauptstadt Französisch-Guayanas hatte er nicht auf dem Schirm. Aber was machte das schon, wenn man anständig entlohnt wurde? Dann flog man eben statt in die Schweiz zehn Stunden weiter bis nach Südamerika und stellte keine weiteren Fragen.

Micki horcht in die Nacht und versucht, Ruhe zu bewahren. Ein Vogel, groß wie ein Greif, fliegt dicht über seinen Kopf hinweg und schickt durch seinen Flügelschlag einen kalten Hauch über das Boot. Micki bekommt Gänsehaut. Um sich abzulenken, lauscht er dem gleichmäßigen Eintauchen der Ruderblätter ins Wasser und zollt der Präzision der anderen beiden Männer an Bord seinen Respekt. Kein Wort zu viel wird zwischen den beiden gewechselt, jeder Handgriff sitzt. Ein eingespieltes Team. Das hat er schon am Flughafen gemerkt.

»Ich bin Ernie, der Freund eines Freundes des Stiefbruders vom Cousin deines Chefs. Du kannst mir vertrauen«, stellte der Mann aus Französisch-Guayana sich vor. »Und das ist Bert aus Suriname, mein Blutsbruder. Familie ist alles.« Dann schüttelten die beiden ihm die Hand und hinterließen bei Micki den Eindruck, als wäre der illegale Grenzgang nichts anderes als ein entspannter Schulausflug. Die Zuversicht der beiden beruhigte ihn, dabei hatte er es normalerweise gar nicht so mit Schwarzen. Im wahrsten Sinne des Wortes undurchsichtig, diese Kerle. Aber wenn der Boss den beiden traute, dann hatte alles seine Richtigkeit.

Das zeigte sich auch, als Ernie vorschlug, den mitgebrachten Wein in einem Zinksarg zu transportieren, damit den Weinkisten bei der Fahrt über den Grenzfluss, den breiten, trägen Maroni, kein Leid geschehen könne.

»Ein Sarg?«, fragte Micki. »Ich denke, wir setzen mit einem Ruderboot über?«

»Wir benutzen ein Korjal, ein langes Holzkanu mit niedrigen Wänden«, erklärte Ernie. »Pfeilschnell, gut zu manövrieren und für Patrouillenboote schwer auszumachen. Ideal für unser Vorhaben.«

Nach dieser Beschreibung hatte Micki dem Plan erleichtert zugestimmt. Schließlich trugen die Weinkartons die Aufschrift Château d'Yquem und waren, seit sie aus dem Keller eines russischen Oligarchen in Combrays Besitz gelangt waren, stets wie rohe Eier behandelt worden.

Das Boot liegt tief im Wasser, der Zinksarg und seine edle Fracht haben Gewicht. Keine fünfzehn Zentimeter liegen zwischen dem Bootsrand und dem Wasserspiegel. Micki taucht sein Taschentuch ins Wasser, um sich damit den Nacken zu kühlen, aber Bert hebt abwehrend die Hand. »Das würde ich an deiner Stelle nicht tun. Hier gibt es Piranhas. Tagsüber ist das egal. Aber nachts sind sie hungrig.«

Micki zieht seine Hand aus dem Wasser und zählt entsetzt seine Finger.

»Kleiner Scherz.« Bert lacht. »Alles kein Problem, solange du keine Verletzung hast. Piranhas sind wie Moskitos, die interessiert nur Blut.«

»Können Fische denn riechen?«

»Blut«, antwortet Bert düster. »Blut können sie riechen.«

Nach der Verladung der Totenkiste erläuterte Bert Micki das weitere Vorgehen. »Wenn der Tauschhandel abgeschlossen ist, rudern wir so schnell wie möglich zurück auf die französische Seite. Dort versiegeln wir den Zinksarg und bringen dich im Morgengrauen wieder zum Flughafen. So bist du ratzfatz in der nächsten Maschine nach Europa.«

»Muss ich denn vorher nicht jede Menge Papierkram erledigen? Selbst eine vermeintliche Leiche muss doch irgendwie eingecheckt werden, oder?«, fragte Micki, um eine Vorstellung seiner Aufgaben zu bekommen.

Ernie und Bert wechselten einen Blick. »Sag mal, weißt du nicht, wo du hier bist? Noch nie von Papillon gehört? Oder der Teufelsinsel? Den Gefangenenlagern für Mörder und Schwerverbrecher, aus denen niemand entkommen konnte?«, fragte Ernie. »Französisch-Guayana verdankt seine Existenz einer Strafkolonie. Die heutigen Bewohner sind allesamt Nachkommen der bösesten Buben, die Frankreich jemals aufzuweisen hatte, da findet man selbst auf dem Flughafen den einen oder anderen Gleichgesinnten.«

»Außerdem gilt die Strecke zwischen Cayenne und Paris als Inlandsflug, da ist man, was die Kontrolle angeht, gerne mal großzügig«, fügte Bert hinzu. »Bei einem Sarg ist es noch einfacher: Den einen schreckt die Untersuchung einer Leiche aus Ekel ab, den anderen aus Pietät. Die werden dich durchwinken.«

»Durchwinken? Inlandsflug?«, echote Micki mit hörbarem Fragezeichen am Ende.

Bert grinste. »Französisch-Guayana liegt zwar in Südamerika, ist aber vollintegrierter Teil des französischen Staates und gehört somit zur Europäischen Union, mit dem Euro als Zahlungsmittel. Der Grenzfluss Maroni trennt also nicht nur Suriname und Französisch-Guayana, sondern ist rein rechtlich EU-Außengrenze.«

»Ein Überseedépartement«, hauchte Micki und begriff endlich den Nutzen von Erdkundeunterricht.

Micki sieht zum hundertsten Mal auf das beleuchtete Zifferblatt seiner Uhr. Die Zeiger kriechen langsamer vorwärts, als ihm der

Schweiß den Nacken hinunterläuft. Dieser Fluss ist wirklich unerträglich breit. Wenn sein Bootsführer es ihm nicht gesagt hätte, würde er meinen, über einen See zu fahren, aber ein Strom, der Länder, Sprachgrenzen, sogar zwei Kontinente teilt, das wäre ihm nie in den Sinn gekommen.

»Nur noch eine knappe halbe Stunde flussaufwärts«, flüstert Ernie in dem kehligen Singsang, den er aus seiner niederländischen Muttersprache ins Französische übertragen hat. »Unsere Handelspartner sind immer pünktlich. Und sie werden es eilig haben. Sie verkosten den Wein, nehmen ein paar Stichproben, um sicherzugehen, dass sie nicht reingelegt werden, und dann folgt die Transaktion. Dabei packt jeder mit an.«

»Werde ich die Tauschware ebenfalls probieren müssen?«, fragt Micki und erkennt erst in diesem Moment, dass Didier Combray bei der Beantwortung der Frage nach dem heimzubringenden Gegenwert seltsam ungenau geblieben war.

Ernie kichert. »Das würde ich dir nicht raten. Der Chef will, dass seine Beutelchen unversehrt im Sarg landen. Außerdem muss alles zügig vonstattengehen, da haben wir keine Zeit, zu testen, ob das Zeugs bei dir Wirkung zeigt oder nicht.«

Das Ufer ist endlich zum Greifen nah. Nirgends der Hinweis auf eine menschliche Behausung, nichts als Dschungel und schwere, ungewohnte Gerüche nach Pflanzen, die in der Finsternis beunruhigend lebendig wirken. Das süßliche Harz der Tropenbäume verursacht Micki ebenso Kopfweh wie das schwere Bukett der wilden Orchideen. Als neben dem Boot der Kopf irgendeines Tieres aus dem Wasser auftaucht, gerät er in Panik. Sein spitzer Schrei weckt ein paar Brüllaffen, deren wütendes Geschnatter erschreckend menschlich wirkt. Micki versucht die Laute zu unterscheiden, die die Nacht ihm sonst noch zuträgt. Es plätschert, raschelt, knistert und schwirrt um ihn herum, als würde das tropische Schattenreich ihn an die Warnung seines Chefs erinnern wollen, sich jederzeit in Acht zu nehmen – und es niemals zu berühren.

Endlich nähern sich aus einem Seitenarm des Flusses zwei Korjals, schließen lautlos zu ihnen auf und eskortieren das Boot kommentarlos in einen Zufluss, der von undurchdringlichem Urwald umgeben ist. Micki erschaudert, als sich eine herabhängende Liane wie ein Strick um seinen Hals legt. Einen Moment glaubt er, es mit einer Abgottschlange zu tun zu haben. Allein so ein Name lässt doch nichts Gutes hoffen. Die nächsten Touren, schwört sich Micki, darf jemand anderes erledigen. Er braucht Straßen, Autos und Hochhäuser. Ganz gleich, wie lukrativ die hier unten angebauten Tauschwaren sind: Nie wieder Tropen. Zu viel Getier: zu Wasser, zu Lande und in der Luft.

Micki sieht zu, wie der Deckel des Zinksarges in einem benachbarten Korjal abgelegt wird und einer der Tauschpartner wahllos eine Kiste öffnet, eine Flasche herauszieht und entkorkt.

Micki stöhnt auf, als der Mann die Flasche an die Lippen setzt, um zu probieren. Er schickt ein Stoßgebet zum Himmel, dass der Wein in der Hand des Mannes echt ist und Combray ausnahmsweise auf Fälschungen verzichtet hat.

Mindere Ware lässt das Schmatzen seines Gegenübers jedenfalls nicht erkennen. »Gut, sehr gut«, sagt der zufrieden. »Den Wein nehmen wir und von dieser Qualität noch fünf weitere Lieferungen. Je nachdem, wie viel die einzelnen Flaschen auf den Auktionen unserer Casinos bringen, werden wir noch weitere ordern.«

Mickis Horizont erweitert sich schlagartig. Der Wein soll also nicht getrunken, sondern zum Waschen von Geld benutzt werden. Die Plastikbeutel, die da gerade von einem Korjal ins andere wechseln, enthalten demnach die weißeste Währung der Welt. Und so wie es aussieht, zählt hier niemand die Anzahl der Beutel akribisch nach …

Bis zum Ende der Tauschaktion malt Micki sich aus, wie auch nur ein einziges dieser Päckchen sein Leben verändern würde. Er wacht aus seinen Träumen von Luxus und Müßiggang erst auf, als sie wieder auf der Mitte des Maroni sind und er Ernie fluchen hört.

»Verdammt, da vorne, ein Zollboot. Es kommt direkt auf uns zu.«

Mickis Herz schlägt schneller. »Können die uns hören oder sehen?«

»Nicht, wenn du die Klappe hältst und wir kein Licht machen.« Berts Antwort ist kurz; auch ihm ist die Anspannung anzumerken.

»Die holen auf«, bemerkt Micki besorgt. »Wir sind zu langsam, oder?«

»Sind wir. Wir müssen Ballast abwerfen. Siebzig Kilo weniger, und wir schießen denen glatt davon.«

»Aber wir können doch nicht einfach das Wertvollste, was wir haben, über Bord werfen.« Mickis Blick wandert hinüber zum Sarg in der Mitte des Korjals.

Ernie lässt seine weißen Zähne aufblitzen wie eine Laterne. »Das haben wir auch nicht vor.«

»Gott sei Dank!« Micki atmet erleichtert auf. »Wenn ich nicht alles für diese Ware tue, bringt der Boss mich um.«

»Ganz genau.« Wie aufs Stichwort lässt Ernie sein Ruder mit einer kräftigen Bewegung über das Kanu schwingen und schlägt ihn vor die Brust.

Bert kontert mit einem Hieb auf den Rücken, als Micki nach hinten kippt, und lässt ihn so wieder nach vorn und über den Bootsrand schießen. Eine Sekunde später platscht es gewaltig – und Micki dümpelt im Maroni auf und ab wie eine Heulboje.

»Ihr Mistkerle!«, brüllt er zwischen zwei Schlucken brauner Brühe. »Das werdet ihr büßen.« Mit kraftvollen Schwimmstößen wendet er sich Richtung Rettung. »Hierher! Hilfe! Mann über Bord!«, ruft er, um den Motor des herannahenden Patrouillenbootes zu übertönen. »SOS!«

Nur einen Wimpernschlag später hört er ein Pfeifen in der Luft und spürt einen stechenden Schmerz in der linken Schulter. Die Bastarde schießen mit Pfeilen auf ihn. Glauben denn diese Ureinwohner, dass er sich von vorsintflutlichen Geschossen aufhalten lässt? Da haben sie sich aber mit dem Falschen angelegt. »Ich werde den Zollbeamten schon irgendeine Geschichte auftischen, wieso ich in einem Schmugglerboot gesessen habe, und dabei Ernie und Bert genüsslich auffliegen lassen«, spricht er sich selbst Mut zu.

205

Sekunden später zischen zwei weitere Pfeile heran und peitschen neben ihm ins Wasser, der dritte erwischt ihn am Oberarm.

Blut strömt aus wie Luft aus einem geplatzten Fahrradschlauch. Er kann riechen, wie sich sein Lebenssaft mit dem schlammigen Braun des Flusses mischt.

Leider ist er nicht der Einzige, der sein Blut riecht. Nicht zu Lande, nicht in der Luft … aber erst recht nicht im Wasser.

Radio Cayenne – Eilmeldung

Wie erst in den heutigen Morgenstunden bekannt wurde, hat sich in der Nähe der Grenzstadt Saint-Laurent-du-Maroni ein tragischer Zwischenfall ereignet. In Unkenntnis der hiesigen Verhältnisse nahm ein Weinhändler aus Deutschland trotz seiner Armverletzung ein nächtliches Bad im Fluss und lockte damit einen Schwarm Piranhas an. Die Hilfe zweier Fischer von diesseits und jenseits der Grenze kam leider zu spät.

Die sterblichen Überreste des jungen Mannes werden in einem gesicherten Zinksarg nach Europa zurückgeflogen, wo sie von seinem Arbeitgeber persönlich in Empfang genommen werden, der sich außerdem großzügig bereit erklärt hat, die Kosten für die Überführung zu übernehmen.

NORDAMERIKA

Kanada

USA-
North-Carolina

USA, NORTH CAROLINA

Carly Martin **Alles im Fluss**

Draußen auf dem See treibt ein Ast – ein schwarzer Strich inmitten flirrender Lichtpunkte der heißen Nachmittagssonne. Er bewegt sich so langsam, dass man meint, er stünde still.

Das Gewässer ist ein aufgestauter Fluss, den ich den faulen nenne, weil er genauso träge ist wie ich. In Wahrheit heißt er Catawba River, benannt nach einem Indianerstamm, der einst in den Ausläufern der südlichen Appalachen wohnte.

Ich liebe es, von der Terrasse meines Häuschens aus über die kleine Bucht hinweg dem See zuzuschauen. Als meine Eltern hier bauten, wollte kaum jemand so weit draußen wohnen. Doch mit den Jahren hat sich das geändert, die Stadt hat die Idylle geschluckt. Weiter vorn, am Hauptkanal, reiht sich eine Prachtvilla an die andere; mit Pool, Bootshaus und Garagen für den Fuhrpark. In meiner Nachbarschaft geht es weniger protzig zu. Ab und zu mäht jemand den Rasen, aber ansonsten genieße ich die Ruhe. Nur an Wochenenden erwacht der See zum Leben, dann schneiden schnelle Motorboote durchs Wasser.

Heute hingegen ist es still. Nur vereinzelt tuckert ein Schiff vorbei. Grillen zirpen und manchmal springt ein Fisch. Ein knallroter Kardinal, der Staatsvogel von North Carolina, hüpft in einer Wassereiche von Ast zu Ast. Das Bein meiner intakten Körperhälfte zuckt, als eine Fliege darüber krabbelt. Durch einen Schlaganfall hat sich meine linke Seite entschieden, die Arbeit einzustellen. Trotz unzähliger Behandlungen hat sich an der partiellen Lähmung kaum etwas geändert, nur der Arm meldet sich zaghaft zurück. Etwas ergreifen oder gar aufheben ist trotzdem unmöglich. Mein Hausarzt meinte, ich würde unter einer Affektverflachung leiden. Das hört sich zwar gut an, ändert aber nichts an meiner Situation.

Heute stünde Physiotherapie auf dem Programm, doch warum soll ich mich damit abplagen? Ich lebe allein. Niemand wartet auf mich, nicht mal ein Haustier. Ob ich rumliege oder im Sessel sitze, macht keinen Unterschied. Lieber lese ich den Krimi zu Ende, der seit einer Woche auf dem Tischchen neben mir liegt.

Also döse ich vor mich hin, bis ich von Melinda Canipes Gekeife – meiner Nachbarin vom jenseitigen Ufer der kleinen Bucht – geweckt werde. Uns trennen etwa siebzig Meter. Das ist nah genug, um mich über sie zu ärgern, aber weit genug weg, um sie notfalls ignorieren zu können. Ständig findet sie etwas, an dem sie herumnörgeln kann. Am liebsten würde sie mir vorschreiben, wie ich meinen Uferbereich zu gestalten habe. Dieses Mal hat sie jedoch ihren Stiefsohn Teddy im Visier, der ihr einen seiner seltenen Besuche abstattet. Die beiden stehen am Bootssteg und streiten heftig miteinander. Worum es dabei geht, kann ich nicht verstehen. Melinda lässt Teddy stehen und redet beim Weggehen auf ihren Ehemann Jim ein, der ihr wie ein braves Hündchen folgt. Teddy schaut ihrem Treiben mit gesenkten Schultern zu und blickt dann zu mir herüber, bevor er sich umdreht und den Garten verlässt.

Kurze Zeit später befährt ein Auto den Kiesweg, der zu meinem kleinen Refugium führt. Teddy hat die Bucht umrundet und kommt bei mir vorbei, um mich mit Lebensmitteln zu versorgen. Diese Arbeit teilt er sich in wöchentlichem Rhythmus mit meinem Neffen Josh. Die beiden sind schon von Kindesbeinen an dicke Freunde.

»Hallo!«, ruft Teddy mit seiner sonoren Stimme. »Ich habe was zum Futtern dabei.«

»Danke! Wieviel schulde ich dir?«

Er nennt mir die Summe, die immer annähernd gleich ist. Nachdem er die Sachen im Kühlschrank verstaut hat, kommt er zu mir auf die Veranda. Schwerfällig lässt er sich auf den Stuhl am Gartentischchen nieder, senkt seinen Kopf und faltet die schwieligen Hände im Schoß, als wollte er beten.

»Wie geht's dir?«, frage ich und erkundige mich auch nach dem Wohlbefinden seiner Ehefrau Lydia.

Seine Augen schauen ins Leere, bis sie sich auf mich fokussieren. »Gut.« Er atmet tief durch. »Nein, eigentlich schlecht. Ihr Chef hat ihr gekündigt, weil er seinen Laden dichtmacht.«

»Das tut mir leid. Sie wird bestimmt schnell was Neues finden«, sage ich, ohne davon überzeugt zu sein.

»Hoffentlich, Auntie Miriam.«

Er nennt mich Tante, obwohl ich das nicht bin. Er und mein Neffe sind quasi bei mir aufgewachsen. Josh, weil meine Schwester und ihr Ehemann beide berufstätig waren, und Teddy, weil sich bei ihm zu Hause keiner um ihn kümmerte.

Ungeniert mustere ich ihn. »Und was ist mit dir?«

»Kann nicht klagen.«

Ich glaube ihm kein Wort. Dass der Mann Sorgen hat, sieht selbst ein Blinder. »Wie läuft deine Firma?«

Sein Blick wandert gen Himmel, als erwarte er von dort eine göttliche Eingebung. Wie die meisten hier im Süden ist auch Teddy streng gläubig – oder tut zumindest so. »Geht so«, erwidert er.

Ich ahne, dass er lügt. »Wenn ich dir irgendwie helfen kann, sag Bescheid, okay?«

»Du hast doch selbst kaum was. Trotzdem danke für das Angebot.«

»Lass mir einen von den Cupcakes übrig, die restlichen kannst du mitnehmen.«

»Bist du dir sicher?«

Das fragt Teddy jedes Mal, denn er weiß, dass ich wegen meines Blutzuckers keine essen darf – zumindest nicht alle zwölf auf einmal. »Nimm sie und grüß die Kinder.«

Er bedankt und verabschiedet sich. Gleich darauf knirschen die Räder seines Trucks auf dem Schotterweg.

Ich bin wieder allein mit mir und dem Fluss. Inzwischen ist der Ast auf dem See ein Stück weitergetrieben und wird bald meinem Blickfeld entschwunden sein. Das Donnergrollen eines Gewitters wird schwächer, heute bleiben wir offenbar verschont. Ein Fischadler, erkennbar am weißen Kopf, streicht vorüber. Er lässt sich fallen, fährt kurz über der Wasseroberfläche seine Fänge aus und taucht sie in den See. Mit kräftigen Flügelschlägen gewinnt er an Höhe, zwischen seinen Krallen zappelt ein Fisch. Sein Abendessen ist gesichert.

Die Abenddämmerung bricht herein. Gegenüber werkelt Jim an seinem Außenbordmotor herum. Der spindeldürre Mann ist der Vater von Teddy und Wes, seine mollige Frau Melinda die Mutter von Wes, aber nicht die von Teddy. Im Gegensatz zu Jim ist sie nicht am Fluss aufgewachsen. Eines Tages war sie da. Wie ein Krebsgeschwür hat sie sich auf dem Anwesen breitgemacht und alles vernichtet, was die Ex ihres Mannes erschaffen hatte. Sogar Hund und Kind fielen ihrer Säuberungsaktion zum Opfer. Jim hat sich seither vom treusorgenden Vater zum Pantoffelhelden entwickelt.

Jetzt trägt Melinda eine rote Kühlbox aus dem Haus. Anscheinend treffen sie Vorbereitungen für ihre übliche Bootstour. Als Hobbyornithologen berichten sie ihre Beobachtungen an einen Naturschutzverein. Früher, als mein Mann noch lebte, sind wir oft mit unserem eigenen Pontonboot rausgefahren. Nun liegt es am Bootssteg vertäut und bleibt, bis auf die wenigen Ausnahmen, wenn Josh einen Familienausflug damit unternimmt, unbenutzt. Sein Angebot, mitzufahren, schlage ich stets aus. Dort draußen lauern zu viele Erinnerungen.

Teddys Halbbruder Wes stapft soeben zum Boot runter und stellt seine Mutter zur Rede. Irgendetwas muss den Dicken dermaßen in Rage versetzt haben, dass er wild mit den Armen rudert. Ich halte den Atem an. Gleich wird er sie ins Wasser stoßen. Doch zu meinem Erstaunen umarmt sie ihn und die Situation entspannt sich. Die Show ist beendet.

Inzwischen drückt meine Blase unangenehm. Mühsam erhebe ich mich, greife mir den Rollator und quäle mich ins Haus.

*

211

Der nächste Morgen bricht an und holt mich aus einem Traum in die Wirklichkeit zurück. Meine linke Seite führt nach wie vor ihr Eigenleben. Im Haus ist es totenstill, aber draußen wirft irgendein Nachbar seinen Rasenmäher an. Ist der von allen guten Geistern verlassen? Es ist acht Uhr morgens. Leider hört er die Schimpfkanonade nicht, die ich loslasse. Ächzend schleppe ich mich an Bett und Tisch entlang bis ins Bad. Die Dinge des Alltags zu erledigen, fällt mir unsagbar schwer, gleichwohl ich bereits Fortschritte gemacht habe, auf die ich stolz sein sollte. Dazu gehört das selbstständige Duschen und Haare waschen sowie das Fortbewegen mit Hilfe des Rollators. Meine Mutter wäre nie ohne Make-up und akkurate Frisur unter die Leute gegangen, aber ich werfe nur ein Schlabberkleid über. Das muss für heute reichen.

Der Bootssteg gegenüber ist leer. Komisch. Wo ist das Boot der lieben Nachbarn abgeblieben? Drüben rührt sich nichts, was um diese Zeit nicht verwunderlich ist, da Wes seinen fetten Arsch nie vor dem Lunch an die frische Luft bewegt. Seine Eltern sind dann bereits Stunden auf der Arbeit. Jeden Morgen, außer an Sonntagen, lässt Jim seinen Truck an. Der Diesel ist nicht zu überhören und weckt die ganze Nachbarschaft. Heute ist alles ruhig. Merkwürdig.

Aber was gehen mich die Canipes an?

Zum Frühstück gibt es eine Schüssel mit Müsli. Dazu Sojamilch, weil darin weniger Zucker und tierische Fette als in Kuhmilch enthalten sind. Manchmal frage ich mich, warum ich auf solche Sachen überhaupt achte. Ich öffne die Tür zur Terrasse, hinke hinaus und lasse mich auf der Sonnenliege nieder. Der Tag kann beginnen. Er wird mit Nichtstun vergehen, so wie jeder andere. Mit dieser Erkenntnis widme ich mich dem Krimi. Ich bin eine Hobby-Kriminologin, was von meinem Neffen Josh, seines Zeichens ernsthafter Polizist, mitleidig belächelt wird.

Keine zwei Seiten später fährt drüben ein Streifenwagen ohne Lichtorgel und Sirene vor. Ein Cop steigt aus. Ich benutze das Fernglas, das stets griffbereit auf dem Tischchen neben der Liege steht, um festzustellen, ob ich ihn kenne. Negativ. Eine Zeitlang passiert nichts, bis Wes mit ihm aus dem Haus kommt und sie gemeinsam runter zum Bootssteg gehen.

Wurde das Boot gestohlen? Aber wo sind dann Jim und Melinda?

Mein linker Fuß beginnt zu kribbeln, während gegenüber beide wieder zum Haus zurückgehen. Wes bleibt stehen und blickt dem davonfahrenden Streifenwagen hinterher. Besonders aufgeregt scheint er nicht zu sein, was aber nichts zu bedeuten hat, denn den bringt so schnell nichts aus der Ruhe.

Mehrere zivile Autos fahren bei den Canipes vor. Unter denen, die aussteigen, erkenne ich Josh. Gespannt, was der Aufmarsch zu bedeuten hat, richte ich mich auf, um nichts zu verpassen. Josh ist Captain bei der städtischen Polizei und leitet dort die Kriminalabteilung. Normalerweise ermitteln bei einem Verbrechen seine Kollegen. Dass er persönlich erscheint, bedeutet, dass etwas Größeres im Busch ist. Ich greife zum Smartphone und schicke ihm eine Nachricht: Komm rüber, wenn du fertig bist.

Nach ungefähr einer halben Stunde steht er bei mir in der Tür. Josh ist mittelgroß, durchtrainiert und trägt die Haare kurz geschoren wie die meisten Cops. Er setzt sich auf einen der Gartenstühle, schlägt ein Bein über das andere und trommelt mit den Fingern auf der Tischplatte. »Was liegt an?«, fragt er.

»Das möchte ich von dir wissen.«

»Schon mal was von Dienstgeheimnis gehört?«

»Das sagst du jedes Mal. Du weißt, ich kann schweigen wie ein Grab.«

»Selten so ein gesprächiges Grab erlebt.«

»Außer dir und Teddy kommt doch keiner zu mir. Also raus mit der Sprache. Was ist mit den Canipes los?«

Er gibt seinen Widerstand auf. »Das würden wir auch gern wissen. Wes hat sie als vermisst gemeldet.«

»Oh!«

»Sie sind gestern Abend mit dem Boot rausgefahren. Wollten wahrscheinlich angeln.«

»In dem Dreckwasser? Die Fische sind alle vergiftet.«

Er gluckst. »Das sagst du seit Jahren, aber diese Zeiten gehören der Vergangenheit an. Die Stadt hat längst Kläranlagen gebaut. Das Wasser ist sauber und die Fische sind genießbar.«

»Sagt der Bürgermeister. Aber ob's stimmt …?« Ich bleibe skeptisch. »Die Canipes haben noch nie geangelt. Nein, die wollten garantiert das Nest des Fischadlers beobachten.«

»Woher willst du das wissen?« Er sieht mich herausfordernd an. »Du hast dich nie sonderlich für sie interessiert.«

»Trotzdem muss ich wissen, was meine Nachbarn treiben.«

»Du spionierst ihnen also nach.«

»Was hat Wes zu ihrem Verschwinden gesagt?«

»Der weiß von nichts. Sie wären wie immer abends rausgefahren und er hätte ferngesehen.«

Joshs Smartphone meldet sich und er nimmt den Anruf an. Das Gespräch ist einsilbig. Mehr als ein »Oh«, »Aha«, »Wirklich« und »Mach das«, ist von ihm nicht zu hören. Danach lässt er die Hand sinken. »Wow.«

»Was ist los?«

»Das Boot der Canipes wurde gefunden. Es treibt in der Nähe des Damms.«

Früher oder später landet jedes Treibgut dort. »Und die Canipes?«

Er schüttelt den Kopf. »Nichts. Wie vom Erdboden beziehungsweise vom See verschluckt.«

»Oh, wie schrecklich.«

»Das muss nichts heißen.«

»Wo sollen sie denn sein?«

»Gute Frage, Auntie. Einer der Pontons ist leckgeschlagen. Das Boot ist wahrscheinlich auf Grund gelaufen und sie sind dann an Land geschwommen oder von einem anderen Boot aufgefischt worden.«

»Die sind bestimmt bei der Suche nach dem Nest des Fischadlers mit einem der alten Baumstümpfe kollidiert«, vermute ich.

Bevor die Staumauer hochgezogen wurde, war hier ein liebliches

Tal, durch das sich der Fluss wälzte. Als der Pegel stieg, wurden weder die Gebäude noch die Bäume entfernt. Ihre Stämme ragen an manchen Stellen wie die Hände Ertrinkender aus dem Wasser und sind mit Bojen markiert.

Josh wiegt seinen Kopf. »Gut möglich.«

»Aber deshalb geht nicht gleich die ganze Besatzung über Bord«, denke ich laut. »Jim kennt den See wie seine Hosentasche. Da steckt etwas anderes dahinter.« Das linke Bein kribbelt jetzt so stark, dass ich es nicht länger ignorieren kann.

»Was ist?«, fragt Josh, dem mein Reiben nicht entgangen ist.

»In meinem tauben Bein ist eine Armee Ameisen unterwegs.«

»Prima! Das ist ein gutes Zeichen. Du muss unbedingt einen Termin für die Physiotherapie machen.«

Das Kribbeln hört genauso plötzlich auf, wie es gekommen ist. Ich betaste das Bein. Nichts – wie tot. »War wohl nur Einbildung. Ist sowieso egal.«

»Unsinn.«

»Warum soll ich mich anstrengen?«

Sein Blick wird weich. »Tu es für uns – und für dich.«

*

Seit drei Tagen gibt es kein Lebenszeichen von den Canipes. Inzwischen stand der Vorfall in der Zeitung. Ab und zu beobachte ich den fetten Wes bei der Gartenarbeit. Ihn körperlich aktiv zu sehen, ist ein seltener Anblick. Wie in Zeitlupe schnippelt er an einem Rosenbusch herum. Am dritten Tag setzt er sich sogar auf den Rasenmäher und kurvt damit bis zum Hang. Gespannt warte ich, ob er für das steile Stück, das zum Ufer führt, den alten Handrasenmäher aus dem Schuppen holt, aber Fehlanzeige. Er kratzt sich nur den Nacken und winkt ab. Das Steilufer bleibt ungemäht. Schon bald wird es vom Unkraut überwuchert sein, wie Melinda sagen würde. Ich hingegen nenne die Gewächse Opportunisten, weil sie die Faulheit des Gärtners ausnutzen.

Inzwischen bin ich überzeugt, dass sich der Fluss seine Eltern geholt hat; als Strafe für Melindas ständiges Meckern und Herumkommandieren. Immer war sie in Bewegung, und das ist ungewöhnlich, denn der schwülheiße Südosten der USA entschleunigt jeden.

Heute ist die Luft besonders feucht. Dicke Wolken kündigen Gewitter an und das Atmen fällt mir schwer. Die Schwalben fliegen knapp über der Wasseroberfläche. Ich schalte die Moskito-Killer-Lampe an. Das Zitronenwasser, das ich in der Frühe angesetzt habe, erfrischt mich, allerdings sind die Eiswürfel darin fast geschmolzen und der Kühlschrank ist zu weit weg, um neue zu holen. Im Schatten des Sonnenschirms lausche ich dem Gezwitscher der Vögel sowie dem leisen Ping, wenn die Moskitofalle erfolgreich war. Dabei verfluche ich, zum Nichtstun verdammt zu sein.

Am Nachmittag kommt Teddy vorbei. Als er vor vier Tagen bei mir war, sah er deprimiert aus, doch heute sitzt er mir aufrecht gegenüber, die Hände zu Fäusten geballt. Selbst seine Kiefermuskeln sind angespannt. In diesem Moment geht eine SMS von Josh bei mir ein. Ohne sie gelesen zu haben, schreibe ich zurück: Melde mich später. Teddy ist gerade zu Besuch.

»Was ist los?«, frage ich ihn, nachdem er verbissen schweigt.

»Scheiße«, presst er hervor.

»Wegen deiner Firma?«

»Wegen der auch.«

»Lass dir nicht jede Einzelheit aus der Nase ziehen.«

»Das Haus. Ich kann die Hypothek nicht bezahlen. Wenn nicht bald ein Wunder geschieht, sitzen wir auf der Straße.«

»Das ist übel. Du weißt aber, dass dich die Bank nicht vor Ablauf eines Jahres rauswerfen kann. Bis dahin hast du Zeit, die Angelegenheit zu regeln. Kann ich dir irgendwie helfen?«

»Nein.«

»Und deine Eltern?« Das ist mir rausgerutscht. Melinda würde sich eher umbringen, als ihn zu unterstützen, obwohl die Canipes genug Geld haben. Jim ist Bauunternehmer. Wenn der ein Haus verkauft, rollt der Rubel.

»Hast du es noch nicht gehört?«

»Was soll ich gehört haben?«

»Sie wurden gefunden. Heute Morgen. Am Staudamm angetrieben.«

Der Schreck fährt mir in die Glieder.

»Ein Arbeiter vom Kraftwerk hat sie entdeckt. Dad ... er hat eine Platzwunde am Hinterkopf. Die Cops reden von *Foul Play*.«

»Bis ein Autopsieergebnis vorliegt, kann es einige Zeit dauern.«

»In diesem Fall soll es sehr schnell gehen. Sie schauen nur nach, ob Wasser in den Lungen ist. Dann wird entschieden.« Seine Finger kneten ein imaginäres Taschentuch, während sein Blick hin und her wandert, bis er an mir hängenbleibt. »Sie verdächtigen mich.«

»Wie bitte?«, frage ich und ahne, wie die Cops ticken. »Weil du sie besucht hast?«

»Um sie um Geld zu bitten«, erwidert er. »Aber Melinda hat mich rausgeschmissen.«

»Ich habe beobachtet, dass Wes ziemlich sauer war, nachdem du weg warst.«

»Bestimmt, weil Dad mir helfen wollte.«

»Das ist kein Grund, jemanden umzubringen.«

»Ich wollte mir zwölftausend Dollar leihen. Das sollte ihm leichtfallen, weil er gerade ein Haus verkauft hat.«

»Das wusstest du?«

»Natürlich.«

»Weil du das Dach gedeckt hast, stimmt's?«

Er presst die Lippen zusammen.

»Dann müsstest du doch genug Geld verdient haben«, bohre ich weiter.

»Eben nicht. Ich habe damit alte Schulden bei ihm beglichen, musste aber meine Leute und das Material bezahlen.«

»Wusste Melinda von eurem Deal?«

»Natürlich. Sie macht doch seine Buchhaltung, behauptete aber, sie würden gerade kurz vor der Pleite stehen.«

»Glaubst du das?«

Er schüttelt den Kopf und verzieht dann das Gesicht. »Wenn die mich einbuchten, komme ich nie mehr raus.«

»Wes wird sich freuen.«

»Wohl kaum.« Teddy erhebt sich. »Für Wes ist der Tod unserer Eltern eine Katastrophe, weil er sich jetzt um jeden Scheiß selbst kümmern muss. Der faule Sack hat doch nichts weiter gelernt, als mit dem Geld seiner Mutter zu spekulieren.«

»Alles wird gut«, sage ich und befürchte das Schlimmste.

Ein Auto fährt auf den Kiesweg zum Haus, gefolgt von einem zweiten. So viel Besuch – Teddy und ich wechseln einen Blick. Josh kommt in Begleitung von zwei Cops ums Eck, um ihn festzunehmen. Teddy lässt die Schultern hängen; er ergibt sich in sein Schicksal. Mir schwant, dass ich mit der SMS meinen Neffen auf seine Fährte gesetzt habe, und fühle mich wie eine Verräterin.

»Teddy«, sagt Josh. »Du bist wegen Mordverdachts an Jim und Melinda Canipe vorläufig festgenommen.«

»Das heißt, dass ...« Teddys Stimme versagt.

»Jim war bereits tot, als er ins Wasser fiel. Melinda ist ertrunken. Sie hat Hämatome an den Armen, als hätte sie jemand unter Wasser gedrückt. Weitere Untersuchungen wurden veranlasst.«

Mir läuft es eiskalt über den Rücken. »Josh ...«, versuche ich, für seinen Jugendfreund ein gutes Wort einzulegen, aber die Anwesenheit der zwei uniformierten Polizisten verschließt mir den Mund.

*

Wieder sind drei Tage vergangen. Heute Nachmittag werden die Canipes beigesetzt, aber zuvor finden das sogenannte Public Viewing und der damit verbundene Empfang der Trauergäste statt. Mit einem »Was soll's« versuche ich das Bedürfnis, daran teilzunehmen, abzutun, da mich dort sowieso keiner vermissen wird. Im Gegenteil. Hinter vorgehaltener Hand würden sie einander fragen, warum ausgerechnet ich mein Beileid bekunde.

Josh kommt vorbei, um mir einen Zwischenbericht der Ermittlungsergebnisse zu liefern. Er dürfe das zwar nicht, aber in Hinblick auf meine enge Beziehung zu Teddy mache er eine Ausnahme. Ich vermute jedoch, dass er mir nur eine Portion panierte Hähnchen-schenkel und frittierte Süßkartoffeln bringen will.

»Die Beweislast gegen Teddy ist erdrückend«, sagt Josh. »Er hat für die vermeintliche Tatzeit kein Alibi. Obendrein fehlt die Tat-waffe, mit der zugeschlagen wurde.«

Klar, die auf dem Grund des Sees zu finden, ist nahezu ein Ding der Unmöglichkeit.

»Der Haftrichter hat kurzen Prozess gemacht und Teddy einge-locht. Bis zu seiner Gerichtsverhandlung kann mehr als ein Jahr vergehen«, erklärt er.

»Wes kommt als Täter nicht in Betracht?«, frage ich ohne viel Hoffnung nach.

»Kein Motiv. Mord aus Habgier scheidet aus, er hat genügend Geld.«

Teddy ein Mörder? Das kann ich nicht glauben. Auch Josh ist anzusehen, dass er das nicht für möglich hält. Ich starre auf den flimmernden See. Manchmal habe ich das Gefühl, der Fluss will mich verführen, mit ihm zu ziehen, damit ich die Last des Lebens hinter mir lassen kann. Heute jedoch nicht. Etwas regt sich in mir. Mein linkes Bein juckt, der große Zeh zuckt. Oh Gott, ich kann die Zehen bewegen!

Ermutigt entschließe ich mich, doch zum Empfang der Trauern-den zu gehen. Der findet eine Stunde vor der eigentlichen Bei-setzung statt und soll Freunden und Bekannten der Verstorbenen Gelegenheit zu Beileidsbekundungen geben. Seit Monaten ziehe ich mir wieder mal was Schickes an.

Auf meine Bitte hin werde ich von Josh abgeholt. Er ist pünkt-lich, was bei einem Südstaatler eher die Ausnahme ist. Er wäre sowieso hingegangen, versichert er. Dass er Anzug und Krawatte trägt, ist ein seltener Anblick.

»Donnerwetter, hast du dich in Schale geworfen. Wo hast du denn den Anzug her?«, necke ich ihn.

Er macht eine abwertende Geste, als schämte er sich. »Das ist mein bestes Kleidungsstück und für alle feierlichen Anlässe geeignet.«

Wir fahren zu einer der unzähligen Kirchen, die hier im Süden der USA, dem *Bible Belt*, in allen Stilrichtungen und für jede Konfession vertreten sind. Für jeden Sünder das Passende, egal ob er einer der Hauptreligionen, einem Ableger davon oder einer Sekte angehört. Man sagt, in den Südstaaten soll es mehr Kirchen als Bars geben.

Auf dem Parkplatz vor der Kirche stehen die Autos dicht an dicht. Die Canipes hatten einen großen Freundeskreis. Der Empfang findet in einem Nebengebäude statt. Josh hilft mir mit meinem Rollator eine Rampe für Behinderte hinauf. Wir reihen uns in die Schlange der Trauernden ein, die sich langsam, aber stetig vorwärtsbewegt. Die Angehörigen der Toten stehen oder sitzen vor dem Eingang eines kleinen Saals. Wie nicht anders zu erwarten, finde ich Wes unter den Sitzenden.

»Kannst jetzt doch im Haus am See bleiben«, sagt einer seiner Freunde zu ihm, bevor er weitergeht.

Wes verzieht das Gesicht und mustert Josh aus schmalen Augen, der »Herzliches Beileid« brummt. Die gegenseitige Abneigung ist offensichtlich.

»Vielen Dank, dass Sie den Mörder so schnell geschnappt haben!«, ruft eine blonde Frau, die allem Anschein nach Melindas Schwester ist.

Josh nickt und sieht dabei unglücklich aus. Ähnliche Worte bekommt er auf dem Weg zu den Särgen öfter zu hören. Diese verschwinden nahezu im Blumenmeer um sie herum und sind zu meinem Erstaunen geschlossen.

»Das wäre kein schöner Anblick«, flüstert Josh, der meinen Gedanken offenbar erraten hat. »Vor allem nicht, wenn du hinterher etwas essen willst.«

Mein Blick geht zu Wes, der als einziger noch sitzt. Er wirkt nicht traurig, er wirkt zufrieden.

*

Auf der Heimfahrt mit meinem Neffen ziehen Häuser, Kirchen, Restaurants und Strip Malls an uns vorbei. Geschäftiges Treiben überall. Auf dem Highway jede Menge Autos, rote Ampeln, vor uns ein Schleicher. Josh knurrt seinen Unmut heraus.

»Auf der Beerdigung war viel los«, sage ich.

»Hm.«

»Du kaust auf etwas rum. Komm, spuck's aus.«

Er atmet tief durch. »Okay, warum nicht. Die Canipes hatten um einen Notartermin für die Aufsetzung eines Testaments gebeten.«

»Oje.«

»Das wollte Teddy um jeden Preis verhindern. Ist doch logisch, oder?«

»Woher soll er davon gewusst haben?«

»Sie werden es ihm an dem Tag eröffnet haben, als er sie besuchte – also kurz vor ihrem Tod.«

»Ich kann und will es nicht glauben. Und du als sein bester Freund solltest ihn jetzt nicht im Stich lassen.«

»Was soll ich denn deiner Meinung nach tun? Der Staatsanwalt möchte einen schnellen Erfolg verbuchen können. Seine Wiederwahl steht an. Du hast selbst gesehen, wie populär die Canipes waren.«

»Was ich nicht nachvollziehen kann«, brumme ich. »Und wenn Wes der Täter war?«

»Warum sollte er den Ast absägen, auf dem er sitzt?«

»Weil ihn der Ast nicht mehr tragen wollte?«

Josh wischt sich mit der Hand übers Gesicht. »Wes war nicht mit auf dem Boot, wie du selbst beobachtet hast.«

»Nein, hab ich nicht. Die Abfahrt habe ich nicht gesehen«, widerspreche ich. »Und wie soll Teddy hinzugekommen sein?«

»Mit einem anderen Boot. Wes hat keines, aber Teddy.«

»Seines ist kaputt.«

»Das wusste ich nicht. Dann eben mit irgendeinem anderen Boot.«

»Das könnte sich Wes auch besorgt haben, er muss nicht bei ihnen auf dem Boot gewesen sein.«

Zu Hause angekommen, öffne ich die Wagentür. »Ich bin mir sicher, dass Wes der Täter ist.«

»Wenn's dich beruhigt, werde ich mit dem Notar sprechen. Vielleicht verrät er mir, wer begünstigt wurde.« Er stellt den Rollator vor mich hin. »Mach in der Zwischenzeit bitte keine Dummheiten.«

»Wie denn?« Ich deute mit dem Kinn auf die Gehhilfe und hinke los.

»Du machst Fortschritte«, sagt er mit einem Ausdruck des Erstaunens im Gesicht.

»Sieht so aus.« Ich gehe mit beiden Beinen, ziehe das linke nur leicht nach.

Anerkennend hält er einen Daumen hoch, braust davon und lässt mich mit dem Kopf voller Gedanken zurück. Durchaus möglich, dass die Canipes mit dem Testament ihrem faulen Sohn Feuer unterm Hintern machen wollten. Ich schaue hinüber. Wes sitzt am Bootssteg und angelt.

Ich quäle mich vorwärts, fest entschlossen, die Bucht zu umrunden. Erst langsam, dann immer schneller schiebe ich meinen Rollator vor mir her. Sofort beginne ich zu schwitzen. Schnaken und kleine Fliegen schwirren um mich rum, während mich Frösche mit ihrem Gequake unterhalten, anstatt die Plagegeister zu fressen. Vielleicht hatten die Canipes es satt, ihren fünfunddreißigjährigen Sohn weiterhin durchzufüttern, und ihm angedroht, ihn zu enterben, wenn er nicht auszieht. Bevor sie ihr Vorhaben in die Tat umsetzen konnten, hat er sich ihrer dann entledigt.

Auf dem Grundstück der Canipes komme ich auf der Treppe zum Ufer ins Straucheln. Mit der Angel in der Hand dreht Wes sich um, sieht mich und mein Dilemma, macht aber keine Anstalten, mir zu helfen.

»Was willst du hier, Mighty Mouse?« Warum spricht er mich mit meinem Spitznamen an? Um mich zu demütigen?

»Dich was fragen.«

»Du siehst doch, dass ich beschäftigt bin.«

»Du hast sie umgebracht, stimmts?«

»Hä?«

»Hast du was an den Ohren?«

»Was soll der Scheiß?« Er wendet sich ab, starrt aufs Wasser, das hier so schwarz ist wie der Eingang zur Hölle.

»Du hast sie umgebracht, weil sie sich von dir nicht länger ausnutzen lassen wollten. Sie haben dir angedroht, dich vor die Tür zu setzen und das Testament zu ändern, damit du endlich lernst, auf eigenen Füßen zu stehen.«

Wes legt die Angel auf die Planken und steht schwerfällig auf. Erst jetzt wird mir bewusst, mit welcher Masse von Mann ich mich anlege.

»Du gehst mir schon lange auf die Eier«, faucht er, wobei seine Augen schier aus seinem pausbackigen Gesicht quellen wollen.

»Ich habe dir nie was getan.«

»Du glotzt aber ständig zu uns rüber.«

»Gib's zu, du warst auf dem Boot.«

»Hast du das mitgekriegt?« Er setzt seine Masse in Bewegung. »Kann man eigentlich mit nur einem Bein schwimmen?«

»Komm mir bloß nicht zu nahe!«

Mit einem Satz, den ich ihm gar nicht zugetraut hätte, springt er auf mich zu. Er packt meine Handgelenke, zieht daran. Mit meinem ganzen Gewicht stemme ich mich dagegen, bin aber zu schwach. Der Bootssteg, das Wasser – Schlund eines nassen Todes.

»Sie wollten mich rausschmeißen. Was sind das denn für Eltern? Da musste ich was tun«, schreit Wes wie von Sinnen. »Dad hat mich einen Schmarotzer genannt. Das konnte ich nicht auf mir sitzenlassen. Zuerst war er dran! Mom springt ihm hinterher! Die dumme Gans! Ich hab sie ersäuft wie Teddys Hund!«

Ein Ruck. Der Rollator fällt um.

»Stopp! Hände hoch!«, schreit es hinter mir.

Josh. Wes hält mich nach wie vor fest, ist wie erstarrt.

»Keine Bewegung, oder ich schieße.«

Wes lässt mich los. Er gibt auf, was sonst.

*

Tage später sitzt Teddy mir gegenüber. Er sieht müde, aber erleichtert aus. Ich verspüre neue Energie. Morgen habe ich einen Termin beim Physiotherapeuten.

An meinem kleinen Bootssteg löst Josh die Leinen des Pontonboots. Teddys Frau samt Kinder sind zusammen mit seiner Familie an Bord. Ständiges Kichern und Schnattern zeugt von ausgelassener Stimmung. Als sie davonbrausen, winken sie uns begeistert zu.

Teddy leistet mir Gesellschaft. Er hat den Grill angeworfen und wartet jetzt, bis der die richtige Temperatur erreicht hat, während ich mich mit den Beilagen beschäftige. Steaks und Würste liegen auf Tellern bereit, dazu Coleslaw, Rolls, grüner Spargel und Maiskolben.

»Vielen Dank, Auntie«, sagt er unvermittelt.

»Gern geschehen. Wie geht's deiner Firma?«

»Besser. Die Bank hat mir den Kredit gestundet.«

»Kein Wunder, wenn ein Erbe in Aussicht steht.«

»Wes schaut in die Röhre, der kriegt nix. So ein Idiot, jetzt ist er erbunwürdig.« Teddy legt das Grillgut auf den Rost.

»Wirst du drüben einziehen?«, frage ich ihn.

Er legt den Kopf schief und schaut zum Haus hinüber. »Dann wäre ich in deiner Nähe.«

Das Aber bleibt unausgesprochen und ich fürchte, er denkt daran, das Anwesen zu verkaufen. »Überlege dir, was du tust. Ein Haus am See hat nicht jeder. Außerdem ist es das Haus, in dem du aufgewachsen bist.« Ich lasse eine Pause, bis er nickt. »Wes wird lebenslang kriegen«, füge ich an.

Teddy greift mit der Zange ein Würstchen, besieht es sich von allen Seiten und feixt. »Dann hat er endlich das, was er immer wollte: freie Kost und Logis und muss sich obendrein um nichts kümmern.«

Was für ein schöner Tag.

KANADA

Mareike Fröhlich **Nimmerland**

Von der Aussichtsplattform aus lasse ich meinen Blick über die Landschaft gleiten. Über die Berge und den Wald, der die Farben des Herbstes vor mir ausbreitet. Im Tal schlängelt sich der Sea-to-Sky-Highway nach Whistler. Er zieht eine feine Linie zwischen den Bergen und dem Howe Sound, dem Meeresarm, der den Pazifik in dunklem Türkis weit ins Landesinnere trägt.

Wie jedes Mal, wenn ich hier oben stehe, staune ich über dieses Meisterwerk, die Schönheit, die uns die Natur bietet. Dieses Staunen breitet sich warm in meinem Körper aus.

Ich schaue zu Alexander hinüber. »Traumhaft, nicht wahr?«

Doch Alexander hat dem Ausblick den Rücken zugekehrt. »Ja, ja … und irgendjemand zieht daraus Profit und den Besuchern das Geld aus der Tasche. Was das wohl alles gekostet hat?«, sinniert er vor sich hin. »Die Lodge ist riesig, die Terrasse gigantisch und die Mittel für die Hängebrücke möchte ich mir gar nicht ausrechnen.« Nun schaut er mich an, lächelt. »Aber du hast recht, die Gegend ist wirklich schön. Es ist eben ein Luxus, in Kanada leben zu dürfen. Dein Luxus. Nicki-Schatz, du hast sicher bemerkt, dass die Wolken zuziehen, oder? Aber wie ich dich kenne, wirst du die Wanderung durchziehen.«

Ich lächle ebenfalls. »Werde ich, und da ich den Luxus genieße, hier zu leben, weiß ich, dass das Wetter halten wird.«

»Wie du meinst. Da du ja unbedingt den längsten Trail laufen willst, sollten wir losgehen. Ins backcountry.« Er zieht das Wort übertrieben in die Länge. »Wie nobel sich das anhört, dabei ist es nichts anderes als das Hinterland.«

Durch seine Worte verblasst die Schönheit der Natur. Bis sie den Ton seiner milchigen Haut annimmt. »Willst du mir die Wanderung madig machen? Wir haben so oft über den Neverland See gesprochen und du hast mir versichert, dass wir den Trail laufen – ganz egal, wie das Wetter ist.«

Er hebt abwehrend die Hände. »Ist ja gut. Du weißt doch, dass ich dir keinen Wunsch abschlagen kann. Dein Wunsch ist mir sozusagen Befehl.« Er zwinkert mir zu. »Aber vorher muss ich noch mal auf die Toilette. Dieses King Koi, oder wie auch immer das heißt, liegt mir jetzt schon schwer im Magen.«

»Kaeng Khioa Wan«, sage ich. »Nenn es einfach Grünes Curry. Damit weiß jeder, was gemeint ist.«

»Grünes, rotes, gelbes … das Essen in Kanada stelle ich mir anders vor. Da fliegt man vierzehn Stunden und bekommt dieses Asiaten-Zeug.«

»In Vancou…«

»Ja, in Vancouver sind dreiunddreißig Prozent der Einwohner Asiaten. Ich weiß. Das hast du mir schon mehr als einmal erklärt.«

»Du hättest ja auch den Lachsburger nehmen können.«

»Nein, nein. Ich vertraue deinem Urteil. Wenn du sagst, dass das Curry hier besonders gut ist, dann glaube ich dir das.« Er dreht sich um und verschwindet in der Summit Logde.

Ich schaue ihm nach und frage mich wieder einmal, warum ich ihn geheiratet habe. Warum wir überhaupt ein Paar geworden sind. Jedes Mal führen wir die gleichen Diskussionen, wenn Alexander von der Schwäbischen Alb nach Vancouver fliegt, um unsere Fernbeziehung zu pflegen. Nach den ersten stürmischen Küssen am Flughafen, dem Händchenhalten beim Sonnenuntergang an der Waterfront und der ersten engumschlungenen Nacht verändert sich etwas in unserer Zwischenmenschlichkeit. Der Spalt zwischen ihm und mir wird deutlicher und mit jedem Besuch kommt dieser Bruch schneller.

Heute ereilte er uns auf der Lion Bridge, die uns aus der Stadt auf den Highway 99 geführt hat. Als Alexander von den Geschichten über Freunde zur Jammerei überging. Ja, die Welt meint es eben nur mit Glückspilzen gut. Glückspilzen wie mir. Er ist einer von denen, die das Schicksal auf dem Kieker hat.

Und das alles, weil ich wenige Monate nach unserer Hochzeit den Sprung von der Filmakademie Baden-Württemberg direkt in die Vancouver Film Studios geschafft hatte. Dass ich dafür hart gearbeitet habe, lässt er dabei unerwähnt. Seit einem Jahr und acht Monaten höre ich mir an, wie glücklich ich mich schätzen darf, in einer Traumstadt leben zu dürfen.

»Wo müssen wir lang?«, fragt er, als er zurückkommt.

»Es ist der Weg, an dem der Ranger steht.«

»An jedem Weg stehen Ranger«, sagt Alexander. »Woher willst du wissen, welcher der richtige ist?«

»Ich war schon mal mit Freunden hier.«

»Mit Freunden?« Er schaut mich von der Seite an. »Erzählst du mir nicht jedes Mal, wie schwierig es ist, in Kanada Freunde zu finden?«

Ich seufze. »Kollegen. Ich war mit Kollegen schon mal hier.«

»Die Kollegen, mit denen du vor der Arbeit einen Kaffee in diesem Eckcafé trinkst? Um den Tag zu besprechen, bevor ihr euch im Filmstudio schweren Herzens wieder trennen müsst?«

»Ja, genau die.«

»Und warum willst du dann mit mir hierher, wenn du das doch schon mal gesehen hast?«

»Weil ich dir zeigen will, wie schön es ist. Weil ich mit dir noch nicht hier war. Außerdem bin ich mit den Kollegen nur den kurzen Trail gelaufen. Und wie du ja weißt, will ich den Neverland See sehen. Können wir? Oder willst du weiter diskutieren?«

»Aber sicher können wir«, sagt er und marschiert geradewegs auf den Ranger zu, der in einer braunen Cargohose und einer dunkelblauen Fleecejacke an der Weggabelung steht. Auf Brusthöhe befindet sich das aufgestickte Logo ›Sea to Sky‹ und darunter steht sein Name. Adam.

»Hi«, ruft Adam lächelnd. »Schön, dass ihr hier seid. Möchtet ihr den Al´s Habrich Trail laufen? Dann seid ihr hier richtig.«

Alexander streckt Adam den nach oben gestreckten Daumen entgegen und lächelt ebenfalls. Ein Ich-bin-besser-als-du-Lächeln. Ich hasse es, wenn er das tut, und er weiß das.

»In der Beschreibung des Trails steht, man braucht drei bis sechs Stunden«, sagt Alexander. »Das ist ja nun eine ziemlich vage Angabe. Kannst du da etwas Genaueres sagen?«

»Es kommt immer darauf an, wie gut ihr zu Fuß seid.« Das Grinsen des Rangers konkurriert mit Alexanders. »Die meisten Wanderer stoßen bei den Treppen an ihre Grenzen. Aber ihr beide, ihr seht fit aus – ihr werdet für den Trail keine drei Stunden brauchen. Weil das Wetter nicht optimal ist, werdet ihr sicher so gut wie allein unterwegs sein und könnt die Aussicht uneingeschränkt genießen. Ich sage euch, der Blick auf den Sky Pilot ist episch.« Er wird ernst. »Denkt daran, bleibt auf dem Weg, achtet auf eure Schritte und auf wilde Tiere. Habt ihr eine Glocke dabei?«

»Glocke?«, fragt Alexander.

»Ja, hab ich«, sage ich.

»Sehr gut.« Adam zwinkert mir zu. »Eine Erfahrene also. Viel Spaß!«

Ich bedanke mich, während Alexander schon losmarschiert.

»Eine Erfahrene, dass ich nicht lache«, murmelt er leise vor sich hin, während wir dem Weg in den Wald aus uralten Bäumen folgen. Es riecht nach Harz. Das Licht verändert sich, die Schatten dehnen sich aus, nehmen weiteren Raum ein. Und die Schatten legen sich über uns, wir reden nicht. Alles ist still, und doch dreht sich Alexander immer wieder um, als wäre da etwas hinter uns.

»Ist was?«, frage ich.

Alexander schüttelt den Kopf. »Nein, ich dachte nur …« Dann lächelt er mich an, als würde er sich über etwas freuen. »Jetzt erzähl mal, gibt es etwas Neues?«

»Ja, gibt es.« Ich kann es kaum glauben, dass er danach fragt. »Ich hab einen neuen Film, einen Actionthriller. Darum muss ich morgen auch arbeiten. Eine Verfolgungsjagd in der Stadt. Die neuen Schauspieler sind richtig gut. Endlich mal welche, die mitdenken, die Initiative ergreifen.«

»Aha«, ist alles, was er darauf sagt.

Ich spüre den Druck in meinem Brustkorb. »Warum fragst du überhaupt, wenn es dich nicht interessiert?«

Er schaut mich erstaunt an. Weil ich laut geworden bin. Weil ich das nur selten werde. »Aber natürlich interessiert es mich. Alles, was bei dir in Vancouver passiert. Das ist ja hier was ganz anderes als bei uns, wo es nur um Kitaplätze und Mieterhöhungen geht.«

»In Van-City steigen die Mieten auch. Immer mehr Leute ziehen raus aus der Stadt aufs Land. Das ist doch krass, oder?«

Alexander zuckt mit den Schultern. »Was kümmert es dich? Du hast ja genug Kohle. Wie läuft es denn mit dem Erbe? Hast du alles abgewickelt? Ist das Geld auf dem Konto? Deine Mutter ist seit sechs Monaten tot. Langsam müsste doch der Transfer des Geldes über die Bühne gehen. Hast du noch mal nachgefragt?«

Ich bleibe stehen, der Druck in meinem Brustkorb nimmt zu, ich habe das Gefühl, nicht mehr atmen zu können. Wie jedes Mal, wenn er dieses Thema anspricht, wie jedes Mal, wenn es um Geld geht. Um mein Geld.

»Nein, hab ich nicht. Die Behörden haben mir letztes Mal gesagt, dass es bis zu zehn Monate dauern kann. Da bringt es nichts, wenn ich ständig anrufe und nerve. Wenn das Geld da ist, ist es da. Außerdem ist mir das Geld scheißegal. Ich habe meine Mutter verloren, weil sie Krebs hatte. Sie hat mir nichts gesagt, weil sie nicht wollte, dass ich mich hier in Kanada verrückt mache. Sie ist einfach gestorben. Verstehst du? Einsam. Und ich habe es nicht gewusst. Ich finde, diese Umstände haben ein bisschen Feingefühl verdient.«

»Schatz.« Er nimmt mein Gesicht in die Hände und schaut mir tief in die Augen. »Natürlich hast du mein Verständnis. Tut mir leid, wenn das falsch rübergekommen ist. Um dich zu entlasten, habe ich ein paar Immobilienmakler angeschrieben. Sie können uns ja mal ganz unverbindlich ein paar Angebote schicken. Wir müssen ja nicht …«

»Wann geht dein Flug zurück?«, frage ich.

Alexander lacht auf. So laut, dass andere Menschen uns sicher für ein nettes, vergnügtes Paar halten würden, wenn andere Menschen hier wären. Dabei ist unser gemeinsames Leben ein verschrumpelter Apfel, den keiner haben will, und mit jedem seiner Lacher verschrumpelt der Apfel mehr. Er wird faulig.

»Ach, Nicki, jetzt sei mal nicht gleich so verschnupft. So war das doch gar nicht gemeint.« Er greift nach meiner Hand und setzt einen zärtlichen Kuss auf meinen Handrücken. Er schaut mich mit diesem Dackelblick an, der mir wohl sagen soll, wie sehr er mich liebt. »Ich will doch, dass es dir gut geht.«

»Bei mir ist alles prima, anderen geht es aber immer schlechter. Darum bedrückt mich die Arbeitslosigkeit. Das Leben in Vancouver hat auch seine Schattenseiten.«

»Das verstehe ich doch«, sagt er. »Aber darum muss sich der Staat kümmern, nicht du. Du könntest ja nach einer schicken Wohnung im West End schauen. Wenn du aus deinem Mauseloch ausziehst, kann das jemand mieten, der nicht so viel Geld hat. Damit tust du etwas Gutes. Und wir kaufen am besten gleich etwas. Das macht Sinn. Auch wenn wir weiterpilgern. Du hast ja alle Möglichkeiten mit deinem Job. Kamerafrau. L.A. wäre der nächste logische Schritt, oder nicht? Du könntest die Wohnung anstatt an einen armen Schlucker auch über Airbnb an Touristen vermieten – da kann man viel Geld machen. Und ich kann die Zelte in Deutschland abbrechen.«

Ich entziehe ihm meine Hand. »Können wir jetzt weitergehen?«, frage ich. »Du hast es ja selbst gesagt, sonst schaffen wir den Trail nicht. Wir sollten unbedingt zurück sein, bevor die letzte Gondel fährt.«

Alexander reagiert nicht, irgendwie sieht er plötzlich verkrampft aus.

»Alexander?«

»Ja, natürlich. Gleich.« Er zieht den Rucksack von seinem Rücken und reicht ihn mir. »Diese Asiaten mit ihrem scheiß Glutamat.« Er verschwindet im Dickicht.

Ich schaue den Weg in beide Richtungen und bin dankbar dafür, dass Adam recht behält. Wir sind allein. Wenig später taucht Alexander wieder auf, nimmt mir den Rucksack ab und läuft ohne ein weiteres Wort zu verlieren weiter.

»Geht es?«, frage ich und eile ihm hinterher.

»Natürlich geht es«, knurrt er, ohne sich umzudrehen.

Ich erinnere mich daran, dass es das ist, was ich am Anfang an ihm bewundert habe: Alexander zieht die Dinge gnadenlos durch.

Ich habe das so lange bewundert, bis mir bewusst wurde, dass es immer nur seine Dinge sind, die er durchzieht.

»Hi guys«, höre ich eine Stimme vor uns.

Ich bewege mich aus Alexanders Windschatten heraus und sehe einen Mann, der an einer Weggabelung steht. In brauner Cargohose und dunkelblauer Fleecejacke. Ein Ranger. Jeff steht unter dem Logo.

»Zum Shannon Basin Loop oder der Al's Habrich Trail?«, fragt Jeff. Dabei stehen hinter ihm Wegweiser, die die Richtung klar anzeigen.

»Den Trail«, sagt Alexander und wendet sich nach links.

»Viel Spaß und gebt auf euch acht«, ruft Jeff uns hinterher.

»Mit der Arbeitslosigkeit kann es nicht so schlimm sein«, murmelt Alexander. »An jeder Ecke ein Ranger? Ernsthaft? Das nenne ich Arbeitsbeschaffungsmaßnahme und nicht Arbeitslosigkeit.«

Hinter der nächsten Kurve lichtet sich der Wald, doch anstatt die Aussicht auf Squamish, das Örtchen am Ende des Howe Sound, zu genießen, schaut Alexander immer wieder zurück.

»Was ist denn heute los mit dir?«, will ich wissen.

»Bezieh doch nicht immer alles auf dich, Schatz.« Alexander bleibt stehen. »Ich hab nur das Gefühl, dass uns jemand folgt. Vermutlich sehe ich Gespenster.« Schweißtropfen stehen auf seiner Stirn.

Ich bleibe ebenfalls stehen. »Dir geht es nicht gut.« Ich merke selbst, dass meine Stimme genervt klingt, aber wie sollte sie auch anders klingen? Ich bin genervt. Die mitfühlende Ehefrau ist verloren gegangen. Dafür habe ich mir einfach schon zu viel Gejammer angehört.

Alexander zieht erneut den Rucksack von seinem Rücken, drückt ihn mir in die Hand und rennt zu den letzten Bäumen zurück, um dahinter zu verschwinden.

Feiner Nieselregen legt sich auf meine Haut. Hat das Wetter doch nicht gehalten, und dabei war ich mir sicher, dass es trocken bleibt. Aber lieber feiner Nieselregen anstatt gnadenloser Hitze.

Ich lausche. Was ich höre, ist das Knirschen von Kieselsteinen unter Wanderschuhen.

»Alexander?«

Keine Reaktion. Auch das Knirschen ist nicht mehr zu hören. Nichts. Dann ein Knacken.

»Alexander? Wo bist du?«

Rascheln. Schemen zwischen den Bäumen. Nicht gut, denke ich. Meine Hand geht zur Glocke in meiner Jackentasche.

»Ist ja gut, ich komme«, ruft Alexander und taucht hinter einem der Bäume auf. »Es hat übrigens angefangen zu regnen. So viel zum Thema, der Herbst ist die schönste Jahreszeit in Kanada.« Er nimmt mir den Rucksack wieder ab, holt das Desinfektionsmittel heraus und reinigt sich gründlich die Hände.

Ich möchte gar nicht darüber nachdenken, warum er das so gründlich macht.

»Das nächste Mal höre ich nicht mehr auf deine Empfehlung. Falls es ein nächstes Mal gibt.«

»Wie meinst du das?«

Er hört auf, die Hände aneinander zu reiben, beugt sich nach vorn und haucht mir einen Kuss auf die Wange. »Ganz einfach. Da wir heute hier sind, werden vermutlich erst einmal andere Ausflugsziele auf unserer To-see-Liste stehen. Also werde ich hier so schnell kein Curry mehr essen. Jetzt komm. Sonst wird das nichts mit deinem Neverland See.« Er setzt den Rucksack auf und zieht die Kapuze seiner Jacke über den Kopf. »Neverland«, sagt er. »Gibt es einen Bezug zu Peter Pans Nimmerland? Etwa der See der verlorenen Jungen?«

»Keine Ahnung«, sage ich.

Wir überqueren den Oleson Creek – nehmen die Brücke über den Bach, der deutlich breiter ist als ein Bach meiner Vorstellung. Dahinter beginnen die Treppen. Mit jeder Stufe wird Alexander langsamer, das gnadenlos Durchziehen stirbt. Und der Egomane pfeift aus dem letzten Loch. Als ich überlege, ob ich ihn vielleicht ein wenig anschieben soll, stöhnt er auf. Er schlingt die Arme um den Unterleib und beugt sich mit schmerzverzerrtem Gesicht nach vorn, stößt dabei die Luft aus, pumpt, als hätte er Wehen.

Den Rucksack schmeißt er mir vor die Füße. Im nächsten Moment duckt er sich unter dem Geländer weg und verschwindet hinter einem der wenigen Bäume, die hier noch stehen. Ein paar Sekunden später blitzt nackte Haut hinter dem Stamm hervor.

Ich schaue mich um, hoffe inständig, dass niemand kommt. Sehe etwas. Zumindest meine ich das. Das Etwas könnte ein Jemand in einer dunkelblauen Jacke sein, aber sicher bin ich mir nicht.

Ich höre Alexander hinter dem Baum stöhnen.

»Alles in Ordnung?«, frage ich automatisch.

»Sieht es so aus, als wäre alles in Ordnung?«, motzt er.

Da ich nur deinen Hintern sehe, kann ich das nicht beurteilen. Ich beiße mir auf die Zunge, um die Worte nicht laut auszusprechen.

Wieder höre ich dieses Knirschen und dieses Mal bin ich mir sicher. »Da kommt jemand«, flüstere ich und schaue den Weg hinunter. Sehe ihn. In brauner Cargohose und dunkelblauer Jacke. »Der Ranger von vorhin kommt. Dieser Jeff.«

Jeff kommt immer näher. »Alles gut bei euch?«, fragt er.

»Ja klar, alles gut.« Ich versuche, möglichst locker zu klingen.

Jeff nickt, lächelt und bleibt stehen.

Warum geht er nicht einfach weiter?, frage ich mich.

Er bückt sich, hebt das Papier eines Schokoriegels auf, das wohl irgendjemand fallen gelassen hatte. Er steckt es in die Jackentasche und schaut mich an. »Wusstest du, dass das hier Indianergebiet ist? Es wurde dem Stamm erst vor ein paar Jahren offiziell zurückgegeben.«

Ich bin fassungslos. »Ich habe etwas darüber gelesen, dachte aber, dass das schon in den Siebzigern oder Achtzigern passiert wäre.«

Jeff lacht auf. »Ach was. Es gibt heute noch Menschen, die meinen, dass die *natives* keinen Anspruch darauf haben. Dieses Gebiet ist nur eines von vielen. Immerhin hatte die Regierung endlich ein Einsehen.« Er macht eine Pause, fixiert mich, als warte er auf eine Entgegnung. Als ich nichts erwidere, sagt er: »Da vorne ist ein Aussichtspunkt. Von dort hat man einen großartigen Blick über die ganze Gegend. Das ist magisch, kann ich dir sagen. Aber achtet darauf, wo ihr hintretet. Der Regen macht einige Stellen sehr rutschig. Nicht, dass da noch jemand runterfällt. Es ist verdammt tief.« Er tippt sich an die Stirn, nickt mir zu und geht weiter.

Einen kurzen Moment passiert nichts. Alles ist still, friedlich. Doch dann kommt Alexander hinter dem Baum hervor. Er ist noch ein bisschen blasser als zuvor.

»Musst du mit dem schäkern, während ich hinter dem Baum versuche, dieses Drecks-Curry loszuwerden?«

»Ich habe nicht geschäkert. Außerdem kann ich nichts dafür, dass du das Curry nicht vertragen hast. Lass uns umdrehen. Es macht keinen Sinn, wenn wir weiterlaufen.«

Alexander schüttelt den Kopf. »Wir haben noch nicht mal ein Viertel der Strecke. Dieser Ranger hat doch gesagt, dass der Aussichtpunkt gleich da vorn ist. Da gehen wir jetzt hin und danach sehen wir weiter.«

»Wie du meinst«, sage ich. »Zumindest ist dieser Jeff in der Nähe. Falls du Hilfe brauchst.«

»Oh ja, das gibt einem Sicherheit, wenn man weiß, dass Retter in der Nähe sind«, murmelt er sarkastisch vor sich hin. »Man weiß ja nie, was so alles passieren kann.«

»Wie meinst du das nun schon wieder?«, frage ich, doch Alexander winkt nur ab und quält sich weiter die Stufen hinauf.

Dieses ›Mir-geht-es-so-schlecht-aber-ich-bin-so-tapfer-Getue‹ geht mir dermaßen auf die Nerven. Ich werfe einen Blick auf die Uhr, beiße die Zähne zusammen, zwinge alle Worte, die ich ihm gern an den Kopf werfen würde, hinunter und folge Alexander. Schritt für Schritt, Stufe für Stufe, elendig langsam zum Aussichtspunkt hinauf.

Als wir das Steinplateau erreichen, hört es auf zu regnen. Auch wenn noch alles Grau in Grau ist, die Bergspitzen in Wolken verschwunden sind, versucht sich die Sonne ihren rechtmäßigen Platz zurückzuerobern. Direkt vor uns bricht ein einzelner Sonnenstrahl durch die Wolkendecke und leuchtet golden ins Tal. Das Licht trifft auf den letzten Zipfel des Howe Sound und lässt dessen Wasser wie einen glitzernden türkisfarbenen Edelstein aussehen.

»Du hattest recht«, sagt Alexander – noch immer schwer atmend. »Es ist traumhaft.«

Wir stehen eine Weile nebeneinander und betrachten, was die Natur uns bietet. Jeder für sich. Nicht miteinander.

Nach ein paar Minuten dreht Alexander der Schönheit den Rücken zu. »Ein Foto.« Er ist laut. So laut, als spräche er zu einem Publikum. Nicht nur zu mir. »Lass uns ein besonderes Foto machen. Geh doch noch ein Stück weiter vor. Ganz bis an die Kante. Und breite die Arme aus, dann sieht es aus, also würdest du gleich abheben.« Er geht zu den Büschen, die am Rande des Plateaus stehen, zieht den Rucksack ab und sucht darin nach der Kamera. »Ein Foto«, sagt er erneut. Noch lauter als zuvor.

Er drängt sich durch die Büsche. »Hallo? Ich habe gesagt ein Foto. Hast du mich gehört?«

»Ähm … Alexander«, sage ich. »Ich bin hier und natürlich höre ich dich – sogar sehr gut. Was ist los mit dir?«

Er dreht sich zu mir um, schaut mich an. Oder eher, schaut durch mich hindurch. »EIN FOTO!«

»Alexander?« Ich gehe einen Schritt auf ihn zu.

»Stopp«, schreit er. Er schließt kurz die Augen, atmet schwer. »Ich will nur ein Foto machen. Dreh dich um, mit dem Rücken zu mir, und dann gehst du ganz nach vorn. Wie ein Engel, der gleich abfliegt. FOTO!« Alexander ist rot im Gesicht, läuft hektisch auf und ab. »Dreh dich um, hab ich gesagt.« Schweißtropfen stehen auf seiner Stirn und über dem Mund, er zittert leicht.

»Alexander, was soll das? Du machst mir Angst.« Ich gehe wieder einen Schritt vor, bringe Raum zwischen mich und den Abgrund. Aber Alexander ist viel zu weit von mir entfernt, um …

Im Busch hinter Alexander raschelt es. Alexander lächelt.

Die Blätter des Busches werden auseinandergeschoben und Jeff tritt hervor.

»Ein Foto«, flüstert Alexander erneut, noch immer lächelnd.

Ich starre Jeff an, Jeff starrt mich an, Alexander starrt Jeff an. Ansonsten passiert nichts, niemand sagt etwas. Je länger dieses Starren andauert, desto nervöser werde ich. Ich wage es nicht, mich zu bewegen, wage es kaum, zu atmen. Was, wenn … Jeff macht einen Schritt auf mich zu. Ich weiche zurück.

»Foto«, sagt Alexander und lacht dabei hysterisch auf.

Jeff kommt noch einen Schritt näher.

Ich werfe einen Blick nach hinten. Noch fünf Meter bis zum Abgrund.

»Meinem Mann geht es nicht gut«, sage ich zu Jeff. »Er braucht Hilfe.«

»Nein, Sie müssen ein Foto von meiner Frau machen.« Auf Alexanders blasser Haut sehen die Augenringe beinahe schwarz aus. Dann dreht er sich ruckhaft um und übergibt sich in den Busch.

»Wir müssen meinen Mann zur Gondel zu bringen. Wir müssen dringend von diesem Berg runter und zu einem Arzt«, kommentiere ich das Erbrechen.

Jeff nickt, sagt immer noch nichts.

Ich straffe die Schultern, gehe zu Alexander, setze den Rucksack auf und greife nach seinem Arm, um ihn zu stützen. Doch Alexander wehrt mich ab.

»Mach dich nicht lächerlich!«, keucht er.

Nun kommt Bewegung in Jeff. Er packt Alexander. Auch von ihm will sich er losreißen. Aber mein Mann ist inzwischen so schwach, dass es nach dem Kampf mit einem Hundertjährigen aussieht.

Wie ein Mensch kurz vor seinem Ende, denke ich. Ein klein wenig schäme ich mir für den Gedanken.

Der Weg zurück braucht all meine Geduld. Ich stütze Alexander auf der einen, Jeff auf der anderen Seite. Gemeinsam arbeiten wir uns die Treppen nach unten und durch den Wald. Immer wieder würgt Alexander, aber mehr als Galle kommt nicht mehr.

Allmählich setzt die Dämmerung ein und ich habe Zweifel, dass wir unser Ziel jemals erreichen werden.

»Da vorne«, sagt Jeff.

An der Weggabelung nehme ich die Schemen eines Mannes wahr. Als wir näher herankommen, erkenne ich Adam. Er kommt auf uns zu und übernimmt meinen Part. Die beiden Männer tragen Alexander mehr, als dass sie ihn stützen.

»Da vorne ist schon die Lodge«, sagt Adam.

Alexander hebt den Kopf. »Nach Hause«, sagt er, als wäre er E.T.

»Dein Mann ist bereits dehydriert«, bemerkt Adam.

In der Lodge brennt noch Licht, aber keine Menschenseele ist zu sehen. Wir sind allein. Adam und Jeff bringen Alexander zur Bergstation der Gondel und ich folge ihnen. Als wir das Gebäude betreten, sehe ich, dass die Gondel steht.

»Was ist los?«, will ich wissen. »Warum fährt sie nicht?«

»Ich kläre das.« Während Adam verschwindet, bringen Jeff und ich Alexander zu einer Bank. Wir setzen ihn ab und legen seine Füße hoch. Ich setze mich neben ihn, hole das Wasser aus dem Rucksack, träufle ihm etwas davon auf die Lippen. »Du musst etwas trinken«, flüstere ich ihm ins Ohr. »Bald ist es besser.«

Adam taucht neben uns auf und ich zucke zusammen.

»Technischer Defekt«, sagt er. »In fünfzehn Minuten geht es weiter.«

»Fünfzehn?«, stöhnt Alexander.

»»Kannst du Erstversorgung geben?«, fragt Jeff, geht vor mir in die Hocke und schaut mich eindringlich an. »Erste Hilfe?«

»Ich … nein, das ist achtzehn Jahre her.«

»Kannst du ein Quad fahren? Du kennst dich hier aus, richtig?«

»Ein bisschen. Ich war schon ein paar Mal hier.«

»Ein paar Mal«, stöhnt Alexander und nuschelt etwas, das nicht zu verstehen ist.

»Du nimmst jetzt mein Quad und fährst ins Tal. Auf dem Hauptweg. Kannst du das?«

»Aber …«, stoße ich hervor.

»Kannst du das, habe ich gefragt?«

»Ja«, sage ich.

»Gut«, sagt Jeff laut. »Ich bringe dich jetzt zum Quad, du fährst sofort los und ich rufe von der Lodge aus die Rettung …«

»Lodge? Hast du kein Handy? Du kannst meins …«

Er unterbricht mit einer Handbewegung. »Kein Empfang! Hör zu, wir haben keine Zeit. Adam bleibt bei deinem Mann. Falls die Gondel noch nicht wieder fährt, bringst du einen Sanitäter mit dem Quad her. Verstanden? So können wir deinem Mann am schnellsten helfen.«

Ich öffne den Mund, um zu antworten.

»Wenn alles glatt läuft, bringen wir deinen Mann in die Gondel und unten können die Sanitäter ihn in Empfang nehmen. Verstanden?«

»Ja.« Was, wenn etwas schiefläuft, was, wenn …

»Wir haben keine Zeit zu verlieren.« Er greift nach meinem Arm und zieht mich hinter sich her. An der Seite des Gebäudes steht das Quad. Er steckt den Schlüssel ins Zündschloss, nimmt den Helm vom Lenker und setzt ihn mir auf.

»Direkter Weg. Nicht zu schnell fahren, nicht zu sehr in die Kurve legen, sonst wird es gefährlich. Sanitäter in Empfang nehmen, und wenn die Gondel nicht fährt, einen von denen nach oben bringen.«

Ich nicke. Alles läuft wie mechanisch. Ich setze mich auf das Quad, drehe den Schlüssel.

»Hier lang«, sagt er und deutet auf den dunklen Weg, der direkt vor uns beginnt. »Immer auf diesem Weg bleiben. Nicht abbiegen.«

Ich nicke, gebe Gas. Mein Herz schlägt wie verrückt. Was, wenn das schiefgeht? Aber es sind keine Leute unterwegs. Niemand. Was soll schiefgehen? Ich höre nur das Knirschen der Steine, über die ich fahre, das Knacken von Ästen. Ich fahre eine Ewigkeit.

In Ewigkeit, Amen, denke ich.

Als endlich der Parkplatz in Sicht kommt, lässt die Anspannung nach und ich beginne zu zittern. Ich halte an, stelle das Quad neben der Talstation ab, halte nach dem Krankenwagen Ausschau, lausche. Laufe auf und ab. Aber da ist nur der Verkehr auf dem Highway. Das Warten zermürbt mich, macht mich noch nervöser. Drei Schritte in die eine Richtung, drei wieder zurück, dabei bearbeite ich meine Nagelhaut mit den Zähnen.

Ich hole das Handy raus. Hier unten habe ich endlich wieder Empfang. Ich gehe auf meine Anrufliste, will Alexander anrufen. Tippe daneben. Versuche es noch mal. Er geht nicht ran.

Wie auch.

Dann wähle ich den Notruf. Es schadet ja nicht, wenn sie von zwei verschiedenen Personen dieselbe Meldung bekommen. Meine Finger treffen vor Aufregung kaum die Zahlen. Drei Anläufe brauche ich, werde immer panischer. Es wird sofort abgehoben und ich erzähle, was passiert ist. Sie versichern mir, dass ein Rettungswagen bereits unterwegs ist.

Aus dem Augenwinkel nehme ich eine Bewegung am Rande des Parkplatzes wahr. Endlich. Der Fahrer eines Mountainbikes rast mit hohem Tempo auf mich zu. Kommt immer näher. Mit quietschenden Reifen kommt Jeff direkt vor mir zum Stehen. Wir schauen uns in die Augen, suchen darin, warten. Ich ziehe den Kürzeren, halte es nicht mehr aus.

»Und?«, frage ich.

»Läuft alles nach Plan«, sagt er, doch seine Stimme klingt nicht ganz so sicher. Er schlüpft mit einem Arm aus seinem Rucksack, zieht ihn nach vorn auf die Brust, holt einen dicken Umschlag heraus und reicht ihn mir. »Hier sind die Mitschnitte der Gespräche drin, die ich mit deinem Mann geführt habe. Der hasst dich wirklich wie die Pest. Aber eigentlich müssen wir ihm dafür ja beide dankbar sein, nicht wahr?«

Da hat Jeff recht, obwohl er eigentlich nur in die Filmstudios gekommen war, um mich auszuspionieren. Um die beste Methode zu finden, mich aus dem Weg zu schaffen. Dabei ist er ein echt guter Schauspieler.

»Du warst mir halt von Anfang an sympathischer«, erklärt er. »Dein Mann ist ein Idiot. Wie er da oben immer wieder das Codewort gerufen hat ... Foto! Foto!« Jeff kichert, wird aber sofort wieder ernst. »40.000 für einen kleinen Schubser – ein gutes Angebot. Und das, weil dein Gatte nicht den Arsch in der Hose hatte, es selbst zu tun. Dir ist schon klar, dass der mit dem Unfalltod seiner geliebten Frau durchgekommen wäre?«

Ein kalter Schauer läuft mir über den Rücken. »Wie gut, dass mein Angebot besser war. Was sollte das da oben auf dem Plateau überhaupt? Du hast mir Angst gemacht!«

Jeff grinst mich breit an. »Ich wollte mal sehen, wie stark deine Nerven sind.«

Ich boxe ihm gegen den Arm. »Du Blödmann!«

»Ach, komm.« Er lacht auf. »Sei mal nicht so. Bis jetzt hat doch alles super funktioniert.«

»Das mit dem Curry geht klar? Ist nicht nachvollziehbar, oder?«

»Meine Cousine arbeitet sauber. Alles schon erledigt. Ist ja pflanzlich, das Zeug, putzt aber trotzdem ordentlich durch. Wie du bemerkt hast.«

Ich nicke. Das habe ich tatsächlich. »Und was ist mit den Leuten von der Summit Lodge?«

»Was soll sein? Da falle ich nicht auf. Schließlich habe ich schon öfter als Aushilfsranger gearbeitet. Und Adam sowieso nicht – der arbeitet seit Jahren nebenher bei der Gondel.«

Ich hauche ihm einen Kuss auf die Wange. »Ihr habt einen tollen Job gemacht.« Aus dem Rucksack hole ich meinen Umschlag mit dem Geld, einem kleinen Teil meines Erbes. »Ich habe noch ein Trinkgeld für euch alle draufgepackt. Stoßt auf mich an. Aber wehe, du hängst deinen Job in den Filmstudios an den Nagel.«

Er lacht wieder. »Deinen Hass würde ich nie auf mich ziehen wollen.«

»Pass auf Adam auf, wenn er sich weiter mit den falschen Leuten einlässt, hört das mit den Geldproblemen nie auf.«

Jeff ist jetzt ernst, nickt. »Du wirst dann morgen wohl eher nicht beim Dreh dabei sein.«

Ich schüttle den Kopf. »Nein, ich stehe doch morgen unter Schock und bin nicht fähig, zu arbeiten.«

»Du wirst fehlen. Vor allem morgens im Café.« Er wendet sein Bike und fährt los.

Ich schaue ihm nach, sehe, wie er im Wald verschwindet, unsichtbar wird. Kurz darauf höre ich die Sirenen des Rettungswagens. Ich beginne auf dem Parkplatz auf und ab zu rennen, arbeite an meinen Tränen. Der Rettungswagen biegt vom Highway ab, hält neben mir, die Sanitäter springen raus und ich erkläre atemlos, was vorgefallen ist. Magendarm, dehydriert, vermutlich Fieber. Dass ich runtergekommen bin, um sie nacheinander mit dem Quad hochzubringen, weil die Gondel steht. Dass Ersthelfer vor Ort sind.

Die Sanitäter folgen mir zur Talstation. Wir haben das Quad noch nicht erreicht, da setzt sich die Anlage in Bewegung. Mein Herz hämmert immer schneller. Eine Kabine nach der anderen taucht in die Talstation ein. Einer der Sanitäter reißt die Tür zur Talstation auf, tritt ein.

Ein Knarzen ertönt. Es ist laut. Dringt durch meinen Körper, durch jeden Nerv und lässt mich erschaudern. Die Gondel wird langsamer. Noch ein Knarzen. Das Surren, das folgt, erfüllt die Nacht. Die Kabinen sacken ab. Sie fallen.

Und wieder ergreift mich diese Angst. Ist es überhaupt berechenbar? Die Stelle, an der Alexanders Kabine in die Tiefe stürzen muss? An der tiefsten Stelle. Adam hat es mir zugesichert, hat alles mit Modellen getestet, wochenlang. Alles safe, hat er gesagt.

Die Schrecksekunde ist längst vorbei. Also schreie ich.

»Alexander! Oh mein Gott, Alexander!«

Ich renne. Rufe weiter seinen Namen. Kämpfe mich den Berg hoch, komme kaum vorwärts. Ich blende alles aus. Versinke in meinem Drama. Immer weiter. Es ist so anstrengend, ich kann nicht mehr. Um mich herum ist alles dunkel. Irgendwann spüre ich Hände, die mich packen. Als ich mich umdrehe, schaue ich einer Frau in die Augen – sie trägt Uniform. Eine Polizistin. Sie redet, aber ich höre sie nicht. Ich werde zurück zum Parkplatz geführt, der von Strahlern in helles Licht getaucht wird. Blaulicht zuckt, Feuerwehr, Polizei, Rettungswagen. Das gesamte Programm. Dann sehe ich Adam. Er redet auf einen Polizisten ein. Ich werde an ihm vorbeigeführt, reiße mich los. »Was ist mit meinem Mann?«, schreie ich ihn an. »Wo ist mein Mann?«

Adam schüttelt den Kopf. »Er hat da oben einen furchtbaren Aufstand gemacht. Wollte ums Verrecken allein fahren. Er wollte nur noch runter. Zu seiner Frau. Er hat mich weggestoßen, ist in die Kabine gesprungen. Bis ich mich aufgerappelt hatte, war die Tür zu. Was hätte ich denn tun sollen? Es hat ja niemand ahnen können, dass so was passiert.«

Ums Verrecken, denke ich. Was für eine schöne Wortwahl.

Ich beginne zu weinen, breche zusammen. Tue das, was ich lange geübt habe.

Anmerkung der Autorin:
Im August 2019 stürzte die Sea to Sky Gondola aufgrund eines Sabotageaktes tatsächlich ab. Verletzt wurde niemand, da das Stahlseil nachts riss. Man fand keine Schuldigen, wie auch … die drehten alle den nächsten Film.

ZURÜCK NACH EUROPA

ISLAND

Ivonne Keller
Johannistagstod oder Zwei Fliegen mit einer Klappe

Azriel saß auf einem Felsen und starrte in die vor ihm liegende Weite, in deren Mitte Hrunalaug lag. Die heiße Quelle, die im Laufe der Jahrhunderte ein natürliches Becken geformt hatte, diente den Elfen einst als heiliger Ort. Heute teilten sie ihn sich mit den Menschen, die die Senke zwischen den Hügeln als einen Platz der inneren Einkehr besuchten. Sie lebten einhellig nebeneinander. Zu sehen bekamen die so verschiedenen Erdenbewohner einander nur selten. Heute zum Beispiel war es möglich. Es war Johannistag. Genau hier war Azriel ihr vor einem Jahr zum ersten Mal begegnet. Berglind, der Menschenfrau.

Eigentlich stammte Azriel nicht von hier. Sein Volk der Silberelfen kam aus Fjadrárgljúfur. Diese vollständig mit Moos überzogene Lavalandschaft, durch deren Mitte sich ein Canyon schlängelte, reichte von den Bergen bis zum Nordatlantik, der tosend aufs Land aufschlug und jeden mit sich riss, der es wagte, ihm zu nahezukommen. Und so silbern, wie die aufschäumende Gischt bei Nacht das Mondlicht reflektierte, so funkelnd schimmerte Azriels Haar, das er sich heute mit einem Lederriemen zurückgebunden hatte.

Er mochte seine stürmische Heimat. Noch mehr aber liebte er die Streifzüge, die ihn über die Grenzen seines Reichs hinausführten. Selten verschlug es ihn dabei an ruhige, besinnliche Orte wie diesen. Wäre nicht Vabea gewesen, die ihm diesen Platz vor einem Jahr gezeigt hatte, hätte er ihn wohl niemals entdeckt.

Vabea, Tochter des Laurin, sollte der Bestimmung nach zu seiner Gemahlin werden. Sie war eine Lichtelfe. Gut, warmherzig, hilfsbereit. Und voller innerer und äußerer Schönheit. Doch Azriel legte weder Wert auf ihren Liebreiz noch auf die Vorsehung. Seine Gedanken weilten unablässig bei Berglind. Ihr welliges, rotes

Haar hatte im Sonnenlicht geschimmert wie ein warmes Feuer. Der Anblick ihrer weichen Rundungen, die so anders waren als die schlanken Staturen der Lichtelfen und auch seines Volkes, hatte ihn angezogen wie eine Motte das Licht.

Die Menschenfrau verkörperte alles, was er begehrte: das Verbotene, Zügellose. Das, was nicht sein durfte. Ihr lockendes Lachen hatte ihm fast den Verstand geraubt. Dieses Gefühl, vollkommen die Kontrolle zu verlieren, war neu und so betörend, dass er sich ein Leben ohne diese Frau nicht mehr vorstellen konnte. Es verlangte ihn, Berglind für immer zu besitzen, mit Haut und Haaren. So, wie er sie für einen kurzen Augenblick besessen hatte, als er sich ihr gezeigt hatte. Doch kaum hatten ihre Körper sich im warmen Wasser der Quelle miteinander vereinigt, musste sie zu ihrem Menschenmann zurück. Dieser war ein boshafter dicker Kerl, der nach ihr gesucht hatte und sein Weib fast an den Haaren fortschleifte, weil er sie beim Nacktbaden ertappte. Noch im Davoneilen hatte die Unglückliche Azriel gefragt, ob er bereit sei, für ihre Liebe ein Opfer zu bringen, damit sie für immer zusammen sein konnten. Und als er es bejahte, hatte sie ihm versprochen, ihm in einem Jahr ein Zeichen zu senden.

Ob der Traum seiner schlaflosen Nächte endlich wahrwerden würde? Und – welchen Einsatz hatte sie gemeint? Er war allzu bereit, für die Menschenfrau die Welt der Elfen für immer zu verlassen. Doch damit dies gelingen konnte, musste er aus dem Elfenreich verstoßen werden. Das war allein möglich, wenn er eine böse Tat vollbrachte. Entweder er tötete einen anderen Elfen. Oder einen Menschen.

Leider war es so, dass Azriel noch nie einer Fliege etwas hatte zuleide tun können. Obendrein war da Vabea, die ihn heute nicht aus den Augen ließ, als ahnte sie, dass er etwas im Schilde führte.

Zwar gab es auch Lichtelfen, die gelegentlich die Seite wechselten – doch für ihr Volk galt eine andere Regel. Sie mussten eine besonders gute Tat vollbringen. Dann durften sie sich aussuchen, ob sie lieber bei den Menschen leben wollten, um fortan deren Welt zu einem besseren Ort zu machen und damit die der Elfen zu schützen.

Laurin, Vabeas Vater, hatte einmal zur Wiedergutmachung einen Mondelfen getötet, der Schande über eine Familie von Lichtelfen gebracht hatte. Auch wenn es auf den ersten Blick nicht so aussah – es war eine gute Tat, eine böse zu rächen. Doch die Seiten hatte der Herrscher nicht wechseln wollen.

Soeben kam Laurins Tochter auch schon herbeigeschwebt und nahm neben Azriel auf dem Felsen Platz. Verzehrte sie sich etwa ebenso nach ihm wie er sich nach Berglind?

»Azriel«, sagte sie zärtlich und kitzelte ihn am Ohr. »Was machst du denn wieder hier?«

Es wäre ein Leichtes gewesen, Vabea ihres Lebens zu berauben und den Ausschluss aus der Elfengemeinschaft zu bewirken. Doch das brachte er nicht über sich. Ihretwegen hatte er Berglind überhaupt erst getroffen. Vabea schien in gewisser Weise seine Schicksalsgöttin zu sein.

Also musste er heute einen Menschen töten. Am besten gleich den nächstbesten. Dann hatte er die schreckliche Tat hinter sich und wäre mit Berglind für immer vereint.

Zur selben Zeit fragte sich Sigurgeir Arnaldsson, wie er diesen Tag überstehen sollte. Gerade ärgerte er sich mal wieder maßlos. Im Grunde hasste er seinen Job als Fremdenführer schon lange, aber heute besonders. Dabei hatte Berglind noch gesagt, die beiden Damen aus San Diego wären unkompliziert und amüsant. Pfft. Überdreht wie zwei Brummkreisel waren sie.

Er bot Privattouren an, das war lukrativ. Berglind, die in einem Souvenirshop in Reykjavik arbeitete, schickte Kleingruppen zu ihm, die Interesse an einer Tour abseits der üblichen Touristenroute hatten. Er lud die Leutchen dann in seinen in die Jahre gekommenen SUV mit Panoramadach ein und los ging die Fahrt. Eigentlich war es kinderleicht, man musste nur ein wenig über Geysire, Wasserfälle und das ewige Eis schwadronieren, und schon fraßen ihm die Gäste aus der Hand. Und wenn doch mal jemand Schwieriges dabei war, konnte er abends bei Berglind Dampf ablassen. Heute hatte sie ihm jedenfalls keine Kleingruppe beschert, sondern die zwei Kalifornierinnen, die ihn zunehmend zur Weißglut brachten. Berglind konnte sich nachher auf etwas gefasst machen.

»Schau mal, Mom, diese Bergkette dort drüben, die sieht doch aus wie ein schlafender Drache!«, rief Candice von der Rückbank. Die etwa Fünfzehnjährige trug einen Blumenkranz aus Plastik auf dem Kopf. Sie zeigte über die schnurgerade Landstraße hinweg auf den vor ihnen liegenden Gebirgszug. Zur Linken und Rechten breiteten sich kilometerweit flache Wiesen aus, auf denen Schafe grasten. Über allem spannte sich in diesem Moment ein endlos scheinender Himmel mit tiefhängenden Schäfchenwolken, als wollten sie sich wie eine Decke übers Land legen.

Britney, die Mutter, deren rote Fingernägel jedes Mal aufleuchteten, wenn sie sich durch die blondgefärbte Mähne fuhr, bekam keine Gelegenheit für eine Antwort auf die Bemerkung ihrer Tochter, denn schon tönte es wieder von der Rückbank: »Mr. Guide, gibt es auf Island eigentlich auch Eisbären?«

Sigurgeir verdrehte die Augen und brummte eine Verneinung. Es hatte nie welche auf Island gegeben. Genauso wenig wie andere Vierbeiner – von den Schafen und ein paar importierten Füchsen und Kaninchen einmal abgesehen. Es gab nicht mal Ameisen!

»Es hieß ja eigentlich, hier sei gerade Sommer«, unterbrach Britney seine Gedanken. »Ist es nicht ein wenig kalt für Ende Juni?« Zur Verdeutlichung zog sie ihre Strickjacke enger um die Schultern.

»Ganz und gar nicht.« Sigurgeir bemühte sich um Freundlichkeit. »Im Sommer freuen wir uns über zwölf bis fünfzehn Grad. Ab siebzehn Grad sprechen wir von einer Hitzewelle.«

»Mr. Guide!«, rief die Jüngere wieder. »Also gibt es gar kein global warming auf Island?«

»Sonst hieße es ja wohl nicht global warming!« Sigurgeir knirschte mit den Zähnen. Diese Dumpfbacken waren aber auch zu blöd. Sogar ein Gletscher hatte sich schon verabschiedet. Die Regierung hatte ein Mahnschild aufgebaut, für nachfolgende Generationen.

Während Candice die Gelegenheit wahrnahm, einen Regenbogen zu fotografieren, von denen auf Island alle paar Minuten einer erschien, nutzte er den Moment, um die Mutter mit ein paar grundlegenden Informationen über sein Land zu versorgen. Zunächst einmal zerstörte er die Hoffnung, während ihres Aufenthalts Polarlichter zu sehen. »Die gibt es frühestens im Oktober«, stellte er klar. »Dann, wenn es fast den ganzen Tag dunkel ist.«

Britney verzog wie ein trotziges Kind die rotbemalten Lippen.

Als er erwähnte, dass isländische Kinder ihre Schwimmkurse auch bei Minusgraden im Freien absolvierten, während ihre Schwimmlehrer in Steppmäntel gehüllt vom Beckenrand aus Kommandos brüllten, riss Candice im Rückspiegel die Augen auf.

»Wieso denn so was?«, wollte sie wissen und wickelte dabei eine blonde Locke um ihren Finger. »Gibt es keine Indoor Pools?«

»Natürlich nicht!«, blaffte Sigurgeir. »Im Inneren könnte man den Gestank nicht aushalten!«

Das machte den meisten Touristen zu schaffen: dass das heiße Wasser nicht nur nach Schwefel roch, sondern auch danach schmeckte. Viele gewöhnten sich nur schwer daran, sich mit eiskaltem Wasser die Zähne zu putzen, um diesen Effekt zu vermeiden. Aus isländischen Leitungen flossen nur zwei Varianten: entweder kochend heiß oder klirrend kalt.

»Dafür bekommt ihr bei uns aber auch die Möglichkeit, mitten in der Natur warm zu baden – das gibt es nicht oft«, fügte er hinzu.

»Oooh!«, flötete Britney augenblicklich. Ihre Wangen glänzten perlmuttfarben, als hätte sie sich mit dem künstlichen Feenstaub aus Berglinds Souvenirshop eingerieben. »Davon hat uns die Dame erzählt, die uns Ihre Tour empfohlen hat. Sie sagte, es gäbe einen Hot Pool, zu dem Sie nur mit ganz besonderen Gästen fahren.« Sie klimperte mit ihren falschen Wimpern wie Miss Piggy.

Sigurgeir griff nach den in Salz eingelegten und getrockneten Fischstückchen, von denen er stets einen Beutel in seinem Handschuhfach aufbewahrte. Oft gab er auf seiner Tour eine Runde aus und amüsierte sich dann über den Gesichtsausdruck der Passagiere. Aber mit diesen beiden würde er nicht teilen. Das wären Perlen vor die Säue geworfen.

»Heute ist ein schlechter Tag für Hrunalaug«, erklärte er und leckte sich die Finger ab. »Es ist Johannistag. Da könnten wir dort Elfen begegnen. Sie leben zwar in einer anderen Dimension, aber wenn man nicht achtgibt, wechselt man die Seiten. Da landet ihr am Ende im Elfenland und einer von denen bei uns.« Er lachte bellend. Es war nur ein Witz. Aber der kam immer gut an.

Britney und Candice betrachteten ihn mit Kulleraugen.

»Haben sich Elfen und Menschen schon mal ineinander verliebt?«, fragte die Tochter.

»Woher soll ich das wissen?«, knurrte er.

Sehr zu Sigurgeirs Leidwesen glaubte Berglind an diesen Humbug. So wie angeblich sechzig Prozent seiner Landsleute von der Existenz der Elfen überzeugt waren. Auf Island gab es sogar eine Elfenbeauftragte in der Regierung, die bei Bauvorhaben erst grünes Licht geben musste. Es waren schon Straßen verlegt worden, nur weil so ein tumber Elfenfelsen im Weg herumlag. Einmal hatte man die Vergrößerung einer Lagerhalle geplant, und in einer nahe gelegenen Hühnerfarm hörten die Hühner auf, Eier zu legen. So lange, bis die Pläne geändert wurden.

Wenn man Sigurgeir fragte, war eher eine Hühnergrippe dafür verantwortlich gewesen, aber ihn fragte ja keiner.

»Sind Ihnen denn schon mal Elfen begegnet?«, wollte Britney wissen. Sie schlug schwärmerisch die Hände zusammen.

»Nur im Traum«, grummelte Sigurgeir. Obwohl er sich im letzten Jahr, als er Berglind von ihrer irren Badeaktion in Hrunalaug abgeholt hatte, einbildete, etwas wäre wie verrückt um ihn herumgeschwirrt. Vermutlich ein Schwarm Fliegen.

Berglind behauptete, Elfen nicht nur sehen, sondern auch mit ihnen kommunizieren zu können. Sie meinte sogar, sie hätte eine ganz besondere Verbindung zu ihnen. Früher fand er diesen Schwachsinn ja reizvoll und süß. So wie sie seine grobe, handfeste Art an ihm gemocht hatte. Aber mit der Zeit war sie ihm mehr und mehr entglitten. Seit ihre drei Monate alte Tochter Elfie auf der Welt war, war es noch schlimmer geworden. Die Kleine hatte obendrein weißblondes Haar und so hellblaue Augen, dass sie selbst schon an eine Sagengestalt erinnerte. Die Ärzte hatten Berglind gesagt, ein Gendefekt sei dafür verantwortlich. Das war ja schon schlimm genug. Zu allem Überfluss hatte seine Frau dann aber auch noch auf diesen seltsamen Namen beharrt. Angeblich war ihr dieser von einer Elfenprinzessin eingeflüstert worden. So ein Quatsch! Kein Wunder, dass er jeden Abend seinen Schnaps brauchte, das hielt doch kein Mensch aus!

In diesem Moment kam Skógafoss in Sicht. Seine Mitfahrerinnen kreischten beim Anblick des gewaltigen Wasserfalls auf. Die Kaskade schoss sechzig Meter in die Tiefe und hüllte alles in eine nebelige Gischt. Das war doch mal etwas anderes als die hundert anderen, die sich alle paar Kilometer an den Berghängen hinabschlängelten. Dieser hier war »*Huge!*« – darin waren sich alle Touristen einig. Die Reisebusse fuhren ihn meist erst auf dem Rückweg vom Golden Circle in die Hauptstadt an – daher war es jetzt nicht so voll. Er würde die beiden Grazien dort eine Weile herumlaufen lassen. Man konnte auch hinter den Wasserfall gehen, wenn man Regenzeug dabeihatte. Und wenn sie zusätzlich den Weg über die steile Holztreppe nach oben auf sich nehmen würden, um den aus dem Gebirge kommenden wilden Strom von dort zu betrachten, hätte er wenigstens für eine Weile seine Ruhe.

Sigurgeir stellte den SUV auf dem Parkplatz ab und schon kletterten die beiden aus dem Wagen.

Während sie sich in Richtung Wasserfall davonmachten, nutzte er die Gelegenheit und klingelte bei Berglind durch.

»Sag mal, bist du von allen guten Geistern verlassen?«, zischte er, als sie sich meldete. Im Hintergrund hörte er die schnarrenden Stimmen von Asiaten in ihrem Laden. Von denen hätte sie ihm eine Gruppe vermitteln sollen! Meistens schlurften die in Flipflops oder viel zu großen Schuhen herum und waren nur mit sich selbst beschäftigt. Schnatterten und knipsten in einer Tour, stellten keine Fragen. Wenn er irgendwo anhielt, ging es raus aus dem Auto, im Gänsemarsch zum Hotspot, Fotos machen, zurück zum Wagen und weiter.

»Wieso, was ist denn los?« Berglind tat ahnungslos. Dabei hörte er ihrer Stimme haargenau an, dass sie wusste, weshalb er auf hundertachtzig war.

»Wenn du mir noch einmal so zwei Mickymäuse aufhalst, erlebst du dein blaues Wunder«, schnappte er. »Du sollst mir Leute bringen, die keine Arbeit machen. Aber diese beiden kauen mir das Ohr ab!«

»Hätte ich gar nicht vermutet«, antwortete Berglind. »Ich dachte eher, dass sie auf Entspannung aus wären. Und weil du dich letztes Jahr so aufgeregt hast, als ich in Hrunalaug war, dachte ich, du würdest dich vielleicht gern davon überzeugen, dass ich mein Versprechen halte und diesmal ganz bestimmt nicht dort bin und mich – wie hast du noch gesagt? – vor aller Welt lächerlich mache.«

Sigurgeirs Blick ging zu den beiden Frauen, die sich eben über die Hangtreppe auf den Weg nach oben begaben. Es juckte ihn in den Fingern, einfach davonzufahren. Doch sie hatten ihre Taschen und Beutel in seinem Auto – einen Diebstahl wollte er sich nicht anhängen lassen.

Aber wenn er sie nach Hrunalaug karren würde, könnte er sie dort sitzenlassen. Er würde einfach behaupten, die Elfen hätten ihn davongejagt – so wie sie angeblich die Hühner dazu gebracht hatten, keine Eier mehr zu legen.

Welche Erleichterung wäre es, die Rückfahrt ohne die dämlichen Fragen der beiden anzutreten. Irgendwelche Elfenfanatiker auf ihrer Suche nach sich selbst würden sie schon aufgabeln.

Eben winkten die Kalifornierinnen von oben. Candice hielt mit einer Hand den Plastikkranz fest, damit er ihr nicht vom Kopf wehte. Sigurgeir schwenkte die Arme zum Zeichen, dass er wieder aufbrechen wollte. Je schneller er das Dreamteam loswurde, umso besser.

Die Nachricht, dass sie heute doch noch in einem Hot Pool baden durften, löste Indianergeheul aus. »Und was, wenn uns die Elfen holen?«, scherzte Britney, nachdem sie wieder auf ihren Plätzen saßen. Sie setzte ein Gesicht auf, als genieße sie den kleinen Grusel ungemein.

»Die nehmen nicht jeden«, antwortete Sigurgeir knapp.

Schon setzte er den Blinker und bog ab Richtung Flúðir, ein Dörfchen, das sie bald darauf passierten.

Prompt stellte Britney wieder eine Frage. »Sagen Sie, überall diese Wellblechhäuser. Sind wir nicht in Skandinavien? Ich hätte mit Holzhäusern gerechnet.«

Sigurgeir hielt das Lenkrad umklammert. »Dann beantworte mir eine Frage«, knurrte er. »Hast du hier irgendwo einen Wald gesehen? Oder auch nur einen Baum, der höher wäre als du?«

Britney legte den manikürten Finger ans Kinn. »Nein.«

»Weil es keine gibt! Deswegen gibt es auch keine Holzhäuser! Wellblech ist günstig und hält den Regen ab.« Zugegeben, manchmal rostete es unschön. Aber mit ein bisschen Farbe bekam man das auch wieder in den Griff.

Sigurgeirs Van holperte nun über die hinter dem Ort liegende Straße. Schließlich kam er am Ende des mit tiefen Pfützen gespickten Weges neben einer noch viel riesigeren Lache zum Stehen. Das Dreckloch maß bestimmt drei mal drei Meter.

Candice stieg aus dem Fond des Wagens, Britney kletterte vom Beifahrersitz. Die Amerikanerin zeigte mit spitzem Finger auf die Pfütze. »Den Pool hatte ich mir aber ganz anders vorgestellt. Und da setzen wir uns jetzt hinein?«

»Iiihhhhh!«, machte Candice.

Sigurgeir griff sich an den Kopf. So dämliche Gäste hatte er noch nie an Bord gehabt. »Hier entlang«, kommandierte er und winkte die Frauen hinter sich her. Britney presste eine Badetasche, deren Muster Flamingos zeigte, an die Brust. So folgten die beiden Frauen Sigurgeir auf dem Trampelpfad zwischen malerischen Hügeln hindurch.

Bald hatten sie ihr Ziel erreicht. Vor ihnen lagen mitten im Grün zwei mit glasklarem Wasser gefüllte Becken, deren Oberfläche sanft dampfte. Gleich daneben fand sich ein alter Schafstall, der als Umkleide diente.

»Auf geht's, nur keine Zeit verlieren«, kommandierte Sigurgeir abermals. Je schneller er die beiden Grazien los war, desto besser.

Azriel saß bewegungslos auf seinem Felsen und blickte dem Dreiergespann entgegen, das kurz darauf in der Kate verschwand.

Zorn wallte in ihm auf. Eine Wut, die er zuletzt verspürt hatte, als der Vereinigung mit Berglind ein so jähes Ende bereitet wurde. Er kannte den Menschenmann. Es war derselbe, der seine Geliebte abgeführt hatte wie eine Verbrecherin.

Sie hatte ihr Versprechen gehalten und ihm das Zeichen gesendet! Kurz entschlossen fischte er den Pfeil aus dem Köcher auf seinem Rücken.

Vabeas Augen weiteten sich. »Was hast du vor?«

Azriel bedeutete ihr, zu schweigen, und kletterte behände vom Felsen. Laurins Tochter folgte ihm auf dem Fuß. Sie stellten die Ohren auf, um dem Gespräch der drei in der Kate zu lauschen.

»Sie dürfen nicht zusammen baden gehen«, grimmte Azriel. »Ich brauche den Dicken allein.«

Nebeneinanderstehend spähten sie durch das Fenster des Schafstalls.

Die Lichtelfe zupfte an seinem Gewand. »Azriel«, mahnte sie. »Was auch immer du vorhast, versag es dir. Du machst dich unglücklich. Folge deiner Bestimmung und heirate mich!«

Nun war er sich noch sicherer, dass er das Richtige tat. Er würde heute zwei Fliegen mit einer Klappe schlagen: eine schlechte Tat begehen und damit aus dem Elfenreich verstoßen werden. Und den flegelhaften Gemahl seiner Geliebten aus dem Weg räumen.

»Geh mir aus dem Weg«, befahl er Vabea. »Du wirst dir einen anderen Eheherrn suchen müssen.«

In ihren Augen schimmerten Tränen. »Also gut«, flüsterte sie. Ihre Hand ging zu der ledernen Messertasche an ihrem Gürtel. »Ich helfe dir. Was soll ich tun?«

Britney und Candice trippelten auf Zehenspitzen auf dem feuchten Boden der alten Kate herum, als balancierten sie auf Eiern.

»Hier kann man ja gar nichts ablegen«, klagte die Mutter.

Mit dem Kinn deutete Sigurgeir auf das schmale Brett und die rostigen Nägel an der Wand. »Das ist hier eben ein nature pool«, grummelte er. »Kein Spa.«

Die Aufschrift auf einer Blechbüchse bat die Badegäste um

Spenden, mit der der Bauer die Umgebung in Schuss hielt. Heute stopfte Sigurgeir großzügig einen Zehner hinein.

»Vielleicht könnten Sie sich umdrehen, Mr. Guide?«, bat Britney. »Ein bisschen Privatsphäre für zwei Ladies?«

Ihre Tochter flüsterte ihr etwas ins Ohr und die beiden Frauen kicherten anzüglich. Dabei gingen ihre Augen zu Sigurgeirs Hosenlatz, der, wie er soeben bemerkte, mal wieder offenstand. Er zog ihn hoch und warf ihnen einen grimmigen Blick zu, dann verließ er die Kate und steckte sich eine Zigarette an.

Eigentlich könnte er jetzt schon abhauen. Aber vielleicht wartete er besser, bis sie im Bassin saßen und plantschten. Er konnte nicht besonders schnell rennen.

Missmutig stieß er den blauen Dunst aus und achtete auf den Boden.

In diesem Moment war ihm, als hörte er eine liebliche Melodie. Spielte da jemand Panflöte? Er musste sich täuschen. Sigurgeir legte lauschend den Kopf schräg. Doch, unverkennbar. Die Flötenmelodie erklang von hinter der Kate.

Wie betäubt ging er los. Folgte dem Geräusch. Dieses Spiel war betörend. Wollte ihn etwa eine wahrhaftige Elfe damit zu sich locken?

Sigurgeir grinste ein Grinsen, das ihm selbst unheimlich war. Vielleicht konnte er heute zwei Fliegen mit einer Klappe schlagen: sich mit einer Elfe vergnügen und die beiden Amerikanerinnen loswerden?

Er schüttelte sich. Was war denn in ihn gefahren?

Eben flog die Tür der Kate auf und Candice und Britney stoben hinaus. Sigurgeir blinzelte, um sicherzugehen, dass er richtig sah. Die zwei trugen rote Badeanzüge wie aus der Serie BAYWATCH. Mit wiegenden Hüften scharwenzelten sie zu den Becken.

»Würden Sie ein paar Fotos machen, Mr. Guide?«, flötete die Jüngere. »Mein Handy ist in meiner Tasche!«

Schon war es Sigurgeir, als käme die lockende Melodie aus dem Inneren des Schafstalls. Er setzte einen Fuß vor den anderen, und als er den alten Schuppen betrat, traute er seinen Augen nicht.

Von dem Boden war nichts mehr zu erkennen. Stattdessen bedeckten Schafsfelle die feuchte Erde. In einer Feuerstelle knisterten Holzscheite. Doch was ihn am allermeisten erstaunte, war die blendende Schönheit der hochgewachsenen jungen Frau, deren federleichter goldener Umhang soeben von ihren Schultern glitt. Heiliger Bimbam.

»Hallo Sigurgeir«, gurrte sie. »Ich hatte so sehr gehofft, dass wir uns noch einmal begegnen.«

Moment. Sie waren sich schon mal begegnet? Er konnte sich nicht daran erinnern. Und das würde er!

»Komm«, lockte sie wieder. Mit einer ausholenden Armbewegung, bei der glitzernder Feenstaub zu Boden rieselte, deutete sie auf das Felllager zu ihren Füßen. »Leg dich bereit. Du sollst mich nie vergessen.«

»Mr. Guide!«, rief es von draußen. »Es ist so herrlich hier drin. Wie in einer Badewanne! Wo bleiben Sie denn? Können Sie mein Handy nicht finden?«

Sigurgeir ließ die junge Elfe nicht aus den Augen. Er knüpfte sein kariertes Flanellhemd auf und fingerte am Gürtel seiner Hose herum, bis dieser sich endlich öffnete. Im Stillen wünschte er, er hätte sich heute Morgen eine frische Unterhose angezogen, doch dafür war es nun zu spät.

»Dein Wunsch sei mir Befehl«, krächzte er und stieg aus der Wäsche. Er war erregt. Zu seiner Überraschung schrumpelte sein bestes Stück jedoch in diesem Moment in sich zusammen. Was daran liegen mochte, dass hinter der Schönheit ein anderer Elf erschienen war. Es war doch einer? Mit seinen spitzen Ohren und dem silbrigen Haar sah er lustig aus, doch er hielt einen Bogen gespannt, dessen Pfeilspitze genau auf Sigurgeir zeigte. Nicht lustig.

Ein flirrender Laut durchzuckte die Luft. Etwas schlug gegen seine Brust. Die Beine knickten ihm weg. Im nächsten Augenblick spürte Sigurgeir die feuchte Erde im Rücken. Die Felle waren fort. Genauso wie die wunderschöne Elfe. Mit letzter Kraft hob Sigurgeir den Kopf. Aus seinem Bauch ragte das fedrige Ende eines Pfeils.

Wie …? Was …? Neben ihm fiel etwas zu Boden. Keuchend blickte er zur Seite. Der Schütze mit dem silbrigen Haar lag neben ihm und sah ihn aus weit aufgerissenen hellblauen Augen an. An seinem Hals klaffte eine tiefe Wunde. Schwarzes Blut sickerte in die Erde. Doch trotz seiner Qualen lächelte Sigurgeirs Mörder ungläubig. »Es ist eine gute Tat, eine böse zu rächen«, röchelte er mit letzter Kraft. „Wie konnte ich nur so blind sein?"

Sigurgeirs Sinne schwanden. Ein Luftzug riss seinen und auch Azriels letzten Atemzug mit sich.

In diesem Moment öffnete Britney die knarrende Schuppentür. Zusammen mit Candice, die über ihre Schulter spähte, stieß sie einen gellenden Schrei aus, der bis nach Flúðir zu hören war.

Berglind beugte den Kopf zu Elfie hinab und gab ihrer schlafenden Tochter einen Kuss auf die Stirn. »Und sie lebten glücklich bis an ihr Lebensende«, flüsterte sie.

O wie sehr sie hoffte, dass ihre Geschichte genau dieses Ende nehmen würde.

In diesem Moment klopfte es sachte an die Scheibe.

Berglind stand auf und öffnete Vabea das Fenster. »Es ist vollbracht«, hauchte ihre Geliebte. Mit einem Satz sprang sie ins Haus und umfing sie zärtlich.

»Zwei Fliegen mit einer Klappe«, flüsterte Berglind und legte sanft den selbstgebundenen Wildblumenkranz auf Vabeas Haar ab. »Herzlich willkommen in deinem neuen Zuhause, Prinzessin.«

UNGARN

Cornelia Rückriegel **Die Nacht des Schamanen**

Mittsommernacht. Dumpf klingt die Trommel. Ihr Gesang erfüllt die ruhende Puszta. Vereinzelt heulen die Hunde. Heute ist eine der Nächte, die seit Menschengedenken besondere Bedeutung tragen. Er hockt vor seiner Jurte am Feuer, das flackernde Schatten an die Wände aus Tierhaut zeichnet. Seine Augen sind geschlossen, er verharrt in der Haltung, die Schamanen seit Jahrtausenden an den Feuern einnehmen, und hält die Trommel zwischen den Füßen, schlägt selbstvergessen die Rhythmen, die ihn in Trance versetzen. Endlich lässt er die Hände sinken und lauscht. Seine Arme liegen auf den angewinkelten Knien, die geöffneten Handflächen zeigen nach oben, als zöge er durch sie Energie und Weisheit aus dem Sommernachtshimmel. Ein Schauder überläuft ihn. Als er die Augen öffnet, sieht er einen roten Mond über der Puszta aufsteigen. Die Schatten der Akazien zeichnen sich ab, Scherenschnitten gleich. Langsam greift er in einen der runenverzierten Töpfe. Er nimmt eine Handvoll Pulver heraus, das er selbst aus getrockneten Blättern der Ambrosia, dem Samengespinst der ungarischen Seidenpflanze und wildem Hanf gemahlen hat. Er streut es ins Feuer. Augenblicklich steigt dunkler Rauch auf. Entsetzen erfüllt ihn. »Heute Nacht wird Blut vergossen werden. Unrecht wird geschehen. Und das in dieser Nacht, der Nacht, die unseren Ahnen heilig war. Ihr sieben Heerführer, steht uns bei! Àrpàd Vezèr, steh uns bei!«

Er beginnt wieder zu trommeln. Die archaischen Klänge schwingen weit über die schweigende Puszta.

Der elegant gekleidete Herr stellt bedächtig sein Weinglas ab. Zärtlich ergreift er die Hand der Dame, die ihm gegenübersitzt, und führt sie an die Lippen. Sie lächelt ihm verliebt zu und legt eine Hand wie zufällig an den Hals, um die wild pochende Ader zu bedecken. Wie albern, dass seine Zärtlichkeiten nach all dieser Zeit noch so eine Wirkung auf sie haben. Aber sie fühlt jedes Mal Schmetterlinge im Bauch, wenn er ihr diesen Blick schenkt. Als er ihre Hand wendet und einen sanften Kuss auf den Handballen haucht, werden ihre Knie weich. Er genießt ihre Verwirrung. Genießt die Wirkung, die er auf sie hat. Oh ja, er ist ein geübter Verführer. Der kleine Disput, den sie heute Abend auf der Fahrt von Budapest hinaus in die Puszta hatten, ist wieder vergessen. Er hatte ihr zwar wehgetan, das war aber letztlich nicht von Bedeutung. Es ging ja immer um das gleiche Thema, und sie hatte gelernt, damit zu leben.

Dezent intoniert die Zigeunerkapelle im Hintergrund Brahms' UNGARISCHE TÄNZE, beide prosten den Musikern zu. Ein dienstbeflissener Kellner eilt herbei, um die Gläser neu zu füllen.

»Du hast mir nicht zu viel versprochen, als du mich zu diesem Ausflug in die Puszta eingeladen hast.«

»Nun, wenn wir aus Budapest so weit hinausfahren, dann muss uns auch etwas Besonderes geboten werden.«

Sie stimmt ihm zu und genießt seine Nähe.

»Wollen wir noch ein wenig draußen sitzen?«, schlägt er vor und geleitet sie zu einer Bank unter den uralten Bäumen, in denen Lampions der Szenerie ein fast märchenhaftes Flair verleihen. Wo sonst die Sterne zum Greifen nahe am dunkelblauen Samt des Himmels funkeln, schimmern sie nur schwach in der unwirklich hellen Sommernacht. Ab und zu ertönt der Schrei eines Nachtvogels, die Blätter der hohen Pappeln flüstern im immerwährenden Pusztawind.

Schwach dringen die Klänge einer Trommel an ihre Ohren. Der Kellner gibt bereitwillig Auskunft.

»Das ist der Schamane. Eine Art Einsiedler, der ganz allein draußen in der Puszta lebt. Es gibt nicht mehr viele Schamanen in Ungarn, aber da wir Magyaren eine tiefe Beziehung zur Geschichte unseres Volkes haben, sind diese wenigen hochgeschätzt und für die Menschen, die ihre Nähe suchen, ein Quell der Weisheit. Ich weiß nicht viel über ihn, aber diese Dame dort drüben kennt ihn gut. Sie besucht ihn regelmäßig.«

Eine in wallende, leichte Gewänder gehüllte Frau mittleren Alters nickt freundlich zu ihnen herüber. Sie nimmt ihr Glas und nähert sich den beiden mit schwebenden Schritten.

»Sie interessieren sich für den Schamanen? Er hat sich vor Jahren hierher zurückgezogen, ein Mann von großer Weisheit, der die Traditionen unseres Volkes bewahrt. Er hat sein Leben ganz nach der Art der Altvorderen ausgerichtet, lebt in einer Jurte, wie sie die Ur-Ungarn früher kannten. Er hat Kontakt mit den Ahnen, sagt man, und er weiß mehr von den uralten Riten als sonst irgendjemand. Er ist außerdem ein großartiger Bogenschütze, auch das ist eine Fertigkeit, die bei unseren Ahnen hochgeschätzt war. Ich kenne ihn seit Jahren, ich kam damals speziell deshalb hierher. Er gibt gern sein Wissen weiter und bietet seinen Besuchern Gelegenheit, sich zu vervollkommnen. Den Bogen und die Pfeile bewahrt er deshalb außerhalb der Jurte auf, die hängen dort am Zaun bei der alten Eiche. Selbst wenn er nicht da ist, darf sie sich jeder ausleihen und seine Schießkunst üben. Das mache ich oft, um die Wartezeit bis zu seiner Rückkehr auszufüllen.«

Das Paar lauscht ihren Ausführungen interessiert.

»Aber die Trommeln? Was wollen sie uns sagen?«, fragt die Dame.

»Dass Táltos heute Nacht trommelt, wundert mich nicht. Es ist eine besondere Nacht, wenn der Erdbeermond und die Mittsommernacht zusammentreffen.«

Die beiden schauen die Dame ungläubig an.

»Táltos? Er nennt sich tatsächlich Táltos wie der große Schamane, der einst die Landnahme der Magyaren unter Fürst Àrpàd begleitet hat?«, fragt der Mann leicht indigniert.

»Ja, das tut er. Und mit vollem Recht. Er ist der legitime Nachfolger und hat Kontakt mit den sieben Heerführern, die vor mehr als tausend Jahren das ungarische Volk aus dem Ural hierher in die neue Heimat geführt haben, Táltos spricht mit Ond, Kond, Elöd, Töhötöm …«

»Tas, Huba und Almós«, vollendet der Mann. »Ja, ich kenne die Namen auch. Jedes Schulkind in Ungarn kennt sie.«

Sie blickt ihn abschätzend an. »Es ist nur recht und billig, dass die Namen der großen Stammesführer ebenso wenig vergessen werden wie der des Fürsten Àrpàd. Aber die Namen zu kennen, heißt noch nicht, dass man mit ihnen in Verbindung treten kann. Das kann nur Táltos.«

Mit freundlichem Nicken wendet sie sich ab und zieht sich in den Schatten zurück.

Als sie außer Hörweite ist, flüstert er: »Schon beeindruckend, oder? Aber die Dame kommt mir doch ein wenig seltsam vor.«

Seine Begleiterin hebt unentschlossen die Schultern.

»Hat nicht bereits Shakespeare gesagt, dass es mehr Dinge zwischen Himmel und Erde gibt, als unsere Schulweisheit sich träumen lässt?«

Er lacht leise. »Ja, aber ob dieser sogenannte Schamane nicht nur ein Scharlatan ist, wüsste ich doch gern.«

Sie betrachtet den orangefarbenen Mond. »Es gibt einen Weg, es herauszufinden. Wir müssten ihn aufsuchen. Heute Nacht. Ihn beobachten. Wenn er wirklich ein Schamane ist, wird er beim Versuch, mit den Ahnen Kontakt aufzunehmen, in Trance fallen. Wenn er nach dem ganzen Getrommel einfach in sein Zelt kriecht, war alles nur Show.«

Er blickt zweifelnd. »Du willst diesen Abend damit krönen, durch unwegsames Gelände zu kriechen, um einen Schamanen auszuspionieren? Ich hatte mir ganz Anderes vorgestellt!«

Sie wehrt seine Hand, die zärtlich und verlangend über ihre Schulter streicht, eine Spur unwirsch ab. »Dafür haben wir den Rest der Nacht Zeit. Lass uns den Schamanen suchen! Es sollte aber besser niemand merken. Wir gehen erst auf unser Zimmer und schleichen uns dann raus.«

Er muss grinsen. »Wie Kinder, wenn sie Cowboy und Indianer im Dunkeln spielen wollen und die Eltern denken, sie liegen friedlich im Bett und schlafen?«

Sie leeren ihre Gläser und ziehen sich mit freundlichem Nicken

260

zum Kellner, der sich seine Erleichterung, nun endlich auch Feierabend machen zu können, nicht anmerken lässt, in ihr Zimmer zurück.

»Zu dumm, ich habe mein Beauty-Case im Auto vergessen. Gib mir doch bitte schnell den Schlüssel. Ich bin gleich wieder da.«

Er händigt ihr den Schlüssel aus. Minuten später ist sie zurück und schließt nachdrücklich die Tür hinter sich. Sie lauschen. Das Trommeln, zwischenzeitlich verstummt, hat wieder eingesetzt.

Sie schleichen sich aus dem Haus, das unter dem reetgedeckten Dach weiß in der Nacht leuchtet. Er hört ihre leisen Schritte hinter sich. Sie erreichen die Wanderdünen, die die Donau hier vor Jahrmillionen aufgetürmt hat und die sich auch heute noch stetig bewegen. Sie versuchen, sich zu orientieren, doch bald stellen sie fest, dass sie im Kreis gelaufen sind. Er spürt Angst in sich aufsteigen, denn er hört ihre Schritte nicht mehr. Von einem zärtlichen Ausflug im Mondschein ist dieses Unternehmen weit entfernt. Auch die Trommeln schweigen wieder. Plötzlich bemerkt er ein Surren in der Luft, fühlt einen harten Schlag auf den Oberkörper. Verwirrt blickt er an sich hinunter, als er den brennenden Schmerz fühlt. Ein Pfeil steckt in seiner linken Brust. »So sterbe ich also«, denkt er noch, dann fällt er vornüber. Das Letzte, was er wahrnimmt, ist eine kalte Stimme, die ihm wütende Worte entgegenschleudert. Dann wird es dunkel um ihn. Dunkel und still. Die Trommeln, die kurz darauf wieder einsetzen, hört er nicht mehr.

Der Schamane wendet sich nicht um, als er ihren Schrei hört. Er hat ihn erwartet, seit er den blutigen Mond gesehen hat. Es hat ihn nur verwundert, dass es bis zum späten Vormittag gedauert hat, bis jemand das Opfer der Nacht findet. Die Dame in den wallenden Gewändern, die sich heute von ihm Erleuchtung erhofft, steht mit weit aufgerissenen Augen vor ihm. »Táltos, da liegt ein … also, da, ich bin gerade, also …«

»Was hast du gesehen?«

»Einen Mann, also, einen Toten …«, stammelt sie hilflos.

»Nenne mir den Namen des ersten Königssohnes unseres Volkes.«

Sie ist verwirrt. »Das war Imre. Aber …«

»Warum wurde er nicht König?«

»Weil er vor seinem Vater verstorben ist. Aber…«

»Wie ist das geschehen?«

»Er wurde bei der Wildschweinjagd im Pilis-Gebirge tödlich von einem Eber verwundet.«

»Gut. Und jetzt erzählst du, was du mir zu sagen hast.«

Tatsächlich haben seine Fragen sie zur Besinnung gebracht. Sie schildert klar, wie sie durch die Wanderdünen spaziert und über den Toten gestolpert ist.

»Was sollen wir denn jetzt nur tun?«, fragt sie verzweifelt.

Er sagt nüchtern: »Falls du ein Handy bei dir hast, rufst du sofort die Polizei an. Falls nicht, läufst du zurück zur Csárdá und verständigst sie von dort aus.«

»Die Polizei?«

»Ja, wen denn sonst? Oder soll ich den Leichnam in Rauch auflösen?«

Einen kurzen Moment sieht sie aus, als ob ihr diese Lösung am sympathischsten wäre, doch dann zückt sie ihr Handy.

Es wird Nachmittag, bis sie ihn aufsuchen. Eine ältere Kommissarin mit kurz geschnittenen grauen Haaren und hellwachen Augen quält sich fluchend aus dem niedrigen Sitz ihres Dienstwagens. Den ganzen Tag über herrschte Unruhe in seiner Puszta. Er hörte Autos kommen und sich entfernen, Türenschlagen, das Bellen der alarmierten Hunde auf den umliegenden Gehöften, er spürte die Angst der aufgeschreckten Wildtiere, die eine derartige Geschäftigkeit in der Puszta nicht gewohnt sind. Alles scheint aus den Fugen. Dennoch wartet er gelassen. Als sie kommen, brechen ihre Fragen über ihn herein.

»Sie wissen sicher, was heute Nacht geschehen ist. Haben Sie etwas gehört oder gesehen?«

»Nein, ich habe nichts gehört. Aber ich wusste, dass in dieser Nacht ein Unglück geschehen würde.«

»Woher?«

»Sie haben es mir gesagt.«

»Sie?«

»Die Altvorderen.«

»Aha.« Die Kommissarin wechselt einen vielsagenden Blick mit ihrem jungen Kollegen. Dann will sie wissen, wo er gestern Abend war.

»Hier. An dem Platz, an dem ich jetzt sitze. Hier vor meiner Jurte, an meinem Feuer.«

»Und Sie haben nichts bemerkt?«

Nein, er hat nichts bemerkt. Er stockt. »Doch. Gegen Mitternacht wurde der Erdbeermond dunkel.« Seine schwarzen Augen fixieren die Kommissarin. Sie erwidert seinen Blick, ohne mit der Wimper zu zucken.

»Gegen Mitternacht«, wiederholt sie langsam. »Das war laut unserem Rechtsmediziner der Todeszeitpunkt.«

Er nickt schweigend. Es überrascht ihn keineswegs. Es überrascht ihn auch nicht, dass plötzlich eine Gestalt in wallenden, bunten Gewändern zwischen den Wacholderbüschen auftaucht und auf seine Jurte zueilt.

»Lassen Sie ihn in Ruhe!«, fordert die Dame schrill.

Die Kommissarin wendet sich um. »Wir stellen ihm lediglich einige Fragen«, meint sie freundlich, doch leicht angespannt. Sie schätzt es überhaupt nicht, wenn ihr jemand in ihre Befragungen platzt. »Wir haben uns doch bereits unterhalten und Sie haben uns alles gesagt, was Sie zu der Sache auszusagen haben. Also stören Sie jetzt bitte nicht unsere weiteren Ermittlungen!«

»Aber Táltos hat damit nichts zu tun, ich schwöre es!«

Scharf fragt die Kommissarin: »Wie können Sie das schwören? Waren Sie hier? Können Sie bezeugen, dass er hier vor dem Feuer saß, haben Sie ihn hier gesehen?«

Die Dame schweigt betreten. Aber noch ist ihr Kampfesgeist nicht gebrochen. »Nein, ich war ja nicht hier. Aber ich habe seine

Trommel gehört. Und viele andere in der Puszta auch. Er war die ganze Nacht hier. Wir haben ihn nicht gesehen, aber gehört.«

»Und der tote Herr Doktor aus Budapest und seine Begleitung, die haben sie auch gehört?«

»Ja, das habe ich Ihnen doch vorhin schon erzählt. Ach, und der Kellner, der Gábor, der hat sie auch gehört. Er hat uns ins Gespräch gebracht. Das Paar wollte wissen, was das für Trommeln sind. Aber ich glaube nicht, dass sie begriffen haben, worum es hier geht. Dass hier Táltos sitzt, ein Schamane, der tatsächlich die Verbindung zu den Ahnen herstellen kann!«

Der Schamane lauscht dem Gespräch mit Gleichmut. In seinem Gesicht bewegt sich kein Muskel. Die Kommissarin ist wider Willen beeindruckt von dem Mann. Sie nimmt sich vor, den Schamanen auf Herz und Nieren zu überprüfen. Sie lässt ihn mit seiner Bewunderin allein und fährt ins Präsidium.

Die Dame verharrt in respektvollem Schweigen. Sie hat die von ihm bevorzugte Stellung eingenommen, die Unterarme ruhen auf den Knien, die Beine sind im Schneidersitz gekreuzt. Er hält die Augen geschlossen. Sie folgt seinem Beispiel und versinkt langsam in eine wohltuende Ruhe. Seine Stimme schreckt sie auf. »Was weißt du über den Toten?«

Sie versucht, ihre Gedanken zu sammeln, es gelingt ihr mühsam. »Er war ein Doktor aus Budapest.«

»Ein Arzt? Das kann ich mir nicht vorstellen. Der Mann hatte mit Geld zu tun. Mit viel Geld.«

»Soweit ich gehört habe, war er im Bankwesen tätig. Auch da gibt es Doktortitel.«

»Und die Frau, mit der er in der Puszta unterwegs war?«

»Ist seine Frau, ihr Name ist Eva. Sie wollten ein romantisches Wochenende in der Puszta verbringen. Weil er berufsbedingt so wenig Zeit hat. Er hat ihr etwas besonders Schönes bieten wollen, deshalb ist er mit ihr in die Csárdá gefahren. Das hat seine Frau Gábor erzählt.« Sie sucht seinen Blick. »Ich bin gekommen, um dir beizustehen«

»Um mir beizustehen? Warum sollte ich deinen Beistand nötig haben? Bist du nicht von meiner Unschuld überzeugt?«

Sie schüttelt den Kopf. »So hab ich das doch gar nicht gemeint. Ich dachte nur ...«

Eine gebieterische Handbewegung lässt sie verstummen. Sie kauert neben der Jurte und wartet. Er hockt mit geschlossenen Augen, die Handflächen gen Himmel geöffnet. Plötzlich fragt er: »Das war seine Ehefrau, mit der er in der Csárdá war?«

Sie ist verwirrt. »Ja, das denke ich doch.«

Er schweigt weiterhin mit geschlossenen Augen. Er scheint auf etwas zu lauschen, das nur er hören kann. Dann schaut er sie durchdringend an und fragt direkt: »Wo warst du, als das Unglück geschah? Ich weiß mehr von euch beiden, als du denkst. Ich sehe dir an, dass du ihn kanntest. Du hast ihn sehr geliebt, vor langer Zeit. Er hat dich nicht erkannt gestern Abend. Das hat dich verletzt. Du fühltest dich gedemütigt. Als du jung warst, hat er viel Zeit mit dir verbracht. Und nun hat er diese junge Frau an seiner Seite und erkennt dich nicht einmal mehr. Ich habe deine Wut darüber gespürt. Was ist geschehen mit dir, gestern Nacht? Was hat dein Zorn mit dir gemacht?«

Als sie schweigt, fügt er hinzu: »Ich weiß sehr wohl, dass du mit Pfeil und Bogen umgehen kannst. Du hast es bei mir gelernt. Wo warst du? Was hast du getan?«

Die Witwe des bedauernswerten Mordopfers sitzt wie versteinert in der luxuriösen Stadtwohnung in Budapest. Anikó, die Sekretärin, die seit Jahren zuverlässig alle Termine ihres Mannes koordiniert, war bis eben noch bei ihr. Das gab ihr Halt, das gab ihr Trost. Anikó, eine bleiche, aber gefasste Anikó, hatte das Gespräch mit der Polizei geführt und gebeten, mit Rücksicht auf die Ehefrau des Opfers eine weitergehende Befragung auf einen späteren Zeitpunkt zu verschieben. Anikó, die gute Seele. Sie war es auch gewesen, die ihr kürzlich zugeraten hatte, dem beruflich sehr eingespannten Mann einfach einmal eine Auszeit ganz für sich allein zu gönnen. Sie hatte ihn ungern fahren lassen. Aber sie sah ein, dass er Ruhe brauchte, zumal Anikó ihr immer wieder schilderte, wie aufreibend sein Berufsalltag sei. Die Sekretärin bekam von solchen Sachen mehr mit als sie, die Ehefrau. Und wenn Anikó meinte, es täte ihm gut ...

Sie hatte seine Rückkehr erwartet. Stattdessen standen die Beamten vor der Tür und legten ihre Welt in Trümmer.

Sie steht auf, tritt zum bodentiefen Fenster. Weit schweift ihr Blick über die leuchtende Stadt, die im abendlichen Lichtermeer glänzt.

Sie sieht weder das Parlamentsgebäude noch die Burg, die seit Jahrhunderten über dem Fluss thront, über jenem Fluss, der die Stadt in zwei Teile trennt, das hügelige Buda und das flache Pest am jenseitigen Ufer. Die Trauer um ihren Mann überschwemmt sie wie eine dunkle Woge.

Die Kommissarin studiert wieder und wieder die Berichte, die Zeugenaussagen, den rechtsmedizinischen Befund. Ihre Gedanken drehen sich im Kreis. Es kann sein, dass der Schamane in falsch verstandenem Eigentumsverteidigungsgefühl einen vermeintlichen Eindringling einfach erledigt hat. Immerhin stammen der Bogen, der wenige Meter neben der Leiche gefunden worden ist, und auch der Pfeil aus seinem Besitz, das hat er bestätigt. Doch er erklärte auch, dass er beides außerhalb der Jurte aufbewahrt. Praktisch jeder in der Puszta wusste das, hätte sich bedienen können. Trotzdem macht ihn das zum Hauptverdächtigen. Aber alles in ihr wehrt sich gegen diesen Gedanken. Es ist zu offensichtlich. Es ist zu einfach. Ihr Bauchgefühl, das in langen Dienstjahren ausgiebig trainiert worden ist, gibt deutliche Signale. Der war's nicht. Die Ehefrau? Sie trafen sie nicht mehr in der Puszta an. Ihre Kollegen informierten sie in Budapest und hinterließen eine in Tränen aufgelöste Person, die kaum einen klaren Satz hervorbringen konnte. Anders als die Sekretärin, eine offenbar sehr patente Person. Die Kommissarin wird bei beiden noch einmal nachhaken.

Nachhaken will die Kommissarin auch in der Puszta. Irgendjemand weiß etwas. Sie hat nur die falschen Leute befragt. Ihr Weg führt sie durch eine leuchtende Landschaft. Die Straße ist gesäumt von blühenden Wiesen, mit roten Tupfen der Mohnblumen verziert, von lichten Akazienwäldern und goldgelben Feldern. Sie ist immer wieder berührt vom Zauber der Puszta. Aber heute wird sie sich einem anderen Zauber stellen müssen. Sie wird nochmals den Schamanen besuchen.

Sie trifft ihn in wenig esoterischer Stimmung an. Er dreht die hölzerne Kurbel an einem altertümlichen Butterfass.

»Sie werden entschuldigen, wenn ich die Arbeit nicht unterbreche«, meint er anstelle einer Begrüßung.

Sie lässt sich ächzend neben ihm auf dem Boden nieder. »So etwas hab ich zuletzt bei meiner Oma gesehen«, erinnert sie sich.

Er sagt: »Dabei ist es ein unverzichtbarer Baustein im Leben des Menschen, der sich selbst versorgen möchte. Butter wurde schon vor Tausenden von Jahren auf diese Weise hergestellt. Sie ist viel mehr als nur ein Lebensmittel, sie ist auch Heilmittel und dient zur Imprägnierung der Jurten. Unsere Ahnen wussten, welchen Schatz sie da in Händen hielten.« Bedächtig und gleichmäßig dreht er die Kurbel. »Sie wollen mir sicher weitere Fragen stellen. Ich habe Ihnen schon alles gesagt, was ich weiß.«

Sanft erwidert sie: »Das möchte ich bezweifeln. Sie haben mir nur meine Fragen beantwortet.«

Er lächelt leise. »Und das ist nicht dasselbe?«

»Durchaus nicht. Was wäre denn, wenn Sie etwas wüssten und ich habe nur nicht die richtige Frage gestellt?«

»Eine weise Feststellung«, konstatiert er.

»Wie wäre es denn, wenn ich gar nicht frage, sondern Sie erzählen, was Sie erlebt oder empfunden haben?«

Er schweigt lange, bis er antwortet. »Irdische Rechtsprechung ist mir nicht wichtig. Aber ein Mord, so heimtückisch wie dieser, bringt alles aus dem Gleichgewicht. Zumal er in einer besonderen Nacht geschehen ist, in einer Nacht, die für die Erneuerung steht, nicht für das Verderben. Wenn der Erdbeermond und die Mittsommernacht zusammentreffen, kann etwas Wunderbares geschehen – oder etwas sehr Schlimmes. In diesem Jahr war es etwas sehr Schlimmes.« Er wendet er sich mit einem Ruck zu ihr um und lässt die Kurbel seines Butterfasses fahren. »Ich weiß nicht, ob ich es erzählen sollte. Ich habe etwas gesehen, aber es will nicht passen. Ich bin nicht sicher, ob ich mich nicht vielleicht täusche.«

Sie zwinkert ihm zu. »Ein Schamane, der an sich zweifelt? Sollte es das geben?«

»Ich habe keine Zweifel an mir. Ich zweifle nur, ob ich das, was ich gesehen habe, richtig deute.«

»Wenn Sie es mir erzählen, könnte ich Ihnen sagen, ob es passt.«

Seine tiefschwarzen Augen bohren sich in ihre hellgrauen. »Ich habe einen Mann mit zwei Gesichtern gesehen. Der Tote war nicht das, was er vorgab zu sein. Aber wer ihn gerichtet hat, hatte nicht das Recht dazu.«

Die rätselhaften Äußerungen des Schamanen helfen der Kommissarin nicht, Licht ins Dunkel zu bringen. Enttäuscht fährt sie zur Csárdá. Der dienstbeflissene Kellner serviert ihr einen Kaffee. Sie beginnt einen scheinbar harmlosen Schwatz mit ihm. »Ich will Sie nicht befragen, Gábor. Das haben wir hinter uns. Ich habe die Personalien des Toten, Dr. Péter Kis, seiner Ehefrau Eva, und Ihre Zeugenaussage. Alles völlig korrekt. Ich möchte mich nur mit Ihnen unterhalten. Manchmal kommt im zwanglosen Gespräch eine Erinnerung wieder hoch, die man vor lauter Aufregung ausgeblendet hatte. Schildern Sie bitte noch einmal den Ablauf des Abends.«

Gábor beschreibt die Ankunft des Paares. »So ein fesches Paar, er ein Herr vom Scheitel zu Sohle, na, und die Frau Gemahlin, eine Augenweide, sag ich Ihnen, so was von elegant und charmant! Ein bisschen zu jung für ihn vielleicht.«

Der Kellner kann mühelos das Menü hersagen, weiß, welchen Rotwein er kredenzte, und erinnert sich an den Nachtisch. Auch, dass er die esoterisch angehauchte Dame mit den Herrschaften bekannt gemacht hat, erwähnt er wieder. Dann fällt ihm noch etwas ein. »Die Frau Doktor ist, nachdem sich die Herrschaften schon zurückgezogen hatten, nochmals an die Rezeption gekommen. Ihr

Mann hatte sich schon zur Ruhe begeben, aber sie war aufgedreht und befürchtete, nicht einschlafen zu können. Deshalb bat sie um ein Schlafmittel. Wir führen natürlich keine Apotheke, aber einige Hausmittel halten wir schon zur Verfügung. Ich habe ihr eine pflanzliche Medizin ausgehändigt, mit der unsere Hausgäste in ähnlicher Lage gute Erfahrungen gemacht haben. Besonders in Verbindung mit dem Rotwein, den die Herrschaften genossen haben, wirkt es absolut zuverlässig.« Er macht eine Pause. »Warum der Herr Doktor allerdings mitten in der Nacht allein dort draußen in den Wanderdünen umherspaziert ist, weiß ich nicht. Und warum sie schon am frühen Vormittag und ohne Frühstück abreiste, kann ich mir auch nicht erklären. Vielleicht gab es Streit?«

»Ja, vielleicht …« wiederholt die Kommissarin nachdenklich. Hat die Frau Gemahlin wirklich das erbetene Schlafmittel eingenommen? Oder wollte sie sich auf diese Weise ein augenfälliges Alibi verschaffen?

Táltos sitzt in seiner Lieblingsstellung vor der Jurte. Er öffnet die Augen nicht, als die Kommissarin erneut vor ihm steht, doch er fordert sie auf: »Setzen Sie sich. Ich werde Sie mitnehmen.«

Völlig perplex lässt sie sich auf den Boden fallen und versucht, seine Sitzhaltung zu imitieren.

»Ich spüre, dass Sie auf dem Weg sind, Frau Kommissarin. Aber ich sehe, dass Sie an Wände stoßen. Ich werde versuchen, Ihnen zu helfen, werde versuchen, Kontakt aufnehmen mit dem Mann mit den zwei Gesichtern und zwei Frauen.«

»Darüber wissen wir bereits Bescheid. Die Ehefrau ist in Tränen aufgelöst und die Dame, die Sie so vehement verteidigt hat, war seine Jugendfreundin. Wir haben schon herausgefunden, dass sie mit ihm in die Schule gegangen ist. War wohl eine Jugendliebe. Durchaus möglich, dass sie beim Anblick seiner Ehefrau …«

»Er war nicht mit seiner Ehefrau in der Csárdá.«

Verblüfft starrt sie ihn an.

»Die Frau, die ihn begleitete, liebte er auf seine Weise. Aber nicht genug, um sich zu ihr zu bekennen. Er verbrachte viel Zeit mit ihr, doch es war gestohlene Zeit, von der seine Ehefrau nichts wissen durfte. Er liebte in seinem Leben nur sich selbst. Alle anderen Menschen benutzte er nur.«

Die Kommissarin holt Luft, will etwas sagen.

»Schweig! Sonst wird er uns nichts erzählen. Die Toten lieben es nicht, wenn man sie unterbricht.«

Eingeschüchtert, wie es normalerweise nicht ihre Art ist, hält sie den Mund und hört ehrfurchtsvoll zu, als Táltos zu singen beginnt und seine Trommel schlägt. Es sind Klänge, die an lange versunkene Zeiten gemahnen, Töne, die entrücken.

Abrupt beendet er den Gesang, greift in die mit Runen verzierte Schale und wirft von dem Pulver ins Feuer. Die Kommissarin beobachtet fasziniert, wie sich sein Gesicht verändert, wie er in Trance fällt. Er singt nicht, er redet nicht, er schlägt nicht die Trommel. Er verharrt in höchster Konzentration. Sein Mund formt Worte, die sie nicht versteht, er spricht in einer Sprache, die sie nicht kennt. Mit einem Aufschrei greift er sich an die linke Brust und stürzt vornüber in den Pusztasand. Sie ist mit einem Satz bei ihm, packt ihn an den Schultern, will ihn hochziehen. Er sieht sie mit fremdem Blick an und spricht: »Meine Liebste hat mich getötet. Sie hat mein Herz mit einem Pfeil durchbohrt. Wenn sie mich nicht für sich allein haben konnte, dann sollte mich auch keine andere Frau haben. Besonders nicht meine Frau. Aber Eva ist perfekt für mich. Perfekt für den Rahmen, den ich brauche. Ich kann auf ihr Vermögen nicht verzichten. Nein, ich hätte mich niemals scheiden lassen. Das hast du gestern Abend verstanden, Anikó. An unserem letzten Abend. Oh, meine geliebte Anikó, wie konntest du das tun?«

 ÖSTERREICH

Petra K. Gungl **Wiener Masken**

Es gibt diese Männer, die aus nichts als Sünde bestehen. Ihr Duft, die Art zu sprechen, ihre Bewegungen, ja, allein ihr Blick kann den Raum in einen Glutofen verwandeln und etwas in dir wecken, das du nicht kennst. Nicht kennen willst, denn alles hat seinen Preis.

Die Wahrscheinlichkeit einem solchen Exemplar zu begegnen, ist zum Glück noch geringer, als den blauen Morphofalter im Wiener Stadtpark zu entdecken. Als Kind liebte ich Schmetterlinge, heute wünsche ich mir, diesem einen Blue Morpho nie begegnet zu sein.

Sex war für mich bis vor Kurzem kein großes Thema, höchstens etwas Lästiges, das ich mit dem Brausekopf der Dusche erledigen konnte. Immerhin stehe ich achtzehn Stunden am Tag für Katrin bereit, da habe ich für diesen Unsinn wenig Energie übrig. Katrin Vogt ist seit diesem Frühling Kulturstadträtin und mein Idol. Ihre Assistentin sein zu dürfen, ist jedes Opfer wert: Freizeit, Männer, Freunde, Familie – für sie verzichte ich auf alles.

Bis Xavier Jonas auftauchte.

Ich denke seinen Namen und schließe die Augen. Alle Sinne sind sofort in Aufruhr und die Aufmerksamkeit richtet sich nach innen. Die kühle Atemluft, die an den Nasenhärchen kitzelt, führt mich zu meinem Herzen, von wo das Blut bis in verbotenste Tiefen pulsiert. Jemand drückt meine Hand und ich bin zurück in unserer Loge. Gegen den roten Samt des Sitzpolsters gelehnt, sitzt Katrin und verschränkt ihre Finger mit meinen. Noch keine vierzig, ist sie schön wie Nicole Kidman und genauso kühl. Neben ihr zwinkert mir Armin zu, ihr Ehemann. Seine Silberschläfen sind perfekt getrimmt und ich frage mich oft, wieso Katrin einen so viel älteren Mann gewählt hat. Wobei, ein reicher Bauunternehmer schadet

271

der Karriere mitnichten. Mir ist Armin mittlerweile fast der Vater, den ich nie hatte.

Endlich – auf der Bühne ertönt seine Stimme. Trotz der Entfernung leuchten Xaviers Augen kobaltblau – mein Blue Morpho. Mag er den perfekten Körper besitzen und eine Stimme, die purer Honig für Bienen wie mich ist – die wahre Faszination geht von seiner Selbstsicherheit aus.

Glauben Sie mir, Schwärmerei ist nicht meine Art. Ich trage mein mausbraunes Haar in einem Nackenknoten, kann nicht ohne Brille sein und hasse High Heels. Männer brauche ich so dringend wie Regelschmerzen.

Beim Sommerfest im Barockpalais Schönburg, unweit der Wiener Staatsoper und inmitten eines herrlichen Parks, begegneten wir Xavier zum ersten Mal. Zwischen Wirtschaftstreibenden, altem Adel, Künstlern und Politikern stand plötzlich jener geheimnisvolle Mann, dessen Augen tiefer sind als jeder Bergsee. Frei von jeder Scheu sagte er: »Gnädigste, es ist mir ein Vergnügen.« Damit beugte er sich über Katrins Hand und deutete einen Kuss an. Mein Mund wurde bei dem Anblick trocken, mir stockte vor Neid der Atem, vergessen war die Menge ringsum. Ich wollte, dass es meine Hand war, die von seinen schlanken Fingern umfangen wurde.

Denken Sie nicht, Xavier wäre in irgendeiner Weise penetrant gewesen – im Gegenteil. Sogar Katrins Mann fand großen Gefallen an der Unterhaltung. Xavier verlieh jedem von uns das Gefühl, für ihn nicht wegen Rang und Namen, sondern als Mensch interessant zu sein. Er sah direkt in unsere ausgedörrten Seelen und träufelte seine Aufmerksamkeit einem Regenschauer gleich darüber. Als Xavier uns von seinem Vorhaben erzählte, für Rollen an Volks- und Burgtheater vorzusprechen, sah ich das Blitzen in Katrins Augen und wusste in derselben Minute, dass sie für Xavier intervenieren würde. Katrin hat viele Freunde, und viele sind ihr einen Gefallen schuldig. Politik ist Geben und Nehmen, verstehen Sie?

»Mord ist der Wollust nah wie Rauch dem Feuer.« Xavier steht auf der Bühne und hat das Publikum vollkommen im Griff. Katrins Finger drücken noch mal zu und ich blicke zu ihr hinüber. Ihre Brust hebt und senkt sich unter der blutroten Seide ihres Kleids. Ich ahne, was sie empfindet. Zwiespältige Gefühle jagen auch durch meine Adern. Xavier ist Perikles, Fürst von Tyrus, und durchschaut König Antiochus' Inzest – genauso schnell hat Xavier unsere dunklen Geheimnisse aufgespürt. Ich schließe meine Augen und sehe Katrin und mich in Xaviers Theatergarderobe, sehe, wie er sie küsst, fühle aufs Neue meine Erregung bei dem Anblick beider Körper.

Er beherrschte auch mich. Jeden seiner Befehle befolgte ich. Meine Hände entkleideten Katrin, führten die geforderten Liebkosungen aus. Am Ende belohnte er mich für meinen Gehorsam in einer Weise, die mir selbst jetzt noch den Verstand raubt.

Nachdem das Theater einen Steinwurf entfernt vom Rathaus liegt, schlichen Katrin und ich von nun an in Sitzungspausen durch den Hintereingang ins Theater, beide hungrig nach Xaviers Sinnlichkeit.

Doch jeder Rausch endet, und was bleibt, ist Asche.

Vorgestern Nachmittag erhob sich Xavier von unserem Lager. Er überragte uns – dunkle Haarsträhnen hingen ihm in die Stirn und auf seinen Muskeln glänzte Schweiß. Lässig zog er den Zipp seiner Hose hoch, griff sich sein Leinenhemd und schlenderte zur Tür. Keine Heimlichtuerei, wie man es nach einem Tête à Tête mit einer verheirateten Stadträtin und ihrer Assistentin erwarten könnte, im Gegenteil. Ganz nebenbei zog er sein iPhone aus dem Regal und schaltete daran herum. Katrin schrie tonlos auf.

»Du hast uns gefilmt?« Ihre Stimme schien sie sich von einem Raben geliehen zu haben. Ich selbst brachte nicht mal ein Krächzen hervor. Xaviers Mundwinkel verzogen sich zu einer spöttischen Grimasse, dann warf er uns eine Kusshand zu, ehe er im Gang verschwand.

Er hat uns bislang nicht erpresst, das halte ich ihm zugute, jedoch belässt er Katrin und mich in quälender Ungewissheit.

Applaus brandet auf, zwingt mich in die Gegenwart zurück. Der Vorhang fällt. Wir Wiener lieben das Theater, ganz besonders die Pausen. Katrin hakt sich bei Armin unter und verlässt die Loge. Frau Kommerzialrat hier, Herr Sektionschef dort, sie wird ständig angesprochen. Stumm trotte ich hinterdrein, folge dem Menschenstrom die Stiegen hinab, bis wir die versteckte Tapetentür erreichen, die hinter die Bühne führt. Nach dieser Schranke beginnt die echte Theaterwelt, frei von Plüsch und vergoldetem Stuck, getaucht in Neonlicht und hektisches Treiben. Die Statisten wirbeln Schmetterlingen gleich an uns vorbei und unterhalten sich lautstark. Direktor Sanders kommt mit ausgebreiteten Armen auf uns zu, seine Leibesfülle in priesterliches Schwarz gehüllt, und erinnert mich dank seiner schmutzig-blonden Lockenpracht an einen Löwen mit Stirnglatze. »Servus, Schatzerl!«, ruft er Katrin zu und küsst ihre Wangen. Irgendwann drückt er auch mir die Hand und seine breiten Ringe lassen mir die Tränen in die Augen schießen. Ansonsten ignoriert er mich – für einen Niemand ohne Rang und Titel hat er nichts übrig. Haben die meisten in diesen Kreisen nicht. Wir stehen unweit der Bühne und ich sehe durch die Gasse aus Kulissen den Vorhang von seiner Kehrseite; Bühnenarbeiter bauen Säulen auf.

»Sekt?«, fragt mich Michaela Janis, sie spielt die Tochter des Perikles. Deutlich kleiner als ich und spindeldünn, bietet sie uns jenen teuren Champagner an, den Armin anlässlich der Premiere hat liefern lassen. Dankbar für die Erfrischung greife ich zu, beginne mich gleich mit dem ersten Schluck Alkohol wohler zu fühlen. Das Wohlgefühl weicht Nervosität, als Xavier erscheint. Sein intensiver Blick liegt für Sekunden auf Katrin und mir, dabei ergreift er ein Glas und prostet uns zu: »Wenige wollen von jenen Sünden hören, die sie selbst begehen!« Unfassbar – benutzt er etwa ein Perikles-Zitat als Drohung gegen uns? In meinen Ohren dröhnt der Puls so laut, dass ich die Kommentare der anderen dazu nicht mitbekomme. Xavier lächelt mich unverhohlen an, bis ich mich völlig entblößt fühle.

Den Menschen die Maske vom Gesicht reißen, sagte er einmal

zu uns, das sei seine wahre Aufgabe als Schauspieler. Ich verstehe nicht, was ihn antreibt. Vielleicht ist er einfach verrückt.

An Direktor Sanders prallt der Trinkspruch ab, er ruft: »Auf unsere gnädige Stadträtin, Frau Doktor Vogt!« und die umstehenden Schauspieler stimmen sogleich mit ein. Während Sanders mit Erinnerungen an die gemeinsame Schulzeit mit Katrin prahlt, lacht sie gekünstelt, denn Xavier flüstert ihr etwas ins Ohr. Was tut er – will er sie auffliegen lassen? Armin zwängt sich mit der Champagnerflasche in der Hand dazwischen, nimmt Xavier um die Schulter und schenkt uns allen nach. »Perikles ist fad«, raunzt er. »Keine Toten.«

Mich fasziniert Xaviers Reaktion: eine Mischung aus Belustigung und Verachtung. Ich muss ihn fotografieren, krame in meiner Clutch nach dem Handy und erwische gerade noch, wie sich seine Lippen öffnen.

»Reichen Inzest, versuchter Kindesmord und Zwangsprostitution nicht für Ihre Unterhaltung aus?« Xavier spielt den Nachdenklichen und kratzt sich über den aufgeklebten Kinnbart. »Vielleicht war Perikles insgeheim schwul – das könnte fehlen.« Wir lachen und Armin hustet, weil ihm der Champagner in die falsche Kehle gekommen ist.

»Deute mir ja nicht in letzter Sekunde den Perikles um«, knurrt Sanders, schmunzelt aber dabei. »Los, die Vorstellung geht gleich weiter.« Ganz der gestrenge Vater, beutelt Sanders seinen Hauptdarsteller im Nacken, während er mit der anderen Hand wedelt, als wäre sie die Schiffsschraube, die das Theater am Laufen hält. Lachsalven erklingen und ich mache weitere Fotos.

»Gehen wir in den Zuschauerraum zurück«, sagt Sanders an uns gerichtet und im selben Moment läutet die erste Glocke die Pause aus.

Wir wollen uns auf den Weg zur Loge machen, da erregt ein ersticktes Geräusch meine Aufmerksamkeit. Ich drehe mich um und sehe Xavier am Bühnenaufgang vornübergebeugt stehen, nur wenige Meter von mir entfernt, das Gesicht kreidebleich, die Faust gegen die Brust gepresst.

Ohne eine Sekunde nachzudenken, haste ich zu ihm, während

alle anderen noch reglos dastehen. Schwer drückt sein Körpergewicht gegen mich, es zwingt mich in die Knie, doch ich halte Xavier fest umschlungen, damit er nicht auf dem Boden aufschlägt. In meinen Armen ringt er nach Luft. Die Augen starr auf mich gerichtet, scheint er mich anzuflehen, ihn zu retten. Reflexartig rufe ich nach einem Arzt und es kommt Bewegung in die Umstehenden – als hätte ich Ameisenspray auf sie gesprüht, verlaufen sie sich in alle Richtungen, infiziert vom Gift der Realität. Xavier kann nicht mehr sprechen, sieht mich nur mit ungläubigem Staunen an. Im Rhythmus meines Herzschlags beginne ich mich mit ihm im Arm zu wiegen, flüstere: »Halte durch. Alles wird gut.« Meine Lüge ist das Letzte, was er zu hören bekommt. Seine Muskeln erschlaffen, der Blick wird leer. Katrin neben mir keucht auf. Die zweite Glocke schrillt.

»Machen Sie Platz«, herrscht mich eine Frau an und ich erkenne an der Art, wie sie sich zu Xavier kniet, dass sie Ärztin sein muss. Noch mal flammt Hoffnung in mir auf und ich trete beiseite. Die Frau öffnet Xaviers Kostümjacke, überprüft die Atmung. Ich weiche weiter zurück, finde Halt bei Katrin. Kaum beginnt die Mund-zu-Mund-Beatmung, verstecke ich mein Gesicht in der Halskuhle meiner Chefin, atme ihr Parfum ein. Auch sie klammert sich an mich.

Die dritte Glocke ertönt. Dumpf höre ich den Direktor zum Publikum sprechen. In mir ist jegliches Denken und Fühlen gefroren. Durch einen Graufilter, der meine Welt verdüstert, nehme ich das Eintreffen des Rettungsteams wahr, die Xavier sogleich umlagern. Die Ärztin sagt plötzlich: »Zeitpunkt des Todes …«, und der Filter zersplittert in tausend Scherben, taucht mich in grellen Schmerz. Noch während ich um Fassung kämpfe, fragt jemand, wann endlich die Polizei kommt. Schlagartig erwache ich aus meiner Agonie.

»Wieso Polizei?«, fragt Sanders und wiederholt damit genau die Worte, die mir durch den Kopf gehen. Der Notarzt, der eben noch mit der Ärztin die Köpfe zusammengesteckt hat, kneift die Augen zusammen, als müsse er in die Sonne blinzeln. So sehr ich mich anstrenge, höre ich doch nur Wortfetzen: »Möglicherweise keine natürliche Todesursache … Gift … Obduktion.« Mit einem Schlag bin ich völlig klar und bei Sinnen.

Sollte Xavier ermordet worden sein, wird die Polizei das Video auf seinem Handy finden. Eins und eins zusammenzählen. Gegen Katrin und mich ermitteln. Seien wir ehrlich, ein schöneres Motiv als unseres gibt es kaum. Wird das publik, ist Katrins Karriere zu Ende und ihre Ehe dazu. Ich selbst bekomme keinen Fuß mehr aufs politische Parkett. Mit dieser Erkenntnis schaltet sich mein Kampfgeist an. Ich muss noch heute Nacht den Mörder finden – sonst geht es Katrin und mir an den Kragen. Auch wenn mir die Angst die Kehle zuschnürt – ich kann das schaffen. Nicht umsonst habe ich mit meinen siebenundzwanzig Lenzen den Posten als Assistentin bei Katrin bekommen. Ich bin ein Naturtalent, was Organisation, Kombination und Strategie angeht.

Sie halten das für unbescheiden? Bedenken Sie: Alles, was mich im Leben interessiert, ist mein Job – und den will ich behalten.

»Marina, sein Handy«, flüstert mir Katrin zu, die Augen weit aufgerissen. Wir denken exakt dasselbe. Ich nicke, überzeugt, dass ich den Auftrag bewältigen kann. Wer achtet schon auf eine graue Maus wie mich? Ich husche zwischen Bühnenarbeitern und Schauspielern hindurch. Zum Glück sind mir die Räume hinter der Bühne vertraut und ich finde direkt zu Xaviers Garderobe. Mein Herz klopft mir bis zum Hals, als ich vor der Tür stehe und die Klinke herunterdrücke. Ich trete über die Schwelle und als erstes überwältigt mich Xaviers Moschusduft, der im Raum hängt. Zugleich fällt mein Blick auf die Chaiselongue und ich schlucke hart gegen den Krampf im Kehlkopf an. Das Handy. Ich muss es finden und verstecken. Entschlossen steuere ich die Schminkkommode an. Außer Schminkutensilien und einer Flasche Mineralwasser steht nichts darauf. Am Spiegel klebt ein Foto von Xavier als Perikles. Schau nicht hin, sage ich mir und konzentriere mich auf die beiden Laden, ziehe eine nach der anderen auf. Nichts. Das kann nicht sein, er hat es stets dort hineingelegt. Ich sehe ihn förmlich vor mir, die Fingerbewegung, um das Gerät zu entsperren, die konzentrierte Miene, wenn er Nachrichten durchging und danach das Gerät in die rechte Lade schob. Vielleicht habe ich beim Kleiderständer Glück – ich taste Jacke und Hose ab, wühle im Lederrucksack. Wieder nichts. Mein Blick irrt von einem Möbelstück zum anderen. Bleibt am Regal hängen. Innerhalb einer Nanosekunde stehe ich davor und greife hinter die Bücher, die dort im Staub übereinanderliegen. Meine Finger tappen gegen etwas Hartes – Bingo! Während ich noch frohlocke, wird die Tür aufgestoßen. Der Schreck fährt mir eiskalt durch die Glieder. Polizei? Rasch verstecke ich die Hände hinter meinen Rücken, rechne mit dem Schlimmsten – und atme erleichtert auf, als bloß Michaela Janis im Türrahmen steht.

»Was tun Sie hier«, herrscht mich diese Elfe auf Fohlenbeinen an. Ihre Stimme jedoch kann Trommelfelle in Siebe verwandeln.

»Dasselbe kann ich Sie fragen«, erwidere ich und mache einen Schritt auf sie zu. Tatsächlich weicht sie zurück, lässt jedoch nicht die Augen von meiner Hand, die ich unvorsichtigerweise nicht länger verberge.

»Sein Handy?«, fragt sie, die Gier danach ins Gesicht geschrieben.

»Nein.« Ich lüge, ohne mit der Wimper zu zucken. Sie hebt bloß eine Augenbraue und kippt den Kopf zur Seite.

»Wenn Sie das Ding auf der Stelle zerstören, verrate ich nichts.« Michaelas Vorschlag nimmt mir den Wind aus dem Segel. Offensichtlich hat sie dasselbe Ziel wie ich: Beweise zerstören.

»Was war es bei Ihnen?«, frage ich. Sie reagiert nicht sofort, dafür kämmen ihre Finger durch ihre Frisur, ziehen daran, bis sie die Perücke in Händen hält. Zum Vorschein kommt zerdrücktes Wattehaar, so hell und bleich wie sie selbst. Auffordernd nicke ich ihr zu und sie schneidet eine Grimasse.

»Es gibt ein Foto auf dem Gerät. Peinlich, aber nichts Schlimmes«, gesteht sie. Ganz offensichtlich sind wir beide auf Xavier reingefallen. »Keiner konnte Xavier etwas abschlagen. Er wollte dieses Foto unbedingt, und ich habe es ihm geschickt.«

»Was ist daran schlimm?«

»Es ist in Sanders Wohnung aufgenommen.« Sie zwinkert und ich kombiniere das Offensichtliche.

»Besetzungscouch?« Meine Frage bringt Michaela zum Lachen. Sie macht eine wegwerfende Handbewegung.

»Üblicherweise kann keiner von ihm eine Rolle auf diese Tour bekommen. Ich hingegen bin seine Chance, nicht im Gefängnis zu landen.«

Ich verstehe nicht und kneife die Augen zusammen. Was habe ich übersehen? Allein die Vorstellung des Hundertfünfzigkilomannes auf diesem Püppchen sprengt meine Vorstellungskraft. Doch Michaela spitzt die Lippen.

»Stellen Sie sich mich mit kurzem Faltenrock und Kniestrümpfen vor – na, klingelt's? Ich erzähle das auch nur, weil ich weiß, Frau Vogts Geheimnis wiegt bei Weitem schwerer als meines. Wir werden alle schweigen.« Dabei zwinkert sie verschwörerisch und allmählich frage ich mich, was sich noch alles im Speicher dieses Gerätes befindet. Womöglich wird eine ganze Horde Menschen froh sein, wenn es das Ding nicht mehr gibt – oder es Xavier nicht mehr gibt.

Auf dem Gang hallen Schritte wider und stoppen vor der Garderobe. Hastig schiebe ich das Handy in meinen Ausschnitt, unter den Büstenhalter. Die kühle Oberfläche verursacht mir Gänsehaut. Die Klinke senkt sich. Panik vernebelt mir das Hirn, da wirft sich plötzlich Michaela in meine Arme, umschlingt mich und schluchzt hemmungslos. Schauspielen kann sie. Die Tür geht auf und Armin steht vor mir. Das wird hier allmählich zur Marx-Brothers-Nummer. Kann man nicht mal in Ruhe ein Handy stehlen?

»Was tut ihr hier drin?«, blafft Armin uns an. Ich habe ihn noch nie so aufgebracht gesehen. »Die Kiberer sind da und sichern den Tatort. Katrin braucht Sie, Marina.«

Wir müssen schleunigst aus der Garderobe, ehe die Kriminalpolizei Nachschau hält, so viel ist nicht nur mir klar. Vorsichtig blickt Michaela bereits den Gang entlang und winkt uns zu sich. Armin und ich folgen ihr hinaus. Unbemerkt kehren wir zum Tatort zurück.

Katrin spricht mit einem Kriminalbeamten, der respektvoll nickt. Ist bestimmt nicht angenehm, wenn Politprominenz involviert ist, und ich fühle mit dem armen Ermittlungsbeamten. Andere sichern das Areal rund um Xaviers Leiche ab. Bald werden wir alle befragt werden und ich trage immer noch das Handy des Opfers im BH spazieren.

Im Geist ordne ich die Fakten: Xavier wurde vermutlich vergiftet. Ich habe keine Ahnung, um welches Gift es geht. Etwas, das Atemnot auslöst, eventuell Herzprobleme. Wer hatte Gelegenheit, ihm eine solche Substanz zu verabreichen? Ich muss dringend die Erinnerung an jene zehn Minuten hinter der Bühne im Detail abrufen und dafür brauche ich eine ruhige Ecke. Die Kammer unter der Treppe zum Schnürboden scheint geeignet und ich schleiche mich fort. Zwischen einer Naphthalin-getränkten Kleiderpuppe mit Federboa und einem Metallregal voller Ramsch plumpse ich auf einen Barhocker und stoße meinen Frust mit einem einzigen Stoßseufzer heraus. Mit den Füßen auf einer Werkzeugkiste hole ich mir die Szene nochmals vor Augen. Michaela hätte Gelegenheit gehabt, etwas in Xaviers Champagner zu geben, allerdings wusste sie nicht, welches Glas er wählen würde. Zu viel Risiko. Da war noch das Mineralwasser in der Garderobe – kam sie womöglich nicht nur wegen des Handys zurück, sondern auch, um das Gift verschwinden zu lassen? Ein Motiv hat sie allemal – keiner möchte als Lolita durch die Presse gehen. Andererseits ist sie Schauspielerin – Rollensex kann ihrer Karriere doch kaum schaden, oder? Interessant allemal, dass sie mit Sanders liiert ist. Sanders stand nahe bei Xavier. Und er konnte jederzeit in der Garderobe ans Mineralwasser ran. Ein Motiv hat er außerdem. Für seine bevorstehende Wiederbestellung sähe es finster aus, wenn der Lolita-Sex mit einer seiner Schauspielerinnen bekannt würde. Nach Harvey Weinstein findet das niemand mehr normal.

Unter meinem BH-Gummi drückt Xaviers Handy in die Brust. Höchste Zeit, das Ding loszuwerden. Flink fische ich es aus meinem Ausschnitt und hole aus der Werkzeugkiste einen Hammer. Moment. Für weitere Motive könnte ich in Xaviers Fotoordner fündig werden. Aber ohne Zugangscode? Ich lege den Hammer weg und schließe die Augen, erinnere mich an die Situation, in der Xavier neben mir stand und seinen Code eingab. Die Zahlen konnte ich nicht sehen, jedoch die Bewegungen: Rauf-runter-rauf-runter-rauf-runter. Voller Enthusiasmus tippe ich 1-7-2-8-3-9 ein. Falscher Code. Verdammt. Ich bin mir doch sicher! Wo liegt der Fehler? Ich starre auf die Zahlen. Tippe 1-7-2-0-3-9 Der Sperrbildschirm verwandelt sich in Xaviers Antlitz. Ehe mich die Trauer übermannen kann, tippe ich das Foto-Icon an. Selfies. Schnell weiter. Aufnahmen von Leopold, dem Inhaber des Würstelstands an der Ringstraße, Fiaker, Menschen im Theater. Da – das Foto von Michaela in Schulmädchenuniform auf dem Bärenfell, glattrasiert wie ein Sparschweinderl, gegen eine Wand mit Jagdtrophäen und Fotos gelehnt. Ein Video folgt – ich erkenne Katrin, mich selbst und Xaviers Tattoo am Gesäß. Blaue Masken. Schamesröte überzieht meinen ganzen Körper. Reflexartig lösche ich das Video. Weiter. Immer wieder Sexszenen. Mit dem nun erscheinenden Bild folgt der nächste Schock – zwei kopulierende Männer. Ich sehe graue Schläfen und einen Ehering an der Hand des Gebückten, vom anderen ist das Tattoo erkennbar. Blaue Masken. Die Erkenntnis rammt mir ihre Faust in den Magen. Eines ist klar – das Handy werde ich nicht zerstören, es könnte uns möglicherweise nützlich sein. Auf allen Vieren schiebe ich es hinter das Regal in einen Mauerspalt. Zeit für Gespräche.

Auf den Gängen versuche ich, der Polizei auszuweichen, blicke in jede Garderobe, um ein bestimmtes Gesicht zu entdecken.

Unvermittelt pralle ich gegen eine Männerbrust und quieke auf. »Wo bleiben Sie?«, sagt Armin und schiebt mich dabei auf Armeslänge von sich. Im Neonlicht wirkt sein Gesicht aschfahl. Ich ziehe ihn in den Raum, den ich eben inspiziert habe.

»Sie hatten Sex mit Xavier«, flüstere ich, spüre den steigenden Druck, weil mir die Zeit durch die Finger rinnt. Armins Lippen werden bleich. Er lässt mich los, ich setze nach. »Es gibt ein Foto davon, sparen wir uns das Geplänkel. Haben Sie ihn ermordet?« Völlig schockiert, taumelt er einen Schritt zurück. »Ich habe kein Problem mit Homo-Sex«, füge ich hastig hinzu und verkneife mir, den flotten Dreier mit seiner Frau zu erwähnen, »aber ich muss sofort herausfinden, wer Xavier getötet hat, um Katrin – um uns alle zu retten.« Armins Finger zittern, während sie durch das Silberhaar kämmen.

»Wenn das herauskommt, bin ich im Baugeschäft erledigt. Seit Jahrzehnten kämpfe ich dagegen an, doch Xavier hat es mir sofort angesehen und mich rumgekriegt. Aber vergiftet habe ich ihn nicht.«

»Hat er Sie erpresst?«

Armin schüttelt bloß den Kopf, sinkt auf einen Sessel und versteckt sein Gesicht in den Händen. Dieser nette Mann hat das nicht verdient. Ich drücke seine Schulter, möchte ihn trösten, bin mir aber nicht sicher, ob ich ihm glauben kann. Warum hat Xavier uns alle verführt, aber niemals erpresst? Anscheinend hat er lediglich die Masken eingesammelt, um sie für uns spürbar zu machen.

Draußen höre ich Männer miteinander sprechen. Kriminalbeamte? Ich laufe auf leisen Sohlen davon, kaum dass ihre Stimmen verklingen, denn irgendetwas zieht mich zurück zur Bühne. Ein paar Leute von der Spurensicherung stehen dort, sie bemerken mich nicht. Da ist etwas in meiner Erinnerung, das ich nicht zu fassen bekomme, egal wie lange ich auf den Bühnenaufgang starre.

»Marina«, flüstert Katrin so unvermittelt hinter mir, dass mein Herz stolpert. »Konntest du es löschen?« Ich nicke stumm, weil Direktor Sanders gemeinsam mit Michaela Janis auf uns zukommt.

»Haben Sie Ihre Aussage gemacht?«, spricht Sanders mich schon von Weitem an. »Jeder muss das machen«, sagt er und deutet schräg hinter sich, wo gerade Armin auftaucht. Sanders trifft ihn zufällig an der Schulter. Und dann fällt bei mir der Groschen.

»Ja, natürlich«, antworte ich Sanders, ganz bei meiner Eingebung. Mir fehlt bloß eine letzte Information. Hastig tippe ich in mein Handy, während Katrin die anderen ablenkt. Wir beide sind einfach ein Spitzenteam. Treffer. Das Suchergebnis bestätigt meine Vermutung. Endlich kann ich eine Theorie formen, die Sinn macht. Was bleibt mir auch anderes übrig, als alles auf diese eine Karte zu setzen? Bald wird die Polizei Xaviers Handy suchen und womöglich gibt es davon ein Backup. Hier und heute muss die polizeiliche Ermittlung enden. Ich habe bloß einen Wurf – geht er daneben, sind wir geliefert. Im vollen Bewusstsein, dass sich gleich alle Ohren auf mich ausrichten werden, wende ich mich an Katrin.

»Bevor ich zur Einvernahme gehe, brauche ich einen Moment für mich – denn ich werde der Polizei sagen, wer Xavier ermordet hat.« Nicht nur Katrin starrt mich an. Armin keucht auf und Michaelas Augen werden schwarze Schlitze. Sanders schnaubt herablassend.

»Ich begleite dich ein Stück«, sagt Katrin und kaum sind wir außer Hörweite, flüstert sie: »Was hast du herausgefunden?«

Ich halte mich am Handlauf der Stiege zum Schnürboden fest und schüttle den Kopf. »Später«, raune ich zurück. »Die Polizei muss mithören, was am Schnürboden gesprochen wird.« Hoffentlich versteht sie ihre Mission. Einen Moment lang blickt sie mich noch an, nickt mir zu und geht. Ehe ich es mir anders überlegen kann, stapfe ich die Stiege zum Schnürboden empor. Ein Steg, gesichert mit einem Handlauf, führt rund um das Viereck der Bühne in fast dreißig Metern Höhe. Prospekte hängen an einem Wald aus Seilen herab. Gedämpft dringen Stimmen nach oben, die bald verstummen. In meiner Nase kitzeln Staub und der Geruch von altem Holz. Ich stelle mein Handy auf Aufnahme und schiebe es so in die Clutch, dass hoffentlich genug Schallwellen an das Gerät dringen. Nun heißt es warten. Meine Beine wollen mich nicht mehr tragen und so setzte ich mich einfach auf den Steg und lasse die Füße in den Abgrund baumeln. Hier im Halbdunkel überfallen mich Zweifel, ob der Ort wirklich eine kluge Wahl ist. Schon will ich zurück auf den sicheren Boden der Bühne, da vibriert der Steg unter mir.

»Na, welchen Beweis haben Sie entdeckt?«, höre ich eine Männerstimme hinter mir. Angst ist eine Raubkatze – sie schlägt scharfe Krallen in meinen Rücken und lähmt mich. Ganz schlechter Zeitpunkt. Also atme ich tief durch, sage mir, Raubkatzen sind auch nicht schlimmer als Politiker.

»Ich habe Sie erwartet, Sanders.« Keine Ahnung wie es mir gelingt, trotz des Hämmerns in meiner Brust so ruhig zu sprechen.

Sanders sagt nichts, nähert sich, als wäre ich eine von der Herde abgetrennte Gazelle. Ich sehe ihn bewusst nicht an, um die Angst im Griff zu behalten. Dafür starre ich konzentriert auf die Seile im schwach beleuchteten Bühnenraum und umklammere die Stange des Stegggeländers. »Ich habe Xaviers Handy. Und: Michaela auf dem Bärenfell.« Nun blicke ich doch über die Schulter und Sanders zuckt zu meiner Genugtuung merklich zusammen. »Im Hintergrund sieht man die Aufnahme einer Großwildjagdgesellschaft. Gewehre, ein Löwe vor den Füßen …«

»Der war nicht tot, nur betäubt«, protestiert Sanders.

Ich unterdrücke meine Selbstgefälligkeit, die mich zum Lächeln verleiten will. »Genau. Ich habe die rote Quaste des Betäubungspfeils im Fell gesehen.« Mit einem Großwildjäger im Nacken soll man vorsichtig sein. Ohne das Geländer loszulassen, rutsche ich seitlich weg und rapple mich hoch. Unverzüglich schließt Sanders auf, ragt wie ein Büffel vor mir auf. Es stehen 54 Kilo gegen 150 – ohne Betäubungspfeil werde ich wohl nicht an ihm vorbeikommen. Wenn bloß Katrin mit der Polizei bereitsteht!

»Mein Bruder ist Tierarzt im Schönbrunner Zoo. Deshalb weiß ich über Carfentanil Bescheid. Eine minimale Menge betäubt einen Elefanten. Da ist ein Mensch bereits tot.« Sanders blinzelt und ich denke schon, er packt aus, weil er sich zu mir herunterbeugt.

»Ihr Bruder, so, so. Folglich haben Sie Zugang zum Gift und Xavier getötet«, raunt er mir zu. »Und einen guten Grund dazu.« Meine Angst weicht der Wut, die seine Anmaßung auslöst. Lass dich nicht aus dem Konzept bringen, sage ich mir und recke ihm das Kinn entgegen.

»Sie tragen außergewöhnliche Ringe und heute ist ein besonders pompöser an Ihrer Hand.« Jetzt erst fällt mir auf, dass ebendieser an Sanders rechter Hand fehlt. Er blickt ebenfalls darauf und zuckt mit den Schultern.

»Unsinn.« Dieser Schnösel grinst mich frech an – ich mag zwar keinen Titel besitzen, aber jede Menge Grips, Freundchen.

»Seit der Antike kennt man Giftringe. Und ich habe Ihren Ring fotografiert, Sanders, in jenem Moment, in dem Sie Xavier am

Nacken gepackt und das Gift mittels des Ringes injiziert haben.«
Sein Lächeln verschwindet. Vor mir steht ein Mörder und neben
mir geht es dreißig Meter in die Tiefe. Fatale Kombination. Für
diesen Plan bekomme ich keinen Preis.

»Dieses Foto würde ich gern sehen.« Sanders packt meine
Clutch. Panisch schlage ich um mich, trotzdem gewinnt er die Tasche, drängt mich gegen das Geländer, bis sich mein Oberkörper
dem Abgrund entgegenbiegt. In Sanders Augen flackert Jagdfieber
– ein Tritt gegen meine Beine, und ich falle …

»Lass sie, Sandy!«
Fast schluchze ich auf beim Klang von Katrins Stimme. Geret-
tet.

»Wo ist die Polizei?«, wimmere ich vor Erleichterung. »Er war
es!« Katrin kommt langsam näher.

»Nie hätte ich gedacht, dass du Xaviers Handy entsperren kannst
und die Bilder findest. Das war schlau kombiniert mit dem Foto
von der Safari. Weißt du auch, wer es geschossen hat?« Katrins
Afrikaurlaub bevor ich den Job bekam – wie konnte ich den vergessen? »Xavier wohnte in einem von Sandys Künstlerappartements,
womit es eine Kleinigkeit war, den Laptop zu stehlen. Und auf dich
kann ich mich stets verlassen, Marina – das mit dem Handy hast
du prima gelöst. Es gibt keine Beweise mehr gegen uns. Die Sache
ist erledigt.« Mir bleibt der Mund offen stehen, nur ganz langsam
sickert die Bedeutung ihrer Worte ins Bewusstsein. Meine Welt
steht Kopf – wer an höchster Stelle stand, liegt im Dreck, wen ich
für einen Erpresser hielt, bewies höchste Hingabe an Kunst und
Leben. Xavier hat sein Ziel erreicht – die Masken sind gefallen
und ich erkenne meine Naivität. Katrin hat mich benutzt, mich
in ihren Plan als Marionette eingebaut. Mehr bin ich nicht für sie.

»Sieh mich nicht so an, Marina«, sagt sie einschmeichelnd. »Ich
habe das auch für dich getan. Zum Glück hatte Sandy noch eine
Dosis übrig. Süße, wir können uns doch das Leben nicht von einem dahergelaufenen Schauspieler zerstören lassen.« Fast bin ich
geneigt, ihren Honig zu schlucken. Doch meine eiskalte Königin
hat mich benutzt, darüber komme ich nicht hinweg.

»Xavier hat niemanden erpresst«, erwidere ich mit kratziger Stimme.

»Das wäre noch gekommen«, knurrt Sanders so dicht vor mir, dass ich seine Alkoholfahne rieche. »Irgendwann hätte er geredet.« Fragend blickt er zu Katrin. »Sie ist die einzige Schwachstelle. Hat einen Tierarztbruder und bereut den Mord an Xavier. Lupenreiner Selbstmord.« In meiner Kehle wird es eng, ich bekomme kaum Luft, mein ganzer Körper erstarrt angesichts dieser Drohung. Länger als eine Ewigkeit sieht Katrin mich an und ich spüre, sie nimmt Abschied. Dann nickt sie Sanders zu. Um mich zerbricht im gleichen Augenblick die tönerne Hülle der Angst und ich weiß nur eines: Ihr kriegt mich nicht. Ehe Sanders mich packen kann, hechte ich übers Geländer … springe …

Mein Herz steht still, Wind zaust mein Haar, meine Hände halte ich ausgestreckt und noch nie habe ich so intensiv gelebt wie in diesem Moment des Sterbens. Das Seil kommt näher. Ich packe zu. Es rutscht durch meine Hände. Zwischen Decke und Bühne rase ich auf die Bretter, die die Welt bedeuten, zu. Der Strick reibt die Haut von den Handflächen und Waden, bis er sich rot färbt. Hände fangen meinen Sturz ab. Ich finde mich in den Armen von Armin und einem Polizisten wieder.

»Sanders hat mein Handy, die Beweise!«, schreie ich und der Polizist rennt los.

»Trau keinem Politiker«, sagt Armin und streichelt mir den Rücken. »Hab gleich die Polizei geholt, als ich dich raufgehen sah, Kindchen. Ich wusste, Xavier hat ein Auge auf Katrin – und die geht über Leichen für ihre Karriere.« Meine Hände brennen wie verrückt und Armins Worte stehen dem Schmerz in nichts nach. Ich rapple mich hoch, will nur raus aus dem Theater. Das Leben ist schlimmer als jedes Stück, wissen Sie. Haben Sie die anderen erst ohne Maske gesehen, verzweifeln Sie an der Menschheit.

Die Straßenbahnschienen kreischen schrill bei der Vollbremsung der Bim auf, ich bemerke es kaum. Blind von den Scheinwerfern der Autos, renne ich weiter über die drei Spuren der Ringstraße und halte erst am Würstelstand nahe dem Parlament an. Während ich noch haltlos keuche, spricht mich Leopold an, bindet sich eine frische Schürze über die enorme Wampe: »Mauserl, meine Weißwürscht' san rosig gegen di.« Ohne weiter zu fragen schiebt er meine übliche Bestellung über den Tresen. Bio-Käsekrainer mit süßem Senf. »Geht aufs Haus.« Obwohl meine Hände schmerzen, muss ich angesichts von so viel Fürsorge unter Tränen lächeln. Leopolds fleischiges Gesicht nickt wissend, als hätte es längst alles gesehen, und ich verstehe, warum Xavier ihn fotografiert hat.

Da setzt sich ein Nachtfalter auf meinen Ärmel. Seine perlgrauen Flügel heben sich kaum vom Stoff meines Kleids ab. Die Schönheit der Ornamente in den Flügeln des Falters überrascht mich. Mir wird klar, dem Theater bin ich wie aus einem Kokon entschlüpft – zwar nicht als Blue Morpho, aber immerhin als ein Nachtfalter, dessen Schönheit sich für Aufmerksame beim zweiten Blick offenbart. Den Gedanken von vorhin möchte ich nun berichtigen: Haben Sie die Menschen erst ohne Maske gesehen, wissen Sie, wie viel Sie selbst wert sind.

HESSEN

Nellie Elliot **Ei sischää**

Hier, isch muss eusch was erzähle
Uff Hessisch un mit Härz:
E Gedischt hab isch geschribbe
Wie'n Blues, ganz ohne Ferz.

Isch hätt ja net gedacht,
Dass des so Welle macht
Des is de ei-sischää-Blues
Schbeziell fer Eusch gemacht

Ei, was soll isch saache,
Mer sin jetzt uff CD
Mit lauder tolle Fraue
E Buch gibt's aach, wie schee!

Mer kriesche Gomblimende
Von nah un aach von fern
Zum Buch und aach zur Mussigg –
Des hört mer doch eschd gern!

Dausend Dank aach fer de Reisetour,
Hessisch' Stiftung fer Kultur!
Drum gibt es nu e hessisch' Lied
Des einmal um de Erdball zieht!

Vergnüüschd geh'n mir uff Weltreis'
Mit Harfe, Stimm' un Bass
Mit Krimis un mit Mussigg –

Lieb' Bubblikum, habb Spass!

Ein Buch geht durch viele Hände
– von der Idee bis zum großen Worte ENDE

Deshalb möchten wir Herausgeberinnen an dieser Stelle allen Mit-
wirkenden Anerkennung zollen, die mit uns auf die Reise gegangen
sind, ein Ticket gelöst haben, ohne das endgültige Ziel zu kennen,
die Transportmittel zur Verfügung stellten, die das Projekt ins Rollen brachten.

Unser Dank gilt
◆ der Hessischen Kulturstiftung und somit auch dem Hessischen
Ministerium für Wissenschaft und Kunst und der Jury, die durch
das Projektstipendium »Hessen innovativ kulturell neu eröffnen«
unsere 18-Morde-Idee spartenübergreifend gefördert haben und so
MusikerInnen und Autorinnen nicht nur zusammenführten, sondern die Hoffnung auf viele gemeinsame Auftritte auf festen Boden
stellten. Die Großzügigkeit dieser Entscheidung kann gar nicht
genug herausgestellt werden, denn so kommt eine reine Krimi-
frauen-Anthologie in die Welt, umrahmt von einem Soundtrack,
der diese Tatsache feiert.
◆ der Unterstützung der kreativen Gemeinschaft der Mörderischen Schwestern e.V., diesem Hafen für alle, die Krimis lieben,
ganz gleich, ob sie Leserinnen, Autorinnen, Lektorinnen oder
eine andere Art von Bücherfrauen sind. Durch dieses Netzwerk
von Frauen wird kreativen Ideen der nötige Boden bereitet, wird
Kollegialität und gegenseitiger Beistand zu künstlerischer Aufgabe.
Das Präsidium hat in jeder Phase an dieses Projekt geglaubt – und
damit den Herausgeberinnen den Rücken gestärkt und Mut gemacht, diesem dunklen Jahr zu trotzen.
◆ allen zwanzig Autorinnen, die ihre Schreibkunst, ihr Wissen
um die Länder, ihr Fernweh und ihren Enthusiasmus in ihre Geschichten gewoben haben. Mit Euch auf Weltreise zu gehen, hat
diesem beengenden Jahr 2020 Farbe und geistige Weite geschenkt.
◆ der unfassbar einsatzbereiten Verlegerin Angelika Schulz-Par-
thu, die das Projekt für ihren Leinpfad Verlag voller Begeisterung

aufgriffen hat und unsere schriftstellerische Arbeit mit besonderer Buchgestaltung würdigte. So gelungene Zusammenarbeit findet man nicht alle Tage.

◆ Ursula S. Kosa, die unseren Traum einer Reise auf Jules Vernes Spuren effektvoll auf das Cover bannte.

◆ Kai Rohde, unseren engagierten, stets geduldigen Grafiker, der seinen Stift losschickte, um unsere Welt Strich für Strich entstehen zu lassen.

Für das Hörbuch danken wir:

◆ der Harfenistin und Sopranistin Esther Groß und der Mezzosopranistin Stefanie Tettenborn, die als Duo ›AngelS Share‹ durch das Zusammenspiel von Stimmen und Harfenklang unserem Projekt pure Harmonie beisteuerten. Mit Euch zu arbeiten, lässt (musikalische) Wünsche wahr werden.

◆ dem Duo ›bien sûr‹, Conny Krispin und Focke Schmidt, die *sisch sichää* waren, dass das Pandemiejahr nicht mit einem Blues endet, sondern mit einem Grund, durch den unser *heart can sing*. Durch Eure Kompositionen, Texte und Musik leuchtet das Licht der Zukunft.

◆ Dr. Alfredo Rolando Ortiz, Komponist und Virtuose auf der paraguayanischen Harfe, der uns sein COCORNA großzügig für unseren Soundtrack zur Verfügung stellte und damit die musikalische Weltreise komplettierte.

◆ den Mitarbeitern unseres Tonstudios Sound Village, Steffen Buhlmann und Jan Boeren, die nie müde wurden, unseren Worten den richtigen Klang zu geben.

◆ Niki Neuspiel, der den guten Ton aus Wien ermöglichte.

◆ Maribel Añibarro, Kerstin Lange, Esther Groß und Stefanie Tettenborn, die einigen unserer Geschichten ihre Stimmen liehen.

◆ Thomas Troi, der für uns zum Forschungsreisenden wurde und Trailer und Dokumentation produzierte.

Und nicht zu vergessen:

◆ Wir danken allen Gewährsleuten, Testleserinnen und Freunden und Freundinnen aus den Ländern, über die geschrieben wurde. Auch wenn die meisten von uns ein Land wählten, in dem sie selbst leben oder das sie oft besucht haben, so fehlte doch häufig die Beantwortung einer entscheidenden Frage für eine wirklich runde Geschichte. Bibliothekare wie David aus Australien oder Informanten wie Inusa Dawuda aus Ghana haben geduldig mitgearbeitet oder uns ihre Heimat so nah gebracht, dass wir sie in unseren Geschichten an die Welt weiterreichen können. Gerade in Zeiten der Reise-Unfreiheit ein ganz besonderes Geschenk.

Ganz zum Schluss möchten wir dem kreativen Zufall danken, der das Gespann Williams/Gungl zusammenführte, durch gemeinsame Herausgeberschaft zu einem Team zusammenschweißte und am Ende als Freundinnen entließ. Mit solchen Kolleginnen an der Seite darf der Wind auch aus Nord-Nord-Ost wehen, man ist jederzeit gewappnet. Auch darüber sind wir uns einig!

Fenna Williams und Petra K. Gungl

Die Schreibtischtäterinnen: Kurzbiografien

Uli Aechtner studierte Germanistik und Philosophie, viele Jahre arbeitete sie als TV-Journalistin. Ihre Krimis erschienen im Rotbuch-Verlag, bei S.Fischer und emons. Reisen liebt die Autorin vor allem, wenn es etwas zu recherchieren oder Kontakt zu Einheimischen gibt. So kommt man einem Land wirklich näher. Und allzu oft sieht man die eigene Heimat mit anderen Augen, wenn man wieder daheim ist.

In den Iran kam Uli Aechtner 1975 als junge Frau durch eine Einladung von befreundeten Entwicklungshelfern: eine Reise, die einen tiefen Eindruck bei ihr hinterließ. www.uli-aechtner.de

Carola Christiansen ist in Hamburg geboren, und obwohl sie viel in der Weltgeschichte unterwegs war, immer dorthin zurückgekehrt.

Gelebt hat sie in Hongkong, Dänemark und Luxemburg – weshalb trotzdem Ghana Hintergrund dieser Kurzgeschichte wurde, beantwortet sie folgendermaßen: »Ich wollte keins der üblichen touristischen Ziele. In Deutschland leben knapp 40.000 Menschen aus Ghana, über deren Heimat ist jedoch wenig bekannt. Authentizität und Lokalkolorit verdanke ich einem guten Freund.«

Die Autorin ist Präsidentin des Netzwerks Mörderische Schwestern e.V. Ziel dieses über 600 Mitglieder starken Verbandes ist die Förderung der von Frauen in deutscher Sprache verfassten Spannungsliteratur. Carola Christiansen lebt und schreibt mittlerweile in Hamburg-Altona: Spannung made in Altona. www.christiansen-KRIMI.com

Nach längeren Auslandsaufenthalten in Brasilien und Schottland lebt **Gitta Edelmann** seit über 20 Jahren in Bonn und schreibt dort Kriminelles, Historisches, Romantisches und Fantastisches für Erwachsene und Kinder. Außerdem leitet sie Seminare für Kreatives Schreiben und ist in verschiedenen Autorenvereinigungen im In- und Ausland aktiv. Mit großem Vergnügen kehrte sie nach Rio de Janeiro zurück, um zumindest literarisch dort noch einmal eine Silvesternacht an der Copacabana zu erleben. www.gitta-edelmann.de

Die Dichterin **Nellie Elliot** ist ein »eschdes Frankforder Mädsche«. Schon als kleine Leseratte träumte sie davon, einmal selber Schriftstellerin zu werden. Unter ihrem bürgerlichen Namen Conny Krispin singt sie beim Wiesbadener Duo bien sûr. Neben eigenen Liedtexten auf Englisch schrieb sie dem Duo bien sûr (auf Hessisch: Ei sischää) den »Ei-sischää-Blues« auf den Leib. www.nellie-elliot.com

Mit 19 Jahren war **Mareike Fröhlich** das erste Mal in Kanada. Seither zieht es die begeisterte Wanderin immer wieder in das Land mit der faszinierenden Natur. Vor allem British Columbia – die Landschaft zwischen Vancouver Island und Calgary – hat es ihr angetan. Wenn Mareike Fröhlich nicht reist, dann arbeitet die Autorin als freie Lektorin und unterrichtet seit 2020 für die Akademie der Deutschen Medien.

Sie ist langjähriges Mitglied bei den Mörderischen Schwestern e.V. und seit 2018 im Vorstand des Vereins tätig.

Ihr nächstes Ziel: Der Neverland See – den sie bis heute noch nicht gesehen hat. www.mareikefroehlich.de

Geschichten sind ihre Welt, daher wechselte die diplomierte Betriebswirtin **Laura Gambrinus** schon vor Jahren von Bilanzen zu Romanen, von Zahlen zu Worten. Nicht immer müssen ihre kriminellen Kurzgeschichten tödlich enden, schließlich schreibt sie meistens Romance, aber manchmal passiert es eben doch.

Aber warum ausgerechnet Äthiopien? Nicht nur das Land hinterließ nach einer beeindruckenden Reise dorthin, die sie ihrer Kollegenfreundin Fenna Williams verdankt, eine bleibende Erinnerung – auch ein ganz bestimmtes Erlebnis, dem sie hier ihre Reverenz erweist. Sie selbst hat es übrigens überlebt! www.lauragambrinus.de

Christiane Geldmacher ist Autorin und Lektorin mit dem Textsyndikat. 2015 gewann sie den Friedrich-Glauser-Preis in der Sparte Kurzkrimi. Seit den Neunzigerjahren fährt sie immer wieder nach Australien, zuletzt 2017, als sie in Queensland in den Zyklon Debbie geriet. Ludwig Leichhardt begegnet man down under auf Schritt und Tritt und so entschloss sie sich, eines Tages über den berühmten deutschen Forschungsreisenden zu schreiben. www.christiane-geldmacher.de/blog/

Wien, Wien, nur du allein … **Petra K. Gungl** lebt und schreibt in ihrer Geburtsstadt Wien, die zum zehnten Mal in Folge zur Nr. 1 in Lebensqualität gekürt wurde, nicht zuletzt wegen des Kulturangebots: 101 Bühnen sprechen für sich! Die Juristin arbeitete unter anderem am Wiener Straflandesgericht – kein Wunder also, dass ihre Romane DIABOLISCHE LIST, DIABOLISCHES SPIEL und TANNENGLÜHEN, mörderisch spannend sind. Im Repertoire der kampfsporterprobten Autorin findet sich auch die romantische Komödie KUNG FU MAMA unter dem Pseudonym Petra Liebkind. www.petrakgungl.com

Ivonne Keller ist schon immer gern gereist. Als Kind ging es jahrelang auf einen Campingplatz am Gardasee, wo sie mit Vorliebe Groschenromane auf der Luftmatratze las. Seit sie als Autorin Reiseromane verfasst, verschlägt es sie an herausforderndere Orte. So bereiste sie unlängst den Süden Islands, wo sie unzählige Wasserfälle besuchte, Regenbögen fotografierte und sich in *nature pools* aalte. Zum ersten Mal ist sie auf dieser Reise auch dem Phänomen ›Regen und Wind kommen von allen Seiten‹ begegnet und kann seither über die Unwetterwarnung ihrer Wetter-App nur lachen. www.stina-jensen.de

Zwei Leidenschaften begleiten die in Bayern geborene **Thea Lehmann** seit ihrer Kindheit: Schreiben und Reisen. Als Autorin lässt sie sich von der bizarren Felslandschaft der Sächsischen Schweiz für ihre Heimatkrimis inspirieren.

Für dieses Reise-Projekt aber fühlte sie sich an ihr Jahr im südlichen Afrika erinnert, als sie in Kapstadt lebte und Reisen in die Nachbarländer unternahm. Zu den stärksten Eindrücken aus dieser Zeit zählen die Fahrten durch die Weite der Kalahari, der nächtliche Sternenhimmel und die Kargheit der Landschaft, die zwei starke Gefühle wecken: Ehrfurcht und Einsamkeit. www.thealehmann.de

Vor zwanzig Jahren folgte **Carly Martin** als Ilona Schmidt dem Ruf der Firma von Deutschland in die USA, wo sie, wie zuvor befürchtet, hängengeblieben ist. Vielleicht deshalb, weil sie bereits als Kind dort gelebt hat, vielleicht aus Abenteuerlust. Ihr Heimatstaat ist North Carolina, einer der Südstaaten, mit seiner entschleunigten Lebensart und einem Roten

294

Kardinal als Staatsvogel. Als Fan von Agatha Christie Romanen bevorzugt Carly Krimis zum Mitraten, aber auch Thriller mit Tiefgang. Ihre Kenntnisse über die Polizeiarbeit bezieht sie aus dem Verwandtenkreis und von Freunden, von deren Geschichten sie gern profitiert.
www.ilonaschmidt.com

Edda Minck, Jahrg. 1958, lebt in Bochum. Nach einem mäandernden Berufs- und Arbeitsleben zwischen Medizinlabor, Fernsehstudio und Restaurantküche arbeitet sie als freie Schriftstellerin. Einer großen Leserschaft ist sie durch die schwarzhumorige Ruhrpott-Krimireihe um ihre Heldin Maggie Abendroth bekannt (totgepflegt, abgemurkst, umgenietet, ausgeträllert, totgequatscht).

Indien hat einen festen Platz in ihrem Herzen, da sie dort einige Zeit studiert hat. Ihre Geschichte SCHÖN UND TOT spielt in eben jenem Viertel von New Delhi, das in dieser Zeit ihr Zuhause war. www.eddaminck.de

Pia O'Connell, geboren und aufgewachsen in Regensburg, lebt und arbeitet seit Anfang der Neunziger im malerischen County Carlow in »Ireland's Ancient East«.

Mit London verbindet sie romantische Erinnerungen, weshalb die Stadt an der Themse immer einen besonderen Platz in ihrem Herzen haben wird. Wie für Phileas Fogg begann auch für sie die Reise in London. Rabenvögel faszinieren die Autorin seit jeher. Mythologie und Literatur sind reich an Raben. Egal ob bei Odin oder König Artus, Hans Huckebein oder Krabat: Rabenvögel beflügeln die Fantasie der Menschen.
www.piaoconnell.com

Cornelia Rückkriegel lebt in der ungarischen Puszta, aus deren herrlicher Natur und Ruhe sie die Kraft für ihre Arbeit schöpft. Nachdem sie einige Bücher über ihre Wahlheimat verfasst hatte, entdeckte sie ihre Freude an Spannungsliteratur und veröffentlichte die Regional-Krimis »Adrians mörderische Fälle«, die in ihrer alten Heimat Hessen spielen. Seitdem lag es nahe, auch einmal einen Krimi zu schreiben, der in der Puszta angesiedelt ist.

Ihre zweite große Liebe gehört Irland. Eine vierbändige Irland-Familiensaga spiegelt die Liebe der Autorin zur Smaragdinsel wider.
www.connysflinkefeder.com

Regina Schleheck genoss dank der Städtepartnerschaft Köln – Tel Aviv einen SchülerInnen-Stipendiums-Aufenthalt in Israel, empfing im Gegenzug eine Austauschschülerin und Brieffreundin aus Haifa, erforschte im Studium den Nahen Osten und die Auschwitz-Prozesse, bereiste während zwei Dekaden Lehre europäische Shoa-Orte, musste alleinerziehend mit fünf Kindern eine erneute Einladung der Stiftung nach Israel ausschlagen, kehrte erst 2019 zu Holocaust Studies nach Yad Vashem in die Cat-Kapitale Jerusalem zurück. War wieder schockverliebt in das Land. www.regina-schleheck.de

Ursula Schmid-Spreer hat viele Kurzgeschichten veröffentlicht, teilweise vertont und als Theaterstück adaptiert. Sie ist Herausgeberin vieler Anthologien und mehrerer Kriminalromane, die in der Region um Nürnberg und in Irland spielen. Der neueste Kriminalroman heißt NICHTS IST VERGESSEN. – Sie ist Mitglied bei den Mörderischen Schwestern und im BvjA, Mitarbeiterin bei The Tempest, Organisatorin von Seminaren und dem Nürnberger Autorentreffen.

Ursula lebte einige Monate im Kloster in Huánuco, Peru, und lernte dort eine Schwester mit deutschen Wurzeln kennen, die aus dem weltabgeschiedenen Dorf Pozuzo mitten im Urwald kam. Ein Ort, der sie bis heute fasziniert. www.schmid-spreer.de

Heidi Troi ist eine waschechte Südtirolerin, lebt und schreibt in Brixen, wo auch ihre Kurzgeschichte spielt. Wenn sie Zeit hat, sitzt sie selbst gern auf der Bank ihrer Dreckskathi und beobachtet die Menschen, die durch das Kreuztor in die Altstadt strömen. Manchmal trinkt sie mit dem Falkenweibchen einen Kaffee oder lauscht dem Präsidenten, wenn der mit Gott und der Welt seine Gedanken auf dem Domplatz teilt. Nur die Bergluft genießt sie lieber an Ort und Stelle, unabgefüllt. http://www.heiditroi.me

Ingrid Werner liebt Griechenland! Daneben ist sie noch Autorin, Lektorin, Herausgeberin, CharakterCardsCoach u.v.m. 1984 wurde sie süchtig nach Hellas. Dieses Licht, dieser Duft, dieses Meer, diese Menschen! Sie befeuerte ihre Sucht an den unterschiedlichsten griechischen Landstrichen, seit 2016 schwelgt sie auf Zakynthos. Dort gibt Ingrid Werner in der Sommerakademie Griechenland auch Schreibworkshops. Ihr könnt gern kommen. Aber – Achtung! – nur mit reinem Herzen. Denn man sollte die Götter nicht verärgern. www.werner-ingrid.de

Fenna Williams studierte Lateinamerikanistik an der FU Berlin und entdeckte dabei ihre Vorliebe für Französisch-Guayana und Suriname. Ureinwohner, Sträflingskolonien und jede Menge exotisches Getier begeisterten sie fortan sowohl als Reise- als auch als Seminarleiterin. Um ihre Erlebnisse in Romanen und Reiseessays in Worte fassen zu können, lernte Fenna Kreatives Schreiben und literarisches Coaching in Seattle, London und Cambridge. Den schwarzen Gürtel im Power-Faulenzen erwarb sie sich in einer Hängematte auf der Teufelsinsel vor Cayenne. Wenn sie inkognito bleiben will, verbirgt sie sich hinter dem Pseudonym Auerbach & Auerbach oder im Regenwald von Suriname, hinter der letzten Stromschnelle, direkt vor dem Eingangstor zu ihrem Paradies. www.Fenna-Williams.com

Jennifer B. Wind wurde in Leoben geboren; lebt in Niederösterreich. Die ehemalige Flugbegleiterin schreibt Romane und Kurztexte, die bereits mit zahlreichen Preisen ausgezeichnet wurden. Ihr Debüttthriller ALS GOTT SCHLIEF, wurde zum Bestseller. DIE MASKE DER GEWALT stand auf der Bild Bestseller Liste. Als Coach und Mentorin kümmert sie sich um NachwuchsautorInnen und arbeitet ehrenamtlich für diverse AutorInnenvereine. Als passionierte Taucherin liebt sie das Meer. Außerdem hat sie ein Faible für Asien, die asiatische Küche und einsame Naturparadiese wie die reale Insel in ihrem Krimi. www.jennifer-b-wind.com

Die Unterstützer*innen

Kai Rohde, geboren 1975 in Marburg, malt, seit er den Griffel halten kann, und bannt dabei alles auf Papier, was ihm unter die Augen und den Pinsel kommt. Wann immer er etwas Interessantes, Spannendes, Weltbewegendes sieht, formt sich in seinem Kopf dazu eine passende Zeichnung. Durch seine Karikaturen zu Politik und Infrastruktur des Rhein-Main-Gebietes wurde er einem größeren Publikum bekannt. Seine Stadtansichten in klassischer Federmanier sind ebenso Schwerpunkte seiner Arbeit wie die Feder- und Tuschezeichnung.
www.illustrationen-eines-waldhamsters.de

Mörderische Schwestern e.V. ist ein Netzwerk von Krimiautorinnen, Buchbranchenprofis und Leserinnen. Über 600 Mitglieder in Deutschland, Österreich und der Schweiz setzen sich für ein gemeinsames Ziel ein: die Förderung von Frauen in Spannungsliteratur und Kultur.

Die Mörderischen Schwestern verstehen sich als konstruktive, kreative Gemeinschaft – auf nationaler und internationaler Ebene –, bei der jede Einzelne ihre Kompetenzen einbringen kann.

Neben einem Angebot von Weiterbildungsmöglichkeiten vergeben die Mörderischen Schwestern jedes Jahr ein Arbeitsstipendium und alle drei Jahre »Die Goldene Auguste« an eine Frau, die sich um den Krimi verdient gemacht hat. Mit der Ladies Crime Night bringen die Mörderischen Schwestern Geschichten auf die Bühne und unterhalten die Zuhörer mit spannenden und außergewöhnlichen Krimis, wie sie auch in diesem Buch zu finden sind.
www.moerderische-schwestern.eu

MÖRDERISCHE SCHWESTERN 25 Jahre
Vereinigung deutschsprachiger Krimiautorinnen,
Buchbranchenprofis und Leserinnen